改變中國

TO CHANGE CHINA

Western Advisers in China, 1620—1960

史景遷作品集 3

史景遷
Jonathan D. Spence

溫洽溢——譯

目次

再怎麼說，這裡的每件事都充滿機會。
當然，這麼說吧，有些機會太大了，反倒用不上，
而有些事情全是自己搞砸的。

——卡夫卡（Franz Kafka），
《城堡》（*The Castle*），
彪格爾（Buergel）所說

緒言

這本書寫的是在中國的洋顧問。從一六二〇年代到一九六〇年代這三百多年來，這些人貢獻優異技能，供中國人驅策。初則引入天體運行理論，終則讓中國人見識到空戰戰術與原子科學的神乎其技。

我從上百位在華工作的洋顧問群中挑了十六位代表人物。這十六人各有其專業領域——有天文學家、軍人、醫生、行政管理專才、翻譯家、工程師，還有一位職業革命家。他們的生涯雖橫跨三個世紀，但是所積澱的生命歷程卻有著驚人的延續性。他們經歷了類似的亢奮和危險，懷抱類似的情懷，承受類似的挫折，但他們時而耿直、時而迂迴以對之。他們壓抑靈魂深處的律動，在行為中映射出他們的時代，但這麼一來也突顯了中國固有的基本價值觀。他們以堅定的口吻，言及西方優越性的似是而非，以及利他與剝削之間的灰色地帶。

第一章

挾西方曆法，入明清宮廷

湯若望 Adam Schall
南懷仁 Ferdinand Verbiest

一六四四年七月九日，住在北京城內的耶穌會（Jesuit）傳教士湯若望（Adam Schall）上疏乞奏清順治帝：「臣於明崇禎二年來京，曾用西洋新法，釐正舊曆，製有測量日月星晷，定時考驗諸器，盡進內廷，用以推測，屢屢密合。近聞諸器，盡遭賊燬，臣擬另製進呈。今先將本年八月初一日月食，照西洋新法，推步京師所見日食限分秒，並起復方位圖象，與各省所見日食，多寡先後不同諸數，開列呈覽，乞敕該部屆期公同測驗。」[1]湯若望還奏請修繕去年五月在宮中火災中燒毀的天文儀器。順治帝諭令湯若望屆時須公開驗證其天文預報，並在這段期間鑄造新的天文儀器。

這場比試清楚載於官方一六四四年九月一日的當日記錄：「順治元年，甲申八月，丙辰朔，日食。是日，令大學士馮銓同湯若望，攜窺遠鏡等儀器，率局監官生，齊赴觀象臺測驗。其初虧、食復、復圓、時刻、分秒及方位等項，惟西洋新法，一一合。大統、回回兩法，俱差時刻。」[2]確認湯若望技高一籌之後，獲簡拔擢任欽天監監正。監正在九品之中位居第五等，湯若望問過耶穌會的上司之後，接受了這個職位。上帝之僕搖身一變，成了天朝命官。

這個拔擢絕不尋常，甚至可說是兩股歷史潮流匯聚的罕有時刻，而這歷史匯聚的寓意正是本書題旨。在此之前的中國，睥睨四邦，無視於西方之物的價值。皇帝獨尊天下，乃天帝之子，聖俗兩界的媒介，高居金宮碧宇之中，只可遠觀，難以親近。一億五千萬臣民受聖人垂訓、幹練官吏所統領，藝術詩詞薈萃，天文地理無所不知，在此國度又何需奇技淫巧？即使兵連禍結、野有餓殍，甚至被蒙古人、滿人所征服也不過一時逸脫正軌，秩序總能恢復，異族面對中國文化的博大精深，終有俯首貼耳之時。在炎黃子孫的心中，他們的國家就是「中央王國」；華夏文明無遠弗屆。化外乃是夷狄之邦。

湯若望乃是超凡之士，這一點很難期待當時的中國人能了解——其間的意涵畢竟還要過兩個世紀才會明朗。湯若望所來自的歐洲歷經了信仰、知識與科技的革命。新教改革摧毀了羅馬天主教的宗教霸權；哥倫布（Columbus）航行至美洲大陸，還有麥哲倫

（Magellan）繞行地球一周，印證了哥白尼（Copernicus）和伽利略（Galileo）在天文上的發現，粉碎了歐洲人的宇宙觀。自十七世紀以降，中國人對世界的看法越來越受非議；夷狄向來只能仰受華夏文化的薰陶，接受中國人價值觀的洗禮，但是泰西之人不同於夷狄，其目標是要把中國變成他們所能接受的模樣，使中國分享西方的價值觀。

所以說，湯若望在一六四四年膺任欽天監監正一事寓意深邃。對湯若望而言，做官不是他的目的，而是達致遠大目標的手段而已——使中國人皈依羅馬天主教。湯若望精研科技，成為中國人的顧問，最後還為中國人工作，這都讓他的耶穌會上司深受鼓舞。科學是用來彰顯上帝的榮耀。但就中國人而論，他們之所以欽佩、拔擢湯若望，是因為他的技術能派得上用場。就這麼簡單，但雙方都誤判了對方的用意。[3]

湯若望能待在北京，還有他所採取的傳教策略，都得要拜他的耶穌會前輩利瑪竇（Matteo Ricci）所賜。利瑪竇於十六世紀末抵達中土，向窮人傳教數年仍不得其門而入，他想到，若是爭取官員的青睞應該更有用——換言之，就是走「上行下效」的辦法。於是，利瑪竇潛心讀聖賢書，這樣他就能跟讀書人論學，並展示他在數學、天文、製圖學、機械學的過人之處。不出他所料，他的技能激起中國人的獵奇之心。有些好奇之士還成了利瑪竇的擁護者，為他發揮自身的影響力。一六〇一年，利瑪竇受破格施恩，獲准留在北京城。利瑪竇與士大夫議論天主教義，苦心指陳天主教義早已見於儒家經籍之中；利瑪竇博學，人品端正，終使幾位朝中大員改宗基督信仰，獲准更多耶穌會修士駐留北京。[4]

利瑪竇於一六一〇年辭世，他的中國札記由金尼閣（Nicolas Trigault）神父攜回歐洲，旋即以拉丁文、法文、西班牙文、德文、義大利文刊印發行。雖然先前歐洲已有若干論中國的書籍，如門多薩（Mendoza）的《中華大帝國史》（*History*）是以西班牙人、葡萄牙人的中國見聞所寫成（譯按）[5]，但利瑪竇的札記是第一部細述中華文明成就的作品。利瑪竇的讀者不僅知道書中的「中國」無疑就是馬可・波羅（Marco Polo）筆下的「契丹」（Cathay），還了解中國是充滿異國風情、美侖美奐的國度，其子民以象牙箸用膳，啜飲茶湯，足蹬繡花絲綢靴子，即使在隆冬也帶著紙扇；中國文明雖然淵遠流長，但也不無受西方影響的可能。利瑪竇說道：「依我之見，中國人之所好，甚為淺明，一旦知洋物質美，則愛外來之物甚於己物。彼等因不識上物，復以其優於蠻夷之邦，故習於自豪。」[6]

利瑪竇所說的「洋物」就是他進呈朝廷的自鳴鐘、輿圖、羽管鍵琴，而所謂的「上物」則是基督教教義，但很難去說服中國人外來宗教更勝一籌。利瑪竇描述了他和耶穌會士在這微妙之境所碰到的難處：

> 為避免新宗教引起中國人之疑慮，神父即使在公開場合，對宗教事務也是三緘其口。除了攀交朝廷官員、送往迎來之外，餘暇之時皆用於學習書畫、多識中土習俗。

他們以身教為務，俾以教化此地異教徒，亦即以己身和聖潔的生活為榜樣。循此之途，圖以點滴之功，不矯揉造作，贏取人民的善意，以扭轉無法用文字言傳的心意，同時又不至於讓多年心血毀於一旦。[7]

這些話聽在習於宗教法庭和反宗教改革（Counter-Reformation，編按：這指的是羅馬教廷為了因應來勢洶洶的新教改革，所採取的種種改革反制措施）的歐洲讀者耳裡，一定會很刺耳，不過還是有不少人心嚮往之。

其中一個接受了利瑪竇說法的人就是湯若望。湯若望生在科倫（Cologne）的富貴之家，十九歲（一六一一年）入耶穌會，在羅馬進修時，金尼閣也在此地佈道，兩人進而結識。湯若望受到利瑪竇遺著的啟迪，確立了一生的志業；他請求前往遠東獲得批准。修道院院長在一六一六年耶穌會學員名冊上的湯若望名字旁邊寫下短短數語：「著將前往中國。」[8]

譯按：門多薩此書的全名是《依據中國典籍及造訪中國的傳教士和其他人士的記述寫成關於中華大帝國最負盛名的事情、禮儀和習俗的歷史》（*Historia de las Cosas mas Notables, Ritos y Costumbres del Gran Reyno de la China, Sabidas asi por los Libros delos Mismos Chinas, como por Relacion de Religiosos, y otras Personas, quien estado en el Dicho Reyno*）

金尼閣深感這位青年學子的幹練與熱忱，請求教會允許湯若望隨他旅行全歐，招募新血，但是遭到否決。教會方面認為，湯若望應先完成修業。所以，他到了一六一七年十月才離開羅馬，遠赴里斯本（Lisbon），航往中國的船隊正在此泊船上貨。

湯若望在里斯本與被遴選前往中國傳教的二十一名耶穌會傳教士會合，與六百一十四名旅客、水手，以及上萬頭牲畜一同搭乘「聖母號」（Nossa Senhora de Jesus），一六一八年四月十六日啟航。他們「有如鯡魚般和貨物、行李、備用糧食擠在一起」，但船隻一駛入公海，因應未來需要的訓練就此展開。他們在金尼閣的指導下開始上課：星期二、五學數學，星期三、六學漢語。湯若望還和幾個人研究天文學，這是因為教會方面留意到利瑪竇的建議，耶穌會士若具備校正中國曆法的能力，「便能提高吾等之聲譽，入中國暢行無阻，並確保吾等之安全與自由。」[9]

湯若望的船隊於一六一八年十月四日航抵印度西岸的臥亞（Goa）。歷經五個半月的航行，代價不小。四十五名旅客死於熱病，其中五名是耶穌會士。還有兩名耶穌會士奄奄一息，後來死在臥亞。幸而無恙的修士在臥亞才知道，駐華的耶穌會士早在一六一六年就遭逮捕驅離，永不得再履中土。南京的教堂和府邸被夷為平地，基督教遭禁絕。所幸禁教令並未徹底執行，所以還有幾位耶穌會士還在中國，藏身在北京和其他省份的中國信徒家中。[10]

湯若望一行人決定繼續前行，終於在一六一九年七月十五日抵達葡屬澳門。在澳門，湯若望又把心思放在漢語上頭，這次是受業於范禮安神父（Father Valignoni），他因受迫害而被逐出中國。一六二二年六月，荷蘭人攻擊澳門，湯若望並未離開。而荷蘭人之所以被逐退，也得歸功於耶穌會有一門火砲特別神準。夏末，湯若望與三名耶穌會神父潛入中國北行。湯若望把同行的神父留在杭州，獨自與躲過迫害的龍華民神父（Padre Longobardi）會合，並於一六二三年一月二十五日暗中潛入北京，在鄰近西南城門的小屋落腳，當年利瑪竇就是住在這裡。[11]

湯若望是這樣描述他們抵達的情景：「記得當時我還年輕，陪著年邁的龍華民神父入北京。他和另一位神父上書皇帝，懇求恩准其留在京畿，鑽研銅砲。」[12] 按理說，驅逐令未除，神父自然得不到回音，但他們卻又以等候聖旨為由而留在京城之內。在這強詞奪理的背後，卻牽涉朝中政局生變，耶穌會神父因此間接獲益。力主一六一六年禁教令的朝廷官員沈㴶失寵；一六二一年塞外的滿族部落連番挫敗明軍。皈依天主的朝中大員徐光啟、李之藻趁此局勢向有心求戰的皇帝引介洋人的技術成就。他們力主自澳門運來火砲部署北疆抗禦滿人，並薦請聘用耶穌會神父充任顧問。火砲是運抵京城了，但有兩門火砲爆炸，不幸炸死數名旁觀的民眾，沈㴶藉此事端再次抨擊基督教徒，不過此時他已無法再把基督徒逐出北京，也無法阻止傳教士在中國各省宣教佈道。[13]

正當朝廷在邊疆的戰事陷入膠著，宮內又有宦官魏忠賢與東林黨人之爭[14]，湯若望牢記利瑪竇的訓示，潛心研究曆法。皇帝被視為天人之間溝通的媒介，以聖名頒行的曆法又通行天朝與周邊朝貢之邦，所以天文曆法攸關政治、宗教。普天之下，舉凡春耕秋收、婚喪喜慶、政務議決、司法裁判，幾乎生活的各個層面都依黃道而運行。所以曆法推算若有差池，乃是不祥之兆，在國勢衰微之際，甚至還會引發對皇帝是否堪當「天子」稱號的質疑。假若耶穌會士能證明中國曆法的訛誤，便能樹立威望。歐洲有人無視於此，責備他們把時間耗在推算曆法上，湯若望要他們稍安勿躁：「耶穌會士亟思改良曆法，實不足為奇，蓋因曆法雖是科學之務，然宣教人缺此，便無立足之地。」[15]湯若望的意思是，宣教者於曆法一節困心衡慮，乍看之下匪夷所思，但卻是讓中國人皈依天主的唯一之道。耶穌會士唯有憑藉科技長才，取得官位，才能登於廟堂之上，與士大夫論交，得到傳教的權力和機會。

湯若望因預測了一六二三年十月八日的日蝕而聲譽鵲起，之後又預測了一六二五年九月的日蝕，聲名更是遠播，並以中文寫了第一部曆書，湯若望輕描淡寫，說這「不過試論日蝕之小文耳，分為兩部，乃初來京城練習漢語之作。」一六二六年，湯若望以中文寫就一文，論說望遠鏡，強調望遠鏡對曆學的妙用，但也不忘提及望遠鏡的軍事用途。[16]

湯若望以其技能而與京城百官交好，但耶穌會卻在一六二七年派他前往陝西。此時湯若望在北京的曆法工作已安頓下來，知道要在滿懷敵意的地方百姓之間宣教，實有登天之難。或許，教會方面認為讓這個年輕人放下京城裡的科學工作，到偏僻荒野接受試煉是件好事。龍華民神父在給羅馬修會會長的密報裡提及此時的湯若望：「幹練；判斷力佳；略微粗心；經驗闕如；中文進步神速。性情方面：天性謙遜，樂觀，愉悅，但不太成熟。他懂得與人相處之道，但尚難勝任領導之職。」[17]

湯若望雖然經驗有限，但仍以一貫的活力投入新工作，到了一六二九年，他與幾位當地官員已有交情，給許多皈依者施洗，也在西安成功修葺一座雅緻教堂，屋頂還聳立著一柄金色十字架。[18]但湯若望在一六三〇年突然奉召返京，沒有機會繼續經營。

在湯若望離開京城這段期間，支持耶穌會不遺餘力的徐光啟任禮部侍郎，可說已是位極人臣。徐光啟是基督徒，在一六二九年證明了西洋推算天文的方法優於沿用自元朝的大統曆，以及朝廷當時使用自阿拉伯傳入的「回回曆」。徐光啟承命主持甫設立的曆局，全權負責遴選官員。徐光啟找了同是基督徒的友人李之藻，還有兩位耶穌會士龍華民、鄧玉函（Johann Schreck Terrentius）入曆局。[19]耶穌會士殷殷期盼在朝廷上求得一席之地，如今機會終於來臨了。鄧玉函是一位優秀的天文學家、數學家，他與伽利略同屬「賽希學社」（Cesi Academy）。教宗於一六一六年下令，嚴禁伽利略為哥白尼的「日心說」辯護，所以伽利略拒絕協助耶穌會預測日蝕，也是情有可原。鄧玉函與當時歐洲另一位大天文家克卜勒（Kepler）時有魚雁往返，由此可見，他於天文一學已融會貫通，足以領導耶穌會主持中國的科技衙署。

孰料鄧玉函在一六三〇年猝死，耶穌會的期盼頓時化為泡影。湯若望自西安被召回，填補鄧玉函的遺缺。雖然湯若望的數學造詣比不上鄧玉函，但他的天文學知識足以勝過力主大統曆和回回曆的對手。湯若望受惠於歐洲科學革命的先進技術：預測日蝕的新方法，天體運行的幾何分析，地球球體的概念和用經緯線劃分地球表面的方法，高級代數，以及性能精良的望遠鏡和望遠鏡用的測微尺螺絲釘。[20]耶穌會士礙於教會規定，無法把最先進的「日心說」引進中國，但他們已具備超越中國人的技術。

湯若望接手之後，開始勘誤中國的曆法，並找出若干疏漏之處：「在籠統稱之為曆書的中國星曆表（ephemerides）內，發現在每一日旁還加注了另一『替換日』（alternative），此並不令人勞煩。然另一本用以說明天體運行的曆書中，一眼便可認出多處因演算謬誤而造成的錯誤。」於是，湯若望自告奮勇，進獻「一部完備曆書」，費時五載才告竣工，分為三部，分別論述天體之理論、恆星之分析以及輔助之演算表格。[21]不幸的是，湯若望的上司兼保護人徐光啟於一六三三年辭世，曆局改由李天經主持，湯若望向來難容人之軟弱，也覺得不自在，以寥寥數語寫道：「李天經是個好人，然太過息事寧人，於應力爭處，往往讓步。」湯若望所謂的「力爭處」，其實指的就是曆法演算和天體觀測；在李天經主持下的曆局，派別對立，爭吵不休。湯若望不斷得為自己的演算方法而挺身力爭，還要維持他的獨立性，因為「我了然於胸，一旦中國數者插手我的計畫，則前功盡棄，枉費心力也。」不過，湯若望還是抽空處理水力學、光學的問題，甚至修理先前利瑪竇進貢給萬曆皇帝的羽管鍵琴。（譯按）湯若望還以中文寫了一部演奏羽管鍵琴的指南。22

湯若望利用進宮修琴的機會，獻呈一六一八年自歐洲帶來中土、但無緣上貢的兩件禮品給皇帝。一件是有關基督耶穌一生行止的畫冊，畫在上等的羊皮紙上，湯若望還以中文題跋；另一件是東方三博士朝聖的蠟像，色澤優美。皇帝收下這兩件禮品，據說龍心嘉悅。然而，湯若望並未親睹龍顏——他要等到一六四四年後列朝為官才得償宿願，但是他在交涉過程中曾見過一些閹官，並使之皈依天主。湯若望要他們把基督信仰帶進深宮禁苑。正宮娘娘和嬪妃都住在這裡，只有皇帝和宦官才能與之交談。有些宮女也信了教，不過她們

譯按：根據「上大明皇帝貢獻土物奏」的奏疏，利瑪竇獻給皇帝的貢品有天帝圖像一幅、天帝母圖像兩幅、天帝經一本、珍珠鑲嵌十字架一座，報時自鳴鐘兩架、《萬國輿圖》一冊，西琴一張。後利瑪竇又為獻給皇帝的西琴，填了取材自《舊約》諸篇的〈西琴曲意〉歌詞。根據《續文獻通考》描繪的形制，所謂「西琴」即是當時歐洲流行的羽管鍵琴，這是一種由古鋼琴發展成的、由羽毛管或撥子彈撥弦端的大鍵琴，音域達三個八度。詳見朱維錚主編，《利瑪竇中文著譯集》（上海：復旦大學，二〇〇一年）

不太可能從宦官那裡學到什麼精微教義。但是，湯若望倒是覺得這種迂迴策略有其用處，因為無法確知哪位嬪妃會得到皇帝寵幸，而嬪妃說不定能將皇帝引向真理之光。聽到這種說法的歐洲人大概會信疑參半，湯若望的說法是，上帝的恩典乃是至明：嬪妃只要受洗，便能脫胎換骨，備受恩寵；而藐視上帝話語的嬪妃則會益發醜陋，被打入冷宮。[23]

這都說明了湯若望的兩難處境。他知道自己在技術上比中國人更勝一籌，但卻老是得證明這點。他對自己所信仰的宗教深信不疑，但他也明白，中國人認為自己的文化要比歐洲文明要高明許多。湯若望希望能讓皇帝皈依天主，但皇帝卻不願召見，他只得透過宮內太監來傳教，然後拿著小小的成功來自吹自擂。傳教士因極受中國人信賴而淪為工匠差使，時有所聞。湯若望處心積慮欲使中國士大夫階層改宗天主教，而信教的人數隱然成為衡量湯若望威望的法碼。

湯若望從利瑪竇的書中知道，士大夫是受過良好教育的菁英，並深以此為傲，湯若望的經驗亦印證了這點。在拉丁美洲或東南亞行之有效的傳教策略，並不適用於中國。這是何以生性直率的湯若望，對一六三七年兩位聖方濟修會（Franciscan）所屬托缽修士在北京的冒進大表驚駭。這兩位托缽修士遭驅離之後，湯若望在致書友人時提及：「來到中國京城的這兩位聖方濟會神父下定決心，若是無法讓皇帝和全中國人改信基督，便要以身殉教。他們都不通漢文，……僧袍罩身，……手持十字，就想宣教佈道。」但兵丁一出現，湯若望以不無揶揄的口吻說道：「當下他倆再也不敢當殉教徒，乖乖交出十字架，打恭作揖，連聲討饒：『老爺！老爺！』最後哀求『讓吾等平安離去。』橫屍床上也勝過以此方式殉教。」[24]

湯若望不似這兩位冒失的托缽修士，謹守耶穌會士的原則，盡可能不讓士大夫反感，也不去干擾他們既有的信仰。要在中國傳教建功，最快的方式就是由上而下；為求水到渠成，皇帝有命，他就必從，贏得在位者的敬重。因此，湯若望努力過著儒者般的生活。他在漢語上頭用力極深，苦心鑽研儒家經典，換上長衫，維持體面的生活。湯若望自古文中挑選廣為一般人所接受的「神」、「天主」來翻譯「God」一詞，也要教抨擊他的歐洲人寬心，因為在儒家典籍中早已蘊含了有神論的元素，所以如此翻譯也有道理可循。湯若望還接受中國人祭祖祀孔，視之為民俗禮儀，所以皈依天主的中國人還是可以繼續祭祖祀孔，而不至於被指為旁門左道。

湯若望和其他耶穌會士用這套辦法，爭取到重要人物的信賴，而且到了一六四〇年，已有數千名中國人皈依為基督徒，其中包括五十名宮女，四十名宦官，以及百餘名皇帝近侍。[25]似乎湯若望傳教就快傳到皇帝身上了。湯若望上貢的禮品被接受，他的曆學造詣倍受讚揚，更被賦予新的重責。滿族起於中國北疆，虎視眈眈，已威脅到明朝政權，於是皇帝在一六四二年諭令湯若望專心鑄造火砲，以逐退滿人。

湯若望表示，他對鑄造火砲的知識都是從書上得到的，並無實務；但朝廷還是給了他一片空地、物資和勞役供其差遣，責令遵旨行事。湯若望發現，這件差事其實易如反掌，不由得意氣風發：「歐洲人以為尋常之事，對一無經驗的中國人卻難如登天。」[26]這道旨意讓湯若望擁有朝廷命官的身分和權力，以指揮部屬。湯若望利用這個機會，命令工人在動工之前須向設於鑄造場內的教壇跪拜。二十門火砲鑄完之後，皇帝又要湯若望再鑄造五百門，且每門砲重不逾六十磅，以利於兵丁攜帶。湯若望語帶譏諷，這些火砲終將被落荒而逃的明軍丟棄，落入滿人的手中。或許是因為湯若望在軍事上的建言日益受到重視，他只把這份疑慮藏在心裡。一六四三年，湯若望又承命擘畫京畿城防，一六四四年出巡視察北疆防禦工事。湯若望奏報，局勢頹唐。[27]

大局確實難回天，湯若望只能坐視流寇李自成在一六四四年四月肆虐京城，明崇禎帝自縊於宮中。在湯若望眼裡，京華一炬也燒掉了他畢生心血。二十一年來，他為明朝效命，費盡心思打動朝廷官員。如今，王朝傾頹，他和其餘的耶穌會士必須重起爐灶。但湯若望這人不輕言放棄。當務之急是保護家產，不受橫行之賊人劫掠。湯若望在回憶錄裡寫道：「我知道中國人並非膽大之徒，但我不知彼心中之怒火會燒向何方，也不知道是何緣故引發這場大亂。故我手持倭刀，立於廳堂門前，準備抵擋襲擊。所發生之事一如我所設想，屋頂上的人瞧見我手持兵器，威嚇逼人，滿腮虬髯，懾人魂魄，便開始乞饒，高喊他們正在尋找匪徒，既然府邸平安，他們自會速速撤離。」[28]

第二件事就是設法與李自成接觸。李自成縱然是流寇，但畢竟是勝利之師的首酋，甚至還有機會成為開國之君。於是湯若望向流寇之首傳話，兩人還有過一番長談，說不定湯若望還向李自成表明心跡，甘願麾下效勞，但並未留下記載，只說彼此相談甚歡，李自成還備酒饌款待。[29]

詎料李自成又被崛起於塞外的滿洲鐵騎擊潰，湯若望也第一次對耶穌會以工匠巧物來傳教的策略有所懷疑，他寫道：「我決心捨曆學，以修行為重。」想必他認為明朝的覆亡是上帝對他的示警。李自成敗於滿人之手，手下兵將潰逃之時放火燒了湯若望住處一帶，周遭樹木盡毀，但是用來典放數學書籍的房舍卻逃過一劫。湯若望認為這是上帝賜福的徵兆：「易燃之物安然無恙，此異象必是佳兆，我實無法不思及此。」[30]於是，六月京城大勢底定之際，湯若望就向滿人輸誠。

湯若望的處境很有利。滿人定鼎之初，亟望證明天命所歸，賡續明朝國祚。所以，滿人必須編纂曆書，蠡測天體運行，以佐證滿人已非昔日之夷狄。湯若望在曆局的表現有目共睹。與他競爭的對手是「大統曆」和「回回曆」的曆學家，不過湯若望已證明自己的專業能力略勝一籌，而且他乃泰西之人，勿須受忠臣不事二主的約束。湯若望自己也很清楚這一點，甚至還上書滿人，乞請准許繼續卜居北京，因為他「與汝皆為異族」，而湯的上

IOANNES ADAMUS SCHALL COLONIENSIS
INGRESSUS HOC TYROCINIUM 21. OCT. 1611.
INICÆ MISSIONIS DECUS ET PRÆSIDIUM
OBIIT PEKINI 15. AUG. 1666. ÆT. 75

身穿一品官朝服的湯若望（Adam Schall）。這幅油畫畫的可能是一六六〇年的湯若望。

書竟獲應允。[31]就在這時候，湯若望向競逐的曆學學派下戰書，要和他們一較高下。滿洲皇帝認定湯若望技高一籌，封他為欽天監監正。

湯若望既然貴為清廷命官，就必須善用新職的良機，而他也確實這麼做了。湯若望著意在天文演算和機械工程方面露了幾手，輕易就馳譽遐邇。湯若望在上呈的曆象推算報告時還有進諫之意，欲匡正年輕皇帝沉緬女色和失當斷處。[32]湯若望的名聲也方便了後繼的耶穌會士：「我的名字在大江南北可謂家喻戶曉，人盡皆知。這對身處外地、聲稱是我弟兄或友人的同僚，常有用處。」[33]外國使節來京覲見，湯若望還充當通譯，即使信奉新教的荷蘭人，湯若望也不避諱。湯若望寫道：「若有無人敢於應接之事，群臣總會說，『由湯神父司其事』。」[34]

湯若望的這些作為一如以往，無非是想加快讓中國人改信基督的速度。滿清王朝開國之初，湯若望就與漢人重臣、滿族王公將軍建立深厚關係，與包括孝莊太后在內的後宮宮女也有接觸。但是進展總是非常緩慢，令人挫折。湯若望在一六五一年給友人的信中寫道：「一言以蔽之，我對韃靼的觀感就是，他們仍難脫殺人越貨、姦淫擄掠的本性，還以卑鄙的手段虐待俘虜。我身居其間，日日與之周旋。我常授以救贖之道，但我心知這只是對牛彈琴；容我補充，不僅心懷敵意的人是如此，就連那些準備接納天主的人也是如此。我仍然徒勞無功。」[35]到了一六五〇年代中葉，湯若望才得以親炙至高無上、卻又難以捉摸的皇帝。

輔政大臣多爾袞卒於一六五〇年，次年，年僅十三歲的順治皇帝親政，大肆整肅多爾袞的心腹黨羽。順治似乎真心敬重他稱之為「瑪法」（祖父之謂）的湯若望，對他推心置腹，破格讓湯若望免行宮中朝禮，還特別恩准他收養義子（順治憂心獨身的湯若望沒有子嗣）（譯按），可以向皇帝面呈奏摺，賜他一塊地以修建教堂，甚至還有御前議政的特權。湯若望受賜正一品官，可謂一人之下、萬人之上，湯若望的先人還被追封為貴族。[36]據湯若望的說法，在他聖眷最隆的一六五六到五七年間，順治移駕他的府邸達二十四次之多，而且多是突然駕臨，免行君臣之禮，每每暢談至深夜方休，舉凡天文、政務、基督教，無所不談；年輕皇帝的慧黠、好學讓湯若望印象深刻，兩人彼此尊重，但順治皇帝還是沒有改信天主。湯若望心中頗為失望：「人多懷詭詐，尤以東方人為然，連上帝的信仰也無能為力。」以順治改宗一事為例，最大的阻礙在於守貞，說得更確切些，在於一夫一妻制。湯若望問順治：何以奉行一夫一妻制的歐洲人會比妻妾成群的中國人生更多小孩？這個妙問令順治語塞，但他依然故我，無意放棄驕奢逸樂的宮廷生活，順治仍是不可變通的命定論者，深信星宿運行決定了他的命運。[37]

或許是湯若望的固執讓順治生厭，這也是人之常情，到了一六五八年，順治開始疏遠湯若望，而與一群深受他信賴的和尚往來密切。[38]湯若望年事已高，頹然發覺，往昔的榮寵只是過往雲煙。誠如湯若望自己的描述，他越來越像「茫茫大海一孤舟。」[39]湯若望的敵人有了可乘之機。

與湯若望作對的人有兩種：中國的曆學家和天主教的傳教士。雖然造成湯若望失勢的是中國曆學家，但率先發難的卻是傳教士。雙方的爭端在於湯若望所採取「入境隨俗」策略。問題不只在於湯若望過著和中國人無異的生活型態：一六五〇年代有個歐洲人來華，他形容湯若望「鬚如韃靼人，衣如韃靼人」，「出則四人大轎，騎馬扈從簇擁隨行。」[40]在許多人眼裡，湯若望的想法也已與中國人無異，對中國人的異端禮儀已太過寬容。湯若望的傳教策略不容等閒視之，甚至連追隨他的耶穌會傳教士也認為湯若望太過讓步。而且，湯若望常管不住自己的情緒，喜怒無定：「外表粗獷，有著日耳曼人的暴躁脾氣與乖僻性格」，時人如此記載。[41]

道明會（Dominican）、聖方濟會堅信苦修，有些傳教士也到了中國，向窮人傳播福音，他們對於耶穌會士的影響力又妒又羨，對耶穌會士的宗教立場和優渥生活頗有微詞。由於

譯按：順治曾令湯若望的管家潘盡孝將五歲的兒子過繼給湯若望做孫子。康熙即位後諭令：「湯若望係外國之人，效力多年，原無妻室，不必拘例。其過繼之孫湯士宏著入監肄業。」

道明會、聖方濟會傳教士的異議，馬尼拉的總主教在一六三五年譴責耶穌會士，而教宗也於一六四五年頒布禁令。一六六五年，羅馬學院（Roman College）有五位神學家亦譴責耶穌會士。耶穌會士提出抗辯，並於一六五六年說服教宗撤回禁令；此舉反而激怒道明會傳教士，更是大加撻伐。[42]

雙方你來我往，讓湯若望左右為難，尤其是有許多傳教士也批評湯若望在曆局的工作有如散播迷信。有位與湯若望同在北京的道明會修士寫道：「實情是，湯若望神父身為欽天監監正，為中國人挑選黃道吉日，因而在政治或宗教上受到責難。」（有人還為湯若望申辯，說這是他的專長）他說湯若望的職責是「除了吃、喝和犯罪之外，就是為每件事挑選黃道吉日和吉時良辰。」[43]有位聖方濟會的傳教士更是不留情：「耶穌會傳教士選擇以純粹世俗的手段來傳道，是與我主耶穌基督倡導、耶穌使徒所施行的方法背道而馳。除了耶穌會傳教士之外，爾後的傳教士都依循這種方法傳播上帝之國的福音。東方教團的耶穌會傳教士別出心裁的方法，以權貴、甚至高官厚爵之姿展現在異教徒面前。自此之後，他們便排擠其他教派的修士進入他們傳播福音的國度，唯恐異教徒發現還有其他恭順、刻苦、謙卑之傳教士的存在，反而讓耶穌會傳教士自慚形穢、狼狽不堪。」[44]

湯若望向來膽識過人，面對如此攻訐或許還能化險為夷，但他卻無力抵擋來自楊光先的不斷參劾，這位曆學家是反對基督教的代表人物。順治皇帝於一六六一年駕崩，楊光先的攻詰火力日熾，最後以大逆不道的謀反之罪，在一六六四年上摺子參了湯若望：

西洋人湯若望，乃故耶穌基督之信徒，以黨徒之酋自居，陰行在中土建立天主之教國。彼等於明朝間，藉精曆法而偷入京城，廣傳邪教，妖言惑眾。竊朝廷機密，欲謀不軌。若彼等西洋人無取我天下之心，何以在京城及外省要害之地遍立教堂？二十年間，收徒逾百萬，棋布中國，其意欲何為乎？彼等意欲謀反之心久矣，且證據鑿鑿。若不速察伏戒於莽，則大清國臥榻之側有虎鼾聲，萬一竊發，後患無窮。[45]

朝廷諭令調查，雖然湯若望及甫抵華的助手南懷仁（Ferdinand Verbiest）能證明湯若望在曆學上係遭污衊，卻無力洗刷圖謀不軌的指控，而被治罪擬磔。後因湯若望年邁，將凌遲之刑改判鞭撻後流放，但因湯若望素來功勳彪炳，所以亦未執行鞭撻。後復因湯若望中風，半身不遂，不良於言，獲准軟禁在北京自宅。湯若望於一六六六年在寓所安祥辭世，享年七十五歲。但此時朝廷已明令禁傳天主教，教堂紛紛關閉，傳教士則被驅至廣州、澳門一隅。遭驅離的傳教士對湯若望的失勢與故去，多未表惋惜。從當時流傳於澳門的兩則笑話可以窺知其態度：「一位亞當（Adam）讓我們被趕離伊甸園，另一位亞當（譯按：湯若望原來的洋名為 Adam）又讓我們被逐出中國」；「利瑪竇用數學把我們帶進中國，卻因湯若望的數學使我們被攆出中土。」[46]）

湯若望對中國人的民族性有很深的瞭解，曾說：「中國人復仇之慾極熾，一發不可收拾，哪怕會因此禍害連連，他們也會對他人的冒犯耿耿於懷，而中國人對私人恩怨的執迷不悟，導致他們會千方百計把痛苦加諸他人身上。」[47]湯若望或許能因此而寬宥中國敵人對他的迫害，但湯若望卻無法原諒與他有著同樣信仰、背景的人竟如此器量狹窄，鼠目寸光，無法領略他的深意。「回顧我過去二十年來所從事曆學改良的工作，希望心血不致於付諸東流。我受惠於曆學工作，盼望後繼者也有同等豐碩的成果。但同時我也感到遺憾，原本應該大力倡導的人卻藐視這項工作。」[48]對於湯若望一生蓋棺論定的適當評價莫過於：身為上帝僕人的湯若望，竟被身為中國欽天監監正的湯若望冷落一旁。

＊　＊　＊

湯若望手握倭刀，目怒鬚張，喝退北京城內的賊人。繼湯若望在華領導耶穌會的南懷仁，則是以臨機應變，智退匪徒。一六五六年冬天，南懷仁乘船前往中國，船隻尚未駛出地中海，即遭海盜襲擊，登船劫掠。機警的南懷仁躲了起來，目睹海盜剝去耶穌會士、乘客的衣衫，脫到只剩下襯衣，搶劫他們的珍貴物品——連十字架和祈禱書也不能倖免，再將他們趕至船尾。南懷仁眼看情勢不妙，決定設法遁逃：「當我瞧見同行神父寬衣解帶，褪去全身衣衫時，心生一計：若是取下頸上圍巾，袒胸捲袖，看起來已遭洗劫，便能逃過海盜褻瀆神明的貪婪之舉，而保有我的珍寶。海盜瞧我衣衫不整，以為我已遭洗劫。我就這樣走到船尾。」[49]

踵繼湯若望心志遺願而成就斐然者，正是這樣一位心思縝密、隨機應變之人。南懷仁生於一六二三年，乃是西法蘭德斯（Flanders）大莊園管事之子。南懷仁在古特賴（Courtrai）、布魯日（Bruges）耶穌會學校接受教育，後於一六四一年加入耶穌會。南懷仁在布魯塞爾（Brussels）教了幾年文法、希臘文和修辭學之後，奉派前往塞維亞（Seville）、羅馬繼續深造神學。南懷仁學養俱佳，深受信賴，躋身教會高層應是早晚的事。然而，南懷仁卻不思此道，早歲即向耶穌會會長請纓遠赴異國傳教，但總是遭到駁回，直到一六五五年才如願。耶穌會會長尼克爾（Goswin Nickel）寫道：「我應允你那值得讚許的願望，期待你能實現它，入中國拯救萬民靈魂。」[50]

南懷仁初次航行就遭海盜打劫，於是轉而取道里斯本，在一六五七年春航向遠東，於是年秋抵達臥亞，翌年夏天抵達澳門，一六五九年初，朝廷准他登岸入中國，前往西安佈道，湯若望在三十年前就是在此地傳教。過了八個月，南懷仁雖然還沒精通漢語，但顯然已大有斬獲；一六六〇年二月，順治皇帝召南懷仁進京，襄助湯若望研究曆法，此後，南懷仁居於中土二十八載，不曾再回復單純的傳教工作。南懷仁一如湯若望，他得花許多心力來研究科學，侍奉皇帝。

南懷仁的曆學造詣嶄露頭角是在一六六四年的迫教期間。朝廷敕令各派曆學家預測何時發生日蝕，「大統曆」曆學家楊光先預估的時間是二時一刻，「回回曆」曆學家吳明烜的估算時間是二時二刻，而南懷仁在湯若望佐助之下，推算日蝕將於三時發生。隨即架設透鏡，將太陽投影射入暗房，結果吳、楊的預測不實，太陽的第一道黑影出現在三時整。然而此次的勝利還不足以讓南懷仁逃過牢獄之災，仍被處以鞭杖後流徙之罪。不過，南懷仁的鞭刑和湯若望的死刑均未執行，乃雙雙被軟禁在北京住所，削職不獲錄用，南、湯的政敵楊光先則受封為欽天監監正。[51]

一六六六年湯若望辭世之後，南懷仁仍羈押寓所軟禁。南懷仁認為湯若望雖飽受橫逆，但走的是正途，便一心鑽研曆學；他在一六六八年四月所寫的信中提及，「我傳達的乃是天意，非塵世的訊息。」[52]南懷仁靜候政治局勢生變，一旦政局有利，便會立即採取行動。

一六六八年年底，順治皇帝之子、時年十四歲的康熙親政，翦除權傾一時的輔政大臣鰲拜及其黨羽。此時，主掌欽天監的楊光先、吳明烜推算曆法又訛誤叢生。是年十二月，南懷仁師法湯若望，挑戰楊光先、吳明烜的曆學專業，比試推估某一特定時刻，投射在特定物上的日影長度。楊、吳二人無力為此，反觀南懷仁卻能推算無誤。同年十二月二十八日，康熙諭令南懷仁查核欽天監進呈的曆書。南懷仁於一六六九年一月底覆命，指陳「大統曆」和「回回曆」曆學家的嚴重疏漏，最後概述曆書在中國所應扮演的角色，語氣儼然是出自中國官僚之口，實在難以想像是比利時籍的耶穌會傳教士所說的話。「今我皇上德威遠播，拜玉帛數十國，奉正朔者幾萬里，自京師以至四訖，豈可使一年俱不得其真晝夜，真時刻，真節氣哉。」[53]

康熙遂飭令王公輔臣調查南懷仁指控的虛實，據實稟報。朝臣回奏：南懷仁所言似乎不虛，而吳明烜所指似有舛誤。康熙對於這模稜兩可的結論龍顏慍怒，諭知群臣，他欲一舉解決曆學家之間的紛爭：

> 楊光先前告湯若望時，議政王大臣會議，以楊光先何處為是據準議行，湯若望何處為非輒議停止，及當日議停、今日議復之故，不向馬祜、楊光先、吳明烜、南懷仁問明詳奏，乃草率議復，不合，著再行確議。[54]

結果南懷仁與吳明烜又承命進行比試，推算某一時刻太陽的高度和角度。所有的測量儀器於兩週前即準備就緒，天文官吏各就定位，儀器可移動部分一一貼封加印，以杜絕舞弊。結果，南懷仁的推算又是無誤，於一六六九年二月底受封為欽天監監正，楊光先、吳明烜下獄問罪。

南懷仁滿懷信心，改革曆書，匡正謬誤，堅持曆書縱然付梓，也應即刻修正。滿朝文武論辯之後，康熙首肯南懷仁的條陳。南懷仁又參劾五年前楊光先對湯若望的誣陷，湯若望等人的冤屈得以平反，恢復官爵，並依原官爵賜恤，楊光先則被處以極刑。[55]

當年湯若望雖勝，但結果十分弔詭，如今南懷仁也是如此：南懷仁的技術工作日益沉重，有礙修行。南懷仁不僅沒時間向異教徒宣教，甚至連個人的精進也得放棄。正如他在一六七〇年八月致書摯友柏應理（Philippe Couplet）所言：「去歲，我本以為工作重擔將隨時序推移而稍獲紓解，孰知我仍無喘息之餘地，工作量之大，會長往往只得豁免我每日的祈禱——這種情形並非偶一為之。」[56]

南懷仁修纂曆書，指導欽天監僚屬，監造觀測曆象所用之龐然繁複的天文儀器，[57]但他的「工作重擔」也不全然來自曆學。南懷仁瑣事纏身，譬如奉康熙聖旨，耗費數週調整滑輪系統，運用槓桿原理把巨石拉過永定河上的蘆溝橋；製造華麗的日晷漏刻；在御花園內修葺泵站以提高水位；畫風景畫片置於稜鏡筒內，以供把玩。「由稜鏡筒觀之，可見裡面一韃靼人之上半身，身罩長袍，頭戴涼帽。觀者無不嘖嘖稱奇。」[58]南懷仁對這類傑作頗感自豪，所以在信裡詳加描述，如果這能導向更宏遠的目標，讓皇帝服膺天主，那自然就不是枝微末節的瑣事了。康熙驚於南懷仁的曆學造詣，對他製造的小玩藝也是龍心大悅，

南懷仁（Ferdinand Verbiest），身穿未飾官徽的中式冬袍，身旁是使他得以膺任欽天監監正（一六六九至一六八七年）的天文儀器。這幅版畫收錄在杜赫德（Du Hald）的《中華帝國志》。

必定會對支撐這些科學原理背後的宗教信仰產生共鳴。「吾望神意眷顧，使吾等聖寵日隆，喜樂臻至巔峰。然亦不能操之過急，仍需待機以建尺寸之功，邁向險要之目標。」[59]湯若望也曾懷抱類似的想法，靜候皇帝的佳音。

南懷仁也和湯若望一樣，樹敵無數。駐北京的耶穌會士比南懷仁年長，對南懷仁的聖眷隆盛，心有不滿。所以，南懷仁是用法蘭德斯文寫信，向歐洲方面請求經費，以製作科學儀器與買通朝臣，以防別的耶穌會士窺探信中內容。南懷仁深信自己走的是正軌，不容同僚從中作梗：「吾等所得之寵幸，均因吾等在曆算方面之成就所致。故不容半途而廢，並應繼續贊助。」[60]

南懷仁的漢語日漸嫻熟，足堪充任來華洋人的通譯。康熙召南懷仁進京侍讀，南懷仁趁機學滿文，如此君臣便能不拘朝禮交談，他甚至還寫了一部滿文文法，以利其他傳教士學習滿文。康熙在南懷仁指導下修習天文學，演算《幾何原理》（*Elements of Euclid*）（這部書已由利瑪竇譯成中文），鑽研球體三角形，後來竟能親自操作天文觀測和地球繪測的實驗。[61]

這對君臣之間有多親近，康熙對科學新知的理解程度又是如何，這本是眾說紛紜。南懷仁提及康熙天資聰穎，君臣和樂，其他傳教士則不做此想。[62]但是，這對君臣之間必有私人交往，康熙對南懷仁屢屢加官晉爵，恩賜有加。一六七四年，聖諭責成南懷仁「鑄造火砲，輕利以便登涉」，以鎮華南之亂。[63]南懷仁承命鑄造重砲一百三十門，實戰成效卓著，康熙諭令另行鑄造三百二十門輕型火砲。一六八二年，朝廷已是勝券在握，南懷仁受封為工部右侍郎，這全拜他「製造砲位精堅」所賜。[64]法蘭德斯莊園管家之子遂成為清廷的股肱重臣。

恩寵與職責本為一體。康熙召南懷仁隨侍巡幸滿洲，南懷仁是這麼描述自己的角色：「我總是隨侍皇帝左右，蠡測天象，衡定北極星高度，合算地表坡度，用隨身的數學儀器測量群山高度距離。隨時侍講皇帝問及有關流星和物理、數學的問題。」[65]康熙賜南懷仁十匹馬馱運儀器，入夜之後就在皇帝御帳附近搭設帳棚。禁衛開拔，揚起漫漫塵土，每令南懷仁窒息，日日趕路，令之精疲力竭，所以「巡幸途中，夜夜精神恍惚行至營帳，無法站立」，南懷仁榮寵集身，片刻不得閑：「若非友人勸阻，唯恐我不隨侍在側會引起龍顏震怒，否則我屢有告退之念。」[66]

南懷仁的堅持獲得小小的回報。某夜在山中，康熙找了幾個臣子與他臨溪席地而坐。南懷仁勾勒了當時的情景：「夜色沁美，晴空朗朗，康熙命我以中、西文名稱標示出天上星斗；皇上先指出他已熟稔的星辰。隨後，皇上取出幾年前我送他的小幅全天星表，根據星辰位置推算夜晚的時刻，他興味盎然，向隨侍展示他淵博的科學知識。」[67]

這種時刻會令案牘勞形的南懷仁，重燃勸服康熙皈依天主的希望。南懷仁不僅持續曆學撰述不輟，奉旨籌備編修「未來兩千年的曆表」，康熙還諭令今後繪製中國地圖時應採納南懷仁勘繪的滿洲城市緯度新表。[68]身為耶穌會中國省區副會長的南懷仁，還得照顧其他修會的傳教士；例如，聖方濟會修士即不斷盛讚南懷仁的無私協助，並發揮影響力使之免受迫害。[69]南懷仁努力培養中國當地的神職人員，支持法國傳教士進入中國，雖然他知道此舉會激怒葡萄牙人。南懷仁力主開闢一條經俄國西伯利亞抵達中國的陸路。南懷仁的圖謀自然遠遠超越湯若望，他多才多藝，勝券似乎在握。南懷仁個人的成就臻至巔峰、聖眷優寵，不料卻在一六八七年（時年六十四歲）自馬背上摔下，內傷病篤，於次年長逝。康熙特諭恤典，親撰祭文，遣官致祭，這位耶穌會士在崇隆的中式奠儀入土為安：

前導是二十五英尺長、四英尺寬的旌旗，飾以流蘇錦穗。底部是一幅紅綢，上面用金色正楷書寫（南懷仁中文）名諱和官職。前後則有樂隊和旗手。隨後是置於大型龕座上的十字架，十字架則飾有各式絲綢旒花。幾名基督徒緊隨十字架之後，或舉旗、或擎燭。踵繼其後的是聖母瑪利亞和聖子耶穌手抱地球的畫像。隨後則是守護天使的圖像，幡旗、燭火簇擁四周。後面則是一幅南懷仁的畫像，畫中南懷仁朝服翎頂，皇帝御賜的尊銜齊備，引人側目。我們（南懷仁的耶穌會同僚）緊鄰在後，依這個國家的送殯習俗穿著縞素，且一如尋常百姓，放聲慟哭，以示哀悼。神父的遺體就在我們身後，皇帝還遣官隨行送葬，以表彰這位名垂史冊的傳教士的榮耀。官員騎馬，隊伍中有皇帝的駙馬、御前一等侍衛。送殯隊伍殿後有五十名騎馬侍衛護持。[70]

似乎沒有理由認為南懷仁的辭世會影響耶穌會在華漸次成形的傳教模式，而幾位繼任者最先也走得很順。一六八九年，中俄簽署「尼布楚條約」（Treaty of Nerchinck），耶穌會士因調和有功而受到康熙嘉勉。耶穌會士用奎寧治癒康熙的瘧疾後，朝廷於一六九二年特頒「准耶教旨」。耶穌會在京城內獲得土地修築教堂，康熙還委由傳教士全面繪勘大清帝國。康熙對傳教士藹顏以待、禮遇豐厚。巡幸時往往單獨召見，勗勉有加。耶穌會修士輪番膺任欽天監監正，他們靠著科技專業，在官僚體系中穩佔一席之地。[71]

然而，種種希望終歸幻滅，當年困擾湯若望的棘手問題再次浮現：各修會之間的衝突日熾，導致羅馬教宗於一七〇五年派遣使團抵華，但使在華耶穌會士之間的嫌隙難以彌合，聖眷不再。[72]士大夫的敵意漸張，各省迫教事件屢有所聞。但此時卻沒有夠份量的歐洲人（以及親天主教的中國官員）出面遏止。在十八世紀，雍乾兩朝頒諭禁教，天主教被視為異端邪說，但是此時傳教士仍編修曆書，打造噴水池、修護古董，充任畫師、匠人侍奉朝廷。[73]一七七〇年代，為流言中傷而倍受猜疑的耶穌會在歐洲遭解散，在華掀起新一波反教浪潮，傳教士或遭驅離，或四處藏匿。試圖藉助西方科技專業勸服中國人皈依天主的巧思，終告失敗。

西方人雖然屢遭挫折，但心中仍抱樂觀。傳教士留下的敘述，把中國皇帝說成改宗有望的教徒，堅稱朝廷官員開明，已走在真理之道上頭，而每一起迫教事件都被說成基督信仰大功告成的序曲。伏爾泰（Voltaire）、斯密（Adam Smith）之輩的理論家借鏡中國，以增加批判歐洲社會的力道；別人則以輕鬆的態度附和，接納奢靡、浮誇的「中國熱」（Chinoiserie），於是英國花園出現了中國涼亭，而餐桌上則有柳景裝飾的餐具，喬治三世（King George III）和華盛頓（George Washington）頭上也蓄了滿人辮子。[74]

其實，西方人對中國的分析並不真確，也過於一廂情願。第一波來到中國的洋人，自恃科技過人，以為中國人很需要他們，把中國過於簡化，以合於其目的，而無能理解儒家思想道德結構的頑強頡頏，誤將敵意以為一時的悖常。

我們佔了事後之便，遠眺湯若望、南懷仁所屬的年代，持平而論，中國人才是這場東西交流的受惠者。西方科技能用，則用之，也不吝報以珍寶官位，但僅此而已。與己無關之事，則冷淡以待。到了十九世紀初，西方宗教也只不過是斑駁的記憶。博學碩儒、封疆大吏如林則徐者，也在一八四〇年說：「似以利瑪竇初入中國所傳之耶穌教（Jesus-Ligion）為加特教（Catholicism），而以南懷仁後所續傳之耶穌教為克力斯教（Christianity），不然何以是一是二。」[75]

但西方人並不會輕易打消念頭。由湯若望受拔擢所象徵的歷史匯聚，已成西方人思維的內在元素。中國遍地良機，而科技乃是成功之鑰。南懷仁於一六七四年寫道：「遠古之時正是天上星辰引領『三王』崇敬真主。同理，星象學亦將引領東方君王逐步認識、崇敬上帝。」[76]正因此一預言過於樂觀，所以無須放棄這個策略。即使有人想透過其他的科學，把中國人引向其他神祇，也不須放棄這個策略。

第二章

治形體之病，救異教之魂

伯駕 Peter Parker

耶穌會士欲透過曆學而使中國人皈依天主，這個計畫已經夠宏大，但與十九世紀積極活動的新教（Protestant）福音傳教士相比，卻又是相形見絀了。工業革命所孕育的先知受到進步、博愛主義和商業擴張等新觀念所激勵，欲以一套新的語言，征服更廣闊的天地。「當我思及於此，」美國新教傳教士伯駕（Peter Parker）初履中土之後寫道，「其恢弘壯闊，及於莊嚴道德，不由心緒澎湃——啊！應廣徵天下才智之士，指引陶冶心志，將此宏業發揚光大！……解人於自物質、心靈、道德之桎梏，傳科學與基督的福賜於世，乃才智卓絕之士與樂善好施心所應承擔之大任。」[1]

伯駕以自己的方式，踩著耶穌會的腳步來親近中國人。他只是用現代醫學取代天文學。一八四一年，伯駕在英格蘭發表演說，清楚點出他與耶穌會策略的雷同之處。根據前去採訪的英國報社記者報導：「他心中的目標首在以醫藥與外科啟蒙中國，藉此開啟門道，再傳基督之福音於眾人之間。他接著說明該國在醫學簡陋與謬誤，再引證幾個他親身經歷的病例，指陳醫院對該國極有價值，不僅在於慈善救助之實效，亦在於博取中國人之好感，以掃除傳播基督福音之障礙。」[2]

對當年的耶穌會士來說，往中國之路委實漫長，對伯駕而言，亦是如此。而伯駕也和當年的耶穌會士一樣，事前亦受過精深的教育，淬練個人赤誠，才能踏上旅程。一八〇四年六月十八日，伯駕生於麻薩諸塞州（Massachusetts）佛萊明罕（Framingham），是貧農之家的獨子。伯駕生長在肅穆的新教環境中，心中常感靈性有所缺陷。一直到十六歲，伯駕皈依上帝，第一次感覺到「願意默默接受上帝的旨意，」內心才得平靜。[3]不過伯駕的父親半身不遂，且債台高築，所以他還是被綁在農場，直到出嫁的姐姐定期接濟家裡，才使他能放心遠行。伯駕於一八二七年申請入阿默赫斯特學院（Amherst College）就讀，讀了三年後便覺不足。伯駕一心嚮往哈佛，直到得知「該校的環境不適合虔敬的學生」[4]方才作罷，於是轉學到了耶魯。

耶魯大學和紐海文吸引了他。伯駕告訴母親，「這裡是美國的『伊甸園』（Eden）。」

當地慈善團體免費供應他書籍和住宿，他每天只需花五毛錢，就能找到舒適的住處，而學生也十分友善。阮囊羞澀的確是個困擾，因為伯駕不願在手頭闊綽的同學面前「顏面盡失，無足輕重」；但在餐廳當侍應的收入只夠他支付膳宿費。[5]

伯駕十八、九歲時，隱隱感覺一種渴望，遠赴他鄉異國傳播福音，到「基督徒足跡尚未出現的地方，那裡從未聽聞基督的福音。」[6]他在耶魯那段期間，當地的宗教儀式激發了他的情懷，更堅定了他以宗教為志業的信念：「假若我沒有被欺騙，我應該說沒有哪個議題像異教徒的境況令我心往神馳。願上帝能把這慈善志業託付給我。」[7]伯駕自書他期盼傳教生活的資格和動機，結果令他大為振奮。伯駕的結論是：他刻苦，聰慧，寬厚，幹練，體魄強健，百折不回，虔誠篤信，沒有家庭牽累，認真關懷異教徒的落魄潦倒。[8]到了一八三一年九月，伯駕希望前往傳教的地點剩下兩個：中國和斯米爾納（Smyrna），教會也讓他深信這兩個地方大有可為，值得耕耘。同時，伯駕也考慮成為醫生，在確知依他的條件學費可「全免」，其他費用「酌收」，伯駕遂開始學醫。伯駕在深思禱告之後，入耶魯神學院（Yale Divinity School）就讀。對於伯駕的選擇，母親和姐妹雖然很傷心，但仍以他的雄心壯志為榮。[9]

伯駕把他企盼傳教的心跡向「美部會」（American Board of Commissioners for Foreign Mission）表明，當時「美部會」儼然是新教徒尋求海外傳教的資訊交流中心，而伯駕暗示，拒絕他的請求不啻是違逆了上帝的旨意。[10]「美部會」答覆伯駕，鼓勵他把焦點鎖定在中國，伯駕亦欣然同意。

伯駕是在一八三二年初讀了《美國百科全書》（*Encyclopaedia American*）中的一篇文章，「興趣很濃」，因而初識中國。伯駕從中讀到中國歷史的梗概，獲悉中國人生性「卑躬屈膝，勤勞奮發，實事求是」，物產繁多且豐饒，軍隊雖眾，但不堪一擊，近年來「屢屢苦於內亂。」伯駕還知道天主教因「莽撞的熱忱」而喪失優勢。儘管中國「視所有外國為朝貢之國」，但此地的國際貿易暢旺，中國進口米、布、玻璃、皮裘和檀香，出口茶葉、糖、絲、礦產、漆器、大黄、麝香。最後，伯駕還發現，他們的語言雖然奇特，但「中國人彼此溝通無礙」，同時，歸功於馬禮遜（R. Morrison）和雷慕沙（M. Remusat）苦心編纂字典和文法書，使得「有心學習這門詰屈聱牙語言的人，毋需再藉助其他的工具。」[11]

這篇文章並未提到人口壓力造成中國農民民不聊生，十八世紀末，乾隆寵臣和珅貪贓枉法的行徑，已使得中國的財政瀕臨枯竭，削弱了皇室的威信，官僚索賄肆無忌憚，農民暴亂日漸頻仍，官軍幾無力撲滅，而外國政府對「朝貢國」的地位也漸感不耐。[12]這篇文章的作者也必定知道，英美兩國向中國大量傾銷鴉片，以平衡對華貿易的逆差。舉例而言，一八九二年，英國向中國出口總值兩千一百萬美元的商品，其中僅鴉片一項就佔了逾一千萬美元；同年美國對華貿易額總值四百萬美元，其中鴉片就佔貿易總額的四分之一。[13]若是伯駕了解這些猙獰的實情，就會比較清楚他在中國將碰到什麼問題。伯駕繼續學習，而此刻遠在中國沿海的英國鴉片商因義士船長（Captain Innes）摘要記載：「趕緊僱人送貨，無暇讀經、寫日記。」[14]

一八三三年九月，伯駕啟程前往費城，出席「美部會」的週年慶典，他在醫學、神學頗有進展，已被視為中國領域的專家。伯駕到了費城之後的星期天，就舉行了三次佈道會，整個禮拜他都活躍而愉悅。有一個前來聚會的信徒深受伯駕的熱忱所感，捐了兩百五十美元，「贊助即將前往中國傳教的伯駕神父。」[15]這似乎是伯駕在物資上的第一個收穫，讓他向中國邁開大步，不過他出於赤誠地說：「不應讚美我們，不應讚美我們，一切禮讚皆歸上帝，」伯駕已感受到這個嶄新熙攘世界的魅力，見識到它所提供的機會。伯駕心想，假使他搬到費城，「我應廣結善緣，在我永離故鄉之前，盡量影響它。」[16]「引導異教徒皈依上帝乃是筆墨難以言喻的殊榮，」[17]而這似乎要靠新的策略，但伯駕回紐海文之後，染上熱病，他把這視為上帝的審判：「我相信我會活下去，不會死。既然在最晦暗的時刻，還滿心愉悅，我將前往我欲奉獻之地。我不知我是否會在彼處長期耕耘；但我說服自己，應前往見識一番，在那裡奉獻一段時日。」[18]伯駕的心願竟意外實現了。大病初癒，過了三週，伯駕認識了家產殷實、專營中國生意的商人奧立芬（D. W. C. Olyphant），免費讓伯駕搭乘他旗下的「馬禮遜號」（Morrison），一八三四年六月，自紐約啟航前往中國。

伯駕接受這命運的安排，不過他剛逃過死神一劫，也知道此行或許一去不返。伯駕給姐姐哈瑞特（Harriet）寫了一封措辭激越的信：「試煉時刻即將逼臨，此刻我們必須道別——就此永別，直到我們在彼世相會。勿須臨別依依，不必淚眼婆娑、肝腸寸斷，我向妳保證，此刻已充滿愉悅。為了弘揚基督的事業，妳和唯一的兄弟離別；他滿載救世主愛的福音散播給億萬中國人……他將把上帝恩寵的榮耀福音遍灑地球遙遠的彼端。」[19]

同時，伯駕還有些最後事情要了結。伯駕一邊收拾行囊、傳教佈道，一邊還得抽空參加紐海文的畢業考，他於一八三四年三月取得醫學博士的學位；兩個月後，又在費城取得長老會牧師的資格。

在紐約布里克街（Bleecker Street）長老會教堂裡舉行的臨別歡送會上，「美部會」諄諄叮囑伯駕在中國的傳教事宜，其口氣有如對伯駕的嚴正訓誡，示意他不應步湯若望、南懷仁的後塵，讓科技專業妨礙宗教目標：「你具備的醫學、外科手術知識，若機會許可，只能用於緩和病人肉體的疼痛。只要有機會，你也能宣揚我們的藝術和科學。但是，務必牢記在心，你只能在指引他們成為上帝僕人之時施展才能。醫生或科學人的角色備受敬重，也有助於在中國宣揚基督的福音——但千萬不能以此取代或凌駕你宗教導師的身分。」「美部會」還要他花兩、三年的時間，「心無旁鶩」學習漢文，熟悉中國的風俗習慣，再決定未來傳教的據點，遴選「資質出眾的當地助手。」[20]

伯駕在回應時，反覆重申對於「美部會」給他這一機會的誠惶誠恐和感謝之意，也提及他知道此行可能一去不復返，但是他又概述了他的真正意圖，並駁斥對他的批評：「我希望我個人能發揮作用。我不會如某些誤解我動機或低估我抱負的人的影射，會輕易拋棄生命。我希望秉持上帝恩賜的能力從事善行，以流芳百世。」伯駕以昂揚著愛國情操的話語，結束了他的答辭：「美國應在宣揚基督福音的事業上竭盡所能。我以作為耶穌基督的傳教士邁出大步而享有這至高無上的殊榮。是的，我的榮耀即源自於身為曾受鄙夷的拿撒勒人之追隨者；然而，更要說的是，我以自美國高呼為樂！」[21]

一八三四年六月四日，伯駕自紐約啟航。是日陽光絢爛，船客皆興高采烈。船隻航向公海之後，他們合唱友人為伯駕譜寫的讚美詩：

天堂微風盪漾，
伴君渡印度洋。
心懷天主恩典，
志在拯救中國。
上帝恩澤普被，
雖死猶得永生。

救世福音廣傳，
黑暗子民生光。[22]

歐洲耶穌會鎩羽之處，美國長老會又怎能不成功？伯駕深覺「我主掌舵，耶穌基督，希望之光，是我靈魂支柱。」[23]

新教徒和天主教徒一樣，船隻一遠離陸地、航向夢寐以求的國度，便開始進行一連串的活動，為將來的重任預作準備。伯駕一如兩百一十六年前搭乘「聖母號」抵華的湯若望，在「馬禮遜號」上既要主持禮拜，還要鑽研隨身攜帶的雷慕沙所編纂的《中文文法》（*Chinese Grammar*），並溫習《診療花藥》（*Anthers on Surgery*）。伯駕難以按捺心中狂喜，「我廁身於立足世界巔峰者之列，千萬基督之友、之敵同等矚目這樣的奇觀」[24]；但「新的友伴與景緻讓我分心，無法專心與上帝同行於聖途」[25]這聖途上永無止息的動盪將伴他走過餘生。

伯駕於十月二十六日在廣州登岸，受到此地洋人的歡迎。廣州城內的洋人為數不多，且被官府圈限在廣州城外的「十三洋行」（譯按）一隅。在一英里長、兩百碼寬的狹窄區域內，約莫有兩百名傳教士、商人，其中以英國人為主，另有三十名美國人和日耳曼人、荷蘭人、法國人、丹麥人。雖然吃住的條件很好，但卻很受約束：不得攜眷、不得配槍、不得乘轎、不得划船，也不得進入廣州城。每個月有三天可渡河到對岸林園散步，但只准三五成行，且須有一名中國翻譯同行，負責讓他們守規矩[26]。以這種條件要讓普天下中國人信教，似乎希望並不大，但這就是伯駕碰到的狀況。

伯駕在此地認識了一些教會人士：一八三〇年抵達廣州的裨治文（Elijah Bridgman），他是第一位抵華的美籍傳教士，此外還有衛三畏（Wells Williams）等人，他

譯按：十三洋行

商名	行名	人名
浩官（Howqua）	怡和（Evo）	伍紹榮（Woo shaou yung）
茂官（Mowqua）	廣利（Kwonglei）	盧繼光（Loo ke kwang）
正煒（Puankhequa）	同孚（Tungfoo）	潘紹光（Pwau shaou kwang）
鰲官（Goqua）	東興（Tung hing）	謝有仁（Seag yewiu）
經官（King qua）	天寶（Tienpow）	梁亟禧（Leang ching che）
Sunching	興泰（Hingtae）	嚴啟昌（Yeu khe cbang）
明官（Mingqua）	中和（Chung wo）	潘文濤（Pwau wan taou）
秀官（Saoqua）	順泰（Shun tai）	馬佐良（Ma Tso Leang）
海官（Pwan Hog qua）	仁和（Yan wo）	潘文海（Pwan wau hae）
爽官（Sam qua）	同順（Tung shun）	吳天垣（Wu Tien yuen）
昆官（Kwan shing）？	學泰（Fu tai）	易元昌（Yih yuen chang）
Lamqua	東昌（Tung chang）	羅福泰（Lo fu tae）
Taqua	安昌（An chang）	容有光（Yung yew kwang）

們時常在名之為「錫安角」（Zion's Corner）[27]的奧立芬所擁有的商館裡聚會。然而，伯駕還沒確定未來的計畫，就病倒了。因為伯駕得加緊學中文，所以他被送往環境比較舒適的新加坡，一面學語言，一面行醫，直到他恢復健康為止。伯駕在給紐海文友人的信中提及，他感受到華人的友善；他因醫術精湛而有好聲名，對生活也漸有體會。「雖然孤子一人，但我不覺得離群索居，我有一位中文老師相伴，我不常想到自己是在用筷子吃飯，自盤中夾菜。我已適應了他們的生活型態。」[28]

工作令伯駕振奮，但華人對他專業技術的殷切需求馬上就讓伯駕偏離了他的宗教目的。「昨夜我重讀美部會給我們的訓示，心中不無傷悲，我對於罹病和瀕死華人的興趣日深，全心學習語文，在某種程度上我已違背了訓令，我以行醫為重，不知如何脫身。」[29]這種進退兩難的處境開始困擾伯駕，到了一八三五年六月，他已是萬念俱灰：整個人「精神恍惚」，「在湍流中載浮載沉，直至墮入萬劫不復的深淵」，時常獨自一人「躲到偏僻地方，日夜流淚。」伯駕覺得難以勝任眼前的任務：「多年來我祈禱、齋戒、努力工作，俾以勝任傳教事業，但我仍然力不從心。」更糟的是，客觀環境似乎阻礙了他關懷病人的性靈渴望：「我急於治癒每週蜂擁而至的上百名病人，而無暇代他們的靈魂向天堂呼救。」[30]問題十分清楚。「我把太多的心力投注在醫生這個俗世職業上，怠忽了十字架下的基督徒、牧師和傳教士的角色。」[31]伯駕急於尋覓良機重返廣州，深信「能重新將我的生命奉獻給救世主，照上帝的形象造自己。」[32]

但是伯駕回廣州之後，花在醫療工作上的精神更多。伯駕向某家洋行承租幾間房間，創設擁有四十張病床的「廣州眼科醫院」（Canton Ophthalmic Hospital），由他負責管理，並於一八三五年十一月正式開幕執業（譯按）。伯駕在第一季的報告裡，解釋他縮減醫療科目的理由：「選擇眼疾是因為它在中國處處可見，但本地醫生對眼疾卻束手無策，專治眼疾想必會廣受好評。」[33]

這家醫院聲名鵲起，在頭三個月即看了九百多名病人（其中近三分之一是女性）。伯駕起初只做白內障切除和其他眼疾手術，後來漸漸也做膿瘡、腫瘤和癌症的手術。伯駕的外科技術無疑很高明，連當代醫生說到他的醫術也是肅然起敬。[34]從下面案例就可知他的醫術精湛。伯駕在廣州眼科醫院的首份報告裡，細述「第四四六號病例，十二月二十七日，肉瘤，阿觀（音），十三歲的小姑娘。」伯駕描述阿觀剛到醫院的情形：「當時我正準備

譯按：伯駕的廣州眼科醫院是在美國商人奧立芬的資助下，於伍浩官的「豐泰行」七號開業。這家醫院是近代中國第一家眼疾專科醫院，也是最早的西醫醫院之一，在中國醫療史上有著重要的地位。西方文獻一般稱該醫院為Canton Ophthalmic Hospital，中文文獻則稱為「新豆欄醫局」。但據史料記載，當時醫院的入口用中文寫著「普愛醫院」（Pu Ai I Yuan）字樣，這或許是伯駕對該醫院的中文命名。

伯駕（Peter Parker）只花了八分鐘就切除了這個中國女孩頭上重達一點二五磅、直徑長十六吋的腫瘤。這是伯駕委託所繪的系列油畫之一，以作為醫學紀錄和專業技術的見證。

休診，瞧見一個中國人牽著他的小女兒怯怯地走進醫院，乍見這個小女孩像是長了兩個腦袋。她的右側太陽穴隆起肉瘤，沿著臉頰下垂到嘴角邊，她的整張臉因而變形。」伯駕取得家長簽字畫押，保證手術若有意外，病家絕不追究，便決定即刻施行手術。這顆腫瘤重達一點二五磅，直徑長十六吋，手術只花了八分鐘就告完成。手術切口完美癒合，十八天後，病人康復出院。[35]

伯駕還請了畫匠藺官把他最感興趣的病例畫下來，插圖中的小女孩或許就是阿觀本人。她那張悽楚絕望的臉龐，恰是自十七世紀以來西方人眼裡中國人的寫照。這個小女孩站在那裡，單純無邪但痛苦不堪，標緻的臉龐扭曲變形。她的同胞無能為力，只能任她日漸孱弱，不發一語、眼睜睜地看著她死去。然而，外科醫生的鋒利刀刃卻徹底改變了她的命運。她的一生因西方人的神技而改觀，能在這世界立足，從此過著幸福的日子。西方人不禁要問，中國人難道不明白這是何等輕易之事？

伯駕知道，他理應關懷病人的靈魂，而不是肉體，但似乎無暇付諸實踐。「一八三六年五月一日。我忙於診治為數眾多的病人，無暇向他們傳教或藉機讓他們了解我對他們身負的使命。所以我務必自惕自勵，以免仇敵利用病人的肉體讓我忙得焦頭爛額，而無法自病人的靈魂中驅逐這些仇敵。」[36]伯駕以他在世華佗的醫術卸下了中國人的心防，這反而使他更加忙碌。伯駕在報告裡，勾勒病人如何佔據他的時間與精力，以及治療病人所發展出來的流程：

對於沒有親眼目睹醫院光景的人，是很難真正了解醫院的情形。他應該在醫院待一天接待新病人，好好瞧一瞧醫院門口自昨晚即在街上徹夜守候、門庭若市的婦孺，她們無不希望儘早掛號而能在同一天之內問診。他還應該看看清晨時從四面八方蜂擁而至的轎子大排長龍；僕役、馬夫隨侍在側的官員和地方士紳摩肩接踵；駢肩雜遝的人群把狹窄的空間擠得水洩不通——以致於父母必須把小孩舉起過肩，否則小孩會窒息或受傷；病人須先排隊掛號，才得以進到樓上的大廳看診、開藥方；急診病患可以即刻就醫，其餘病患則視院方的能力而定，延遲五至十天才來就醫看病。就在這個樓層可以看見自樓下數百人中篩選的一、兩百人予以醫治（大多數人被請走，其中確實有絕症病患，但多數人是可以醫治，應該予以照料）；從知縣到省府臬台的各級官員只能和眾多卑微的百姓一起坐在醫生桌前，期待洋人伸出貴手同等垂憐。

由於無法當天同時診療、動手術，每週就只能利用一天的時間來施行手術，這時病人就得花兩天的時間到醫院來。手術日當天通常優先處理截肢、切除乳癌或摘除腫瘤；至於白內障患者，往往是六至十六人的手術一併進行。在另一個房間內則有二、三十個臉內翻和翼狀患者。在這個房間內可以看見十二位患者坐在一張長凳上，醫生依序對他們施行手術，動手術時，有位中國助手端著手術用的針線尾隨在後，另一位助手帶著藥膏、繃帶完成後續上藥、縫合、包紮的工作。[37]

伯駕雖然毫無喘息的餘地，不過至少不愁傳教的經費。壟斷廣州對外貿易的中國行商浩官同意伯駕免費租用商館，來自西方傳教士、商人的捐輸源源不絕。即使先前「斷然否定我們做法」[38]的英國人也對這位美籍醫生慷慨解囊。英國商務監督義律（Charles Elliot）形容伯駕「藉助最安穩、最聰明、最便捷的手段，在這廣袤國度之中推廣真理和文明的宏業，」不但捐了一百美元，還承諾每年都會捐這個數。[39]

伯駕一舉成功，於是和廣州某些洋醫決定把醫療工作做可長可久的安排：「在中國人之間懸壺濟世似乎頗具成效，它尤其能促進中國人和洋人之間的交往，又能宣揚歐美的藝術、科學成就，最終讓神的福音深植人心，以消弭至今仍眩惑他們心靈的可悲迷信，我們決計成立名為『中國醫務傳道會』（或譯『中國博醫會』）（Medical Missionary Society in China）[40]的社團。」這個社團於一八三八年正式成立，在澳門設有分部醫院。伯駕為了能專心於醫療工作，還親自教導三名年輕中國學徒習醫、學英語。伯駕已是一位忙碌的名醫，但他仍未展開勸化異教徒的事業。

鴉片戰爭爆發，中斷了伯駕的行醫。自一八三四年以來，英、中之間的敵意浮上檯面，這時東印度公司（East India Company）壟斷對華貿易的局面已被打破，西方商人開始大力拓展對華貿易，中國沿海一帶，商賈集如織。產於印度的鴉片是用來交易中國茶葉、絲綢最有利可圖的商品，此時鴉片開始大量向中國傾銷，隨著中國人對鴉片需求殷切，以往均衡的貿易逐漸難以為繼，大量白銀外流，令朝廷猛然悚懼，被迫採取對策。這時，英國商人亦大聲疾呼，廢止綁手綁腳的「廣州體系」（Canton System），打破行商的壟斷；按照英國所發展出來的自由貿易原則，要求關稅平等，對等的外交關係及廣開貿易機會。一八三九年，道光皇帝封林則徐為欽差大臣，銜命前往廣州解決鴉片的禍害。[41]

一八三九年三月，林則徐封鎖十三洋行內的洋商，飭令他們交出庫藏的鴉片，當時伯駕亦在圈禁之列。伯駕起初還鎮定自若，直到中英雙方開戰，他苦心經營的友好關係付諸東流，他寄望的醫院也遭池魚之殃。伯駕在四月十四日寫給妹妹的信中，哀惋之情不禁流露：「我得知醫院必須關門時，心中何其哀痛！浩官說我善待他的同胞，遠勝過他孝敬父母的程度，但他擔心後果難卜，不能再把商館租給我；不過，他也可能改變心意。」[42]話雖如此，伯駕仍繼續為和平貢獻心力，替林則徐向西方列強爭取締結「體面的條約」[43]。雖然英、美人士都已撤至澳門和香港，伯駕仍留在廣州，靠著他的醫術與官府保持接觸。在沒有別的醫生的情形下，伯駕漸漸增加一般外科手術的工作。伯駕治好臬台公子的癲癇之後，受林則徐之邀，為鴉片癮民開列戒煙處方，最後則依林則徐之請為他診療疝氣。

以治療疝氣來分析中西關係似乎有些不倫不類，但這位身處圍城之中的美國年輕醫生和權傾一時的朝廷命官之間的折衝，恰巧生動刻畫了橫梗在雙方之間的鴻溝，也是西方人期待技術力量能彌合雙方深刻歧見的生動寫照。林則徐因為局勢和個人隱疾使然，不便直接向伯駕啟齒，伯駕也擔心貿然行事會鑄成大錯。伯駕在報告中，以「病例六五六五號，疝氣，林則徐（病人），朝廷欽差大臣」描述了雙方的你來我往。七月，林則徐透過老行商浩官轉來一封信，信裡請求「開具疝氣處方」。伯駕用中文客氣覆信，並附上解剖圖表，分析引發身體不適的病因，並建議綁疝氣帶。林則徐礙於個人隱疾，或許也懷疑此法無效，所以派了已綁疝氣帶的友人前來向伯駕再另討一副。伯駕以疝氣帶只能由醫生親自綁帶為由回絕了。林則徐反覆思量之後又派遣同樣苦於疝氣之疾的幕僚前來試綁疝氣帶。伯駕盡了醫生的義務，林則徐的幕僚頓覺舒暢。最後，來了一位自稱是林則徐「兄弟」的人，此人身材與林欽差相若。適合他的疝氣帶，自然也就適合他的「兄弟」。面對這種別出心裁的變通方式，伯駕也就不再堅持己見，為他綁上了疝氣帶。[44]

伯駕在報告裡寫道，「疝氣帶送給林欽差閣下後……對方答說甚佳」，林則徐曾公開盛讚這家醫院，同時也因為這圓滿的結局，伯駕的「醫院每天都有林欽差的隨侍登門求治。」不久之後，林則徐致書維多利亞女王，懇請協助阻止鴉片貿易時，還請伯駕審閱信文。此外，林則徐也特請伯駕迻譯瓦特（Vattel）所著《萬國公法》（*Law of Nations*）的若干章節。[46]伯駕疝氣帶的作用猶如湯若望的望遠鏡，讓伯駕有此際遇，在中國發揮真正的影響力，而伯駕的友人也力勸他：「在孤獨中昂揚，因汝有絕佳之位置。」[47]

伯駕「流利的中文說寫能力為他帶來極大的便利」[48]，即使中英雙方在一八三九年十一月交火，他仍以中國人的國際法專家和醫療顧問的特殊角色而奔走：「若是其他洋人也撤離，我不知自己是否有安全之虞。」[49]

然而，到了一八四〇年夏天，他內心再次盪向另一個極端。回首自紐約啟航以來，六年光陰已逝，他自覺「我的基督情懷現已由濃轉薄。」他究竟有何成就？他深感「無法置信和絕望，那些人毫不猶豫，放心把肉體交由我治療，但我無法觸及他們的靈魂。我不敢奢望能自他們錯誤的行為中來拯救他們的靈魂。」更嚴重的是，不僅中國人的靈魂墮落在黑暗的深淵，連他的個人信仰也搖搖欲墜。在內心飽受煎熬的時刻，伯駕甚至還一度考慮退出教會。「在我習以為常的宗教框架之內，我不再祈禱、不再虔誠。啊！我的靈魂，何時才不再墮落？難道要等到最後拋棄信仰之時！」[50]伯駕處於這樣的心境時，英國艦隊已封鎖廣州城，他便於一八四〇年七月五日搭船離開中國，返回他一度以為無緣再見的美國。

然而，對中國的記憶是難以磨滅的。這個國家的形象鏤肌刻骨地烙印在伯駕的腦海裡，就如同長期在華生活的西方人，返回故里之後仍會對中國依戀不捨。伯駕回到美國幾天後寫道：「這裡不是我的家，我的志趣不在這裡，而是在中國。」[51]伯駕探視家人之後即前往華盛頓，拜會總統范布倫（Van Buren）和國務卿福賽斯（Forsyth），敦促美國政府派出部長級的全權大使居間斡旋中、英之戰。一八四一年一月，伯駕向國會鼓吹，指出上帝已眷顧「廣州眼科醫院」，事實上「即使是冷眼之人也注意到，上帝對這家醫院的庇祐。」[52]

伯駕在華盛頓的生活雖然緊張忙碌，卻成果豐碩，因而逐漸將他內心的惴惴不安稍加釋懷。他聆聽亞當斯（John Quincy Adams）「在最高法院（the Superior Court）前為非洲人辯護」，出席哈里森總統（President Harrison）的就職演說，迎娶「世上最美好的年輕小姐」韋伯斯特（Harriet Webster）。[53]往後幾個月，志得意滿的伯駕，依然「年輕、挺拔、俊美」[54]，與參議員、最高法院法官，以及費城、紐約、波士頓的富豪名流、學術社群會晤。為了讓公眾認識他的工作，勸募經費，伯駕前往歐洲，誠摯地與薩西克斯公爵（Duke of Sussex）、路易斯—菲利浦國王（King Louis-Philippe）懇談。「波士頓醫學協會」（Medical Association of Boston）特別通過一項決議，表彰伯駕「公正無私及對教會的個人奉獻，誠如伯駕醫生的表現，遠離祖國自我放逐到他鄉異地傳教。」[55]伯駕的確公正無私、自我奉獻，而中國也確實從這位佛萊明罕貧農之子的身上獲益匪淺。

伯駕於一八四二年十一月重返中國，期盼（一如往常的期盼）「繼續我的辛勤努力為生活的新紀元創造有利契機，而這新紀元的特質是更富靈性、更無私地奉獻給重新挽回中國認識聖經及其宗教信仰的宏業。」[56]不過，機會再次離他而去。這時伯駕所面對的中國，已不同於他離去時的那個中國。大捷後的英國於一八四二年八月與中國簽訂《南京條約》：五大通商口岸（廈門、廣州、福州、寧波、上海）開放給英國人居住，容許英國人在此貿易往來，並派人進駐這五個城市，終止廣州中國老行商的貿易壟斷權力，割讓香港，償付鉅額賠款，訂立適度、統一的進出口關稅。[57]

戰爭也留下苦果，中國人大多難以接受這紙條約。鴉片戰爭期間，廣州地方士紳煽惑人民內心深處的排外情緒，而使廣州人的氣憤格外濃烈。地方士紳鼓吹廣州人不是被英國人擊敗，而是被自己官員陰險出賣的神話，四處散播洋人威脅經濟穩定和女性貞潔的奇譚異誌。一八四一年有份士紳的告示如是說道：「我們一言既出，萬折不回，一定要殺，一定要砍，一定要燒死爾等！就請人勸我，我亦不依；務必要剝爾之皮，食爾之肉，方知我等利害也。」[58]縱然這僅是廣州一地的仇外情緒，畢竟也夠危險了。情勢依然沸騰，洋人雖有條約為後盾，但還是無法踏入廣州城，甚至連洋行一隅也是安全堪慮。騷亂於一八四二年十二月爆發，伯駕的夫人偕同夫婿前往廣州城時，仍必須在暴民燒殺擄掠商館時，匆忙尋覓安全之處藏身。暴行總隨騷亂的腳步而至，終一八四〇年代，都是如此反覆循環。

伯駕排除萬難，繼續行醫，但心中的滿足感已不若往昔：「上帝垂憐，召我重回我有用之地，我在此的表現勝過他人。人們對我的醫術需求殷切，更勝以往。王公貴族、販夫走卒都需我醫治；然而，啊！我是多麼渴望能直接拯救其靈魂！」[59]連他的一心奉獻也遇

伯駕在廣州，一八四〇年代。圖中施行眼睛手術的中國醫生是伯駕的學生關阿杜。作畫者是關阿杜的叔父藺官。這幅畫收藏於耶魯大學醫學圖書館。

到挫折，而「怠忽齋戒、祈禱」，因「冰冷的心和槁木死灰」[60]而萬般沮喪。

伯駕如今已很有名氣，但也相對付出代價。伯駕不但無法自行醫脫身，轉而拯救靈魂，他的語言能力還為他引來新的責任，使他更少時間行醫和宣教。一八四四年，美國首任使華的部長級全權公使顧盛（Caleb Cushing）延聘伯駕出任美國特使團的秘書兼翻譯，伯駕當時的中文還沒好到能寫中式公文，所以他得向中文翻譯口述譯文，再由不諳英文的助手草擬公文。[61]伯駕不怕困難，接下這份差事（這份差事的薪資是一千五百美元，再加上其他津貼）。他只是遺憾必須「暫時擱下手邊的傳教工作」[62]，與顧盛、耆英字斟句酌，草擬《望廈條約》。透過這紙條約，美國兵不血刃就享有英國於一八四二年所擷取的權益。[63]

媾和的過程廢時且繁複，伯駕也心知肚明，而「手邊傳教工作」的進展也是遙遙無期。美部會考慮伯駕的工作性質，而在一八四五年決議不再贊助他，這項決議對伯駕是一大打擊。伯駕在給美部會委員會的覆信裡，表達了他的苦衷：「突然剝奪對我的贊助，我別無他途，只能懇請重新調查如此指控是否公允。」[64]有位友人已經警告過伯駕，這種事遲早會發生，促他多向病人散發傳教小冊，告訴病人他們福賜之源。「你把功勞歸之於贊助人，而正是美部會資助這家醫院，如此一來，你發揚了中國人眼中的善行，也拓展傳教事業。但我擔心你個性拖延，會壞了這條妙計。」[65]伯駕的摯友和推崇者急於為他辯解，其中包括認為「醫生本人是傳教士，這讓他的醫院變成教堂」[66]以及認定「過去一、兩次的經驗正好讓人質疑醫務工作附屬於傳播福音事業的價值」[67]的人士都在辯護之列。

伯駕不碰這些爭論，一頭栽進外交事務，隨著貿易和傳教的據點從廣州延至新的條約口岸（treaty ports），中外的關係也日趨棘手。美國國務卿布坎南（Buchanan）於一八四五年正式批准伯駕出任美國使節團秘書一職，後於一八四六年升任美國公使代辦。

伯駕一走馬上任，就參與安撫一八四六年的動亂，對中國人的行徑也越來越難以容忍，大力支持英國人採取斷然手段以捍衛在華洋人的權利和人身安全。[68]伯駕的新職也使他的財富權勢日增。他還清當年「美國教育協會」（American Education Society）的貸款，耳畔也不時響起屬下虛偽的奉承之詞。有個部屬如此阿諛：「我總是認為您在中國的大力傳教，就某種層面而論，所追求的正是救世主普愛世人的事業，祂起初也是先治癒病人，向傳播福音的對象證明祂是慈悲為懷的友人。」[69]這類比喻大概很難讓伯駕高興。伯駕雖然勇於從事醫療實驗，還預見「麻醉」的妙用，而於一八四七年將之引進中國，[70]但他仍時時憂心疏於宗教事業，苦於過度工作。伯駕年近五十時遇到船難，有多人喪生，但伯駕大難不死，在五十大壽當天，傲然宣布光是有稽可查的紀錄，「他的醫院總計治療了五萬兩千五百個中國人，向成千上萬的中國病人傳播救世主的福音。」[71]但這只不過向病人發發基督教義的冊子，說幾句安慰話而已，並不是伯駕所希望的傳教方式。

新任美國總統皮爾斯（Franklin Pierce）指派麥克連（Robert McLane）為駐華公使，

伯駕奉派陪同使節團前往北京修改條約。協商過程一無所獲，伯駕心力交瘁，不得不前往澳門靜養。伯駕回想二十年前初抵中國的情景，「當時我滿腔熱血，樂觀進取；如今我已是強弩之末，洩氣之球；除非換個環境，休養一陣子，才能重新恢復旺盛精力和工作態度，否則我恐怕已油盡燈枯。」[72]一八五五年，伯駕辭去工作返回美國，但美國仍需要他貢獻心力，在皮爾斯總統的懇請之下，伯駕於一八五六年以美國公使的身分再度抵華，奉命向清廷施壓，爭取美國外交代表駐節北京、「無限制擴張貿易往來」[73]的權利。伯駕心裡的目標更大：他敦請清廷「修改向古之政策，組織能滿足人民需求，符合十九世紀進步潮流之政府，」則眼前的動盪即可弭平，隨之「為此廣土眾民、商業資源綿綿不絕的大帝國，創造更廣泛之國際的社會、貿易、政治互動，在國際之間廣結善緣。」[74]伯駕亟望與英、法締結「三國同盟」（Triple Alliance），有效向中國人施壓。但英國外交官包令爵士（Sir John Bowring）認為伯駕的構想「異想天開，不切實際」，而百般阻撓伯駕的工作。包令爵士致書英國外交部，提及「我預見他會一敗塗地，唯恐他提議採取之措施無法推動共同之目標。」[75]

伯駕不僅徒勞無功，他的不妥協態度也為他樹立新的敵人。伯駕的美國外交官同僚認為他心高氣傲，躊躇不決。[76]中國官員形容伯駕「狡詐」、「令人憎恨」、「冥頑不化」，中國皇帝知他好鬥成性，稱說伯駕「心懷叵測」。[77]法國公使代辦筆下的伯駕「高頭大馬，年約五十，步履凝重，體態臃腫，容貌俗不可耐，思慮敏捷，詭計多端，高深莫測。」[78]

挫折與孤立更加深伯駕對中國人的怒氣。伯駕筆下的中國人「天性推諉責任，謊報實情，曲解條約，這是多年來欽差大臣應對的特質。」[79]最後，伯駕呼籲美國政府佔領台灣，以與英國在新加坡、香港的據點維持均勢：「希望美國政府在對台關係上不要瞻前顧後，美國政府對台的行動攸關人道、文明、航海及商業利益，尤其是未開化的蕃族佔領了台灣的東南地區。」[80]皮爾斯總統對伯駕已有所警覺，而於一八五七年將之召回。[81]伯駕從此在美國賦閑逾三十年，於一八八八年與世長辭，享年八十四歲，是年恰逢「中國醫務傳道會」成立五十週年紀念日。五十年來，「中國醫務傳道會」所屬的各個醫療機構共計約診療百萬中國病人，其偉大的醫療功績空前絕後，同時還有數十位中國醫生在此接受西醫教育。[82]但就在此時，英、法與中國兩度短兵相接，申明擁有航行中國沿海與內陸河道的權利，結果激發中國人仇洋情緒沸騰。

一八三七年，伯駕甫抵華不久，就曾批評耶穌會先驅的失策與弊端：「若能引介純正的基督教教義，我們便有理深信救世主的福音，不僅能廣傳日本，還能普及全中國和整個東方。但目前，在東方人願意傾聽天堂使者福音之前，必須先克服他們對十字架的強烈偏見和率直敵意。」[83]這不僅失之嚴苛，也失之簡化。伯駕一如耶穌會士，他必須明白，在中國，就算做了萬全的準備，也未必會有結果。伯駕行醫多年、精通中文，欲使中國「由上帝的榮耀而得解放」，沒想到卻還是囿限於專業技術，他對這些人心懷愛意，他們心中對伯駕卻是無盡的怨懟。

第三章

脫韁之野馬，立功於神州

華爾 Frederick Townsend Ward
戈登 Charles Gordon

抵華的洋顧問並非人人都懷抱著宗教熱忱，還有人純粹是生性喜愛旅行、追求刺激，是闖蕩世界的冒險家，看看會有什麼回報。華爾（Frederick Townsend Ward）就是這等人物，一八三一年十一月二十九日生於麻薩諸塞州沙勒姆（Salem）碼頭附近。

沙勒姆的環境並不利於性靈生活。時人回憶：「當時沙勒姆碼頭上的船用雜貨和製帆的店舖、倉庫和帳房櫛比鱗次，縫帆工人如土耳其人般盤腿而坐，用手中套牢的頂針縫補帆篷，碼頭上瀰漫著瀝青和帆布的氣味。街前的老舊碼頭和放置船帆的閣樓是我兒時流連忘返的場所，童年最快樂的事莫過於允許我到舊碼頭閒逛，舉目所望，盡是千帆船影，上貨卸貨。」[1]

華爾從小就調皮淘氣，少年時便四處漂泊。華爾報考西點軍校落榜，索性離家參加墨西哥戰爭（Mexican War）。華爾才十五歲的年紀，父親就不想再管束他，任由他上了快速帆船「漢彌爾敦號」（Hamilton）當二副出海，這艘船的船長是華爾的親戚，此行的目的地是中國。

華爾於一八四七年秋天自中國返鄉，入維芒特（Vermont）的軍校學習，後來在戰場上用到的軍事知識，都是在此學到的；但當時家境清寒，無法供他唸書，所以華爾便中輟學業。一八四九年，華爾再度出航，這次他晉升為大副。從一八四九到一八五八年間，四處漂泊，汲汲於發財與冒險。後來華爾告訴美國駐華公使蒲安臣（Anson Burlingame），他「兒時即出海，在海上當到大副，然後在德州擔任森林巡守員，後到加州淘金，在墨西哥軍隊裡擔任教官，與沃克（William Walker）在中南美洲並肩作戰——為此還被美國政府視為非法之徒——在克里米亞（Crimea）的法軍擔任教官，出生入死。」[2] 華爾的自述沒全照時間先後排列，甚至也不盡屬實，不過可從中看出華爾的作為，以及他的果決。

華爾闖蕩十年之後，返鄉想過規律的生活。他在父親位於紐約的辦公室覓得一份差事，擔任船隻的掮客，但華爾發現這份工作實在乏味，於是再度啟航前往中國，在一八五九年秋天抵達上海，卻碰上了太平軍之亂。

太平軍在一八四〇年代末崛起於兩廣，吸收少數族裔的客家人與苗人。幫派會眾、被護衛新條約口岸的英國巡邏艦趕到內地的海盜、貧窮的礦工農民、在河上營生的船民，還有因鴉片交易從廣東移居上海、長江流域而失業的人，也都投靠太平軍。地方官府的冷漠和顢頇讓太平軍壯大，到了一八五〇年，已有近三萬之眾。兩年之後，太平軍揮軍北上，沿途招兵買馬，又吸收了數十萬人。太平軍勢如破竹，連戰皆捷，在一八五三年攻佔南京，甚至壓迫京畿。[3]

就在華爾抵達上海之時，太平軍仍控有長江流域，擊潰前來彈壓的官軍。太平軍的動亂在中國是亙古未有的新現象，與過去的農民起義大異其趣。洪秀全從清教徒發的宗教冊子接觸到基督教教義，夢見自己乃是耶穌之弟。洪秀全深信身負在神州締造「太平天國」的使命，引領子民認識真神上帝。洪秀全寫道：「手握乾坤殺伐權，斬邪留正解民懸；眼通西北江山外，威震東南日月邊。」[4]

太平軍追隨洪秀全，絕無二心，嚴守紀律，所經之處，順者則昌，逆者則亡。追隨者必須遵守取材自「十誡」的戒律。男女分而居之，嚴禁吸食鴉片，田地均分，剩餘歸公。開科取士，但依的是基督教義，而非四書五經命題。[5]

洋人起初對太平軍起義大感驚訝，對其基督教色彩頗有感應，認為太平軍若能推翻大清，未嘗不是美事一樁。誠如有位英國清教徒在一八五三年指出，「太平軍舉事若能成功，可為中國帶來四大好處」：基督教義可在中國暢行無阻，偶像崇拜從此棄絕，鴉片買賣就此終止，並讓「中國徹底接納吾人之商業、科學、獵奇之心，以及吾人文明的所有影響力。」[6]雖有一位天主教傳教士察覺，太平軍的宗教觀「乃是狂熱宗教教義的匯聚，而非採納他人所傳播的宗教，」仍然視這場起義是在「為其民族復仇」，並說「他們很敬重我。」[7]英國國內一般也呼應了這樣的情緒。馬克思和恩格斯在一篇發自倫敦、給《紐約每日論壇報》（*New York Daily Tribune*）的文章裡寫道：「簡言之，我們不該像騎士般的英國報紙，對中國人那令人毛骨悚然的暴行說長道短，而應承認這是一場保衛江山社稷、『為了宗教信仰和家庭生活』的戰爭，這是一場為了保存中華民族的人民戰爭，雖然你可能會認為，這場戰爭帶有這個民族的傲慢偏見、愚行，學究式的蒙昧和迂腐的蠻橫，但它終究是一場人民戰爭。」[8]

朝廷為了遏制太平軍的擴張，不得不聽任地方組織團練，由華中有權勢的官員來節制；兵丁通常也是農民，懷有濃烈的地方意識，只聽首領的指揮。團練不似綠營八旗，不但訓練有素，而且薪俸可觀，因其首領善於徵收傳統的土地稅，開徵新的商業稅，也懂得如何中飽應上繳朝廷的稅銀。朝廷為求自保，只得授團練以大權。朝廷眼前的麻煩還不止是太平軍：北部、西疆亦起動盪，而西方列強需索日殷，先是要求確實履行《南京條約》，繼而希望擴大條約特權。朝廷對此態度強硬，激化了一八五〇年代末的第二次中英之戰，以及在一八六〇年拘禁英國代表、殺害若干隨行侍從，招致聯軍攻佔北京。在額爾金勳爵（Lord Elgin）的一聲令下，由耶穌會士設計部份建築體、滿人所修葺的巍峨夏宮圓明園毀於一炬，淪為一片廢墟；皇帝倉惶出走京城。內憂外患交相煎熬，大清已危在旦夕。[9]

坐困紐約辦公室的華爾，在一八五九年重返風雨飄搖的中國。中國正是華爾憧憬的樂土，提供這位青年冒險家絕大的契機。年方二十七歲，「敏捷俐落、充滿幹勁、朝氣蓬勃，濃密烏黑的披肩長髮，活像個印地安人，」[10]華爾處在中國人群之中，必定顯得十分怪異。華爾馬上開始找工作，第一個職位是在往來長江、從事地方貿易的汽船上擔任大副。太平軍在一八六〇年春逼臨上海，華爾換了工作，到「美國人打造、英國人高夫（Gough）指揮的砲艦『孔夫子號』（Confucius）擔任首席軍官」。上海商人為了應付危難，以大小船艇組成艦隊，「孔夫子號」便是其中之一，並由富甲一方的泰記行楊坊負責與官府交涉。[11]

華爾決定利用這個局面。一八六〇年五月，華爾向泰記行獻策：上海商人生命、財產飽受威脅，何不以個人的名義資助華爾，成立反太平軍的私人武力？泰記行經過商量之後，同意這項史無前例的大膽倡議。中國商人與華爾協議，由華爾出面招募，士兵月薪一百美元，軍官月薪六百美元，每攻下一個城鎮，支付四萬五千至十三萬三千美元不等的賞銀，依城鎮的規模而定。商人還同意提供華爾必須的糧秣，以及購置武器的資金。

華爾原本只想讓本地中國人充當斥候和翻譯，兵源另覓。這個決定反映了條約港口的西方人普遍想法，認為中國人生性怯懦，品性低劣。就如當時香港的一位英國軍官所言：「恐怕我們欺人太甚了。如果你走在街上，有中國人朝你走來，擋了路，通常的做法是打掉他頭上的帽子，或用傘戳他的肋骨。我認為這樣做法可恥，還勸今天與我同行的夥伴，他用這個方式對待可憐的中國乞丐；但他向我保證，假使你讓了路，他們便會忘了形，有意來擋你的道。法國兵對他們比我們更粗暴。」[12]這種態度的結果就是，西方人認為在戰場上一個歐洲人可抵十到十五個中國兵，西方人到了二十世紀還是抱持類似的觀點。然而，華爾的印象很快就要改觀了。

華爾選了佛瑞斯特（Edward Forrester）（此人曾在中美洲追隨華爾）和白齊文（Henry Andrea Burgevine）（他是南方人，和華爾一樣，抵華時是一艘快速帆船上的大副）兩名少尉後，開始在上海招兵買馬。當時，約有三百艘船隻泊在港灣，所以不難誘使水手和海軍逃兵投入高薪的軍事冒險，歷經三週的訓練，組建一支約兩百人的雜牌軍。華爾決定攻擊三十哩外由太平軍鎮守、城牆環抱的松江。因為沒有大砲轟破城牆，華爾以奇襲取勝，但華爾的手下整夜喝得酩酊大醉，「人聲鼎沸」，太平軍早已察覺，以逸代勞。華爾的軍隊死傷慘重，倉皇潰逃。華爾初試身手在中國建軍，以慘敗收場。[13]

華爾並不氣餒，即刻返回上海，不顧洋人的冷嘲熱諷，重新招兵買馬，這次的做法更為理性。首先，華爾接受馬嘎納亞（Vincente Macanayn）入伍的請求，他是家財萬貫、年輕的菲律賓軍人，很受上海碼頭馬尼拉人的擁戴。馬嘎納亞為華爾帶來約兩百人。華爾為了訓練這批人，又增加了六名洋教官（多數為英國海軍逃兵）和幾門大砲。到了一八六〇年七月中旬，華爾率軍重回松江城下，靠著精準的大砲，在與太平軍肉搏鏖戰之後，終於拿下松江。

華爾靠著奪佔松江得到的報酬，加上前景可期，得以在上海招募新血。軍容日漸壯盛，華爾信心大增，決定奪取青浦，這是太平軍控制下的大城。但是華爾高估了自己的實力。

青浦外有城牆拱衛，內置精兵戍守，由歐洲傭兵、前英軍中尉薩維奇（Savage）指揮。華爾的軍隊遭逢頑強抵抗，兩度攻城均受到重創，他本人也身負重傷。華爾丟下火砲、砲艦以及整列後勤補給的火車。這是華爾在中國軍旅生涯的最大挫敗，重返上海，迎面而來盡是敵意和譏諷。上海的《北華捷報》（*North China Herald*）於一八六〇年八月報導：「第一則、也是最好的一則消息……是華爾在青浦大敗。這個聲名狼藉的人被抬進上海，卻未如眾人所願而死去，但他的嘴、大腿傷痕累累……他雖逃過一死，但他勇猛的黑人非死即傷……。華爾能全身而退，實在教人驚訝，上天似乎無意懲罰他，更是令人百思不得其解。」[14]

華爾在中國似乎已經沒戲唱了。泰記行不願再支持華爾。而華爾慫恿英國水兵脫營，也令英國海軍司令何伯（James Hope）上將大為光火。上海洋人更是不掩對華爾的輕蔑。華爾仍在養傷，身邊無一兵一卒，何伯上將在一八六一年五月十九日，以華爾違反聯軍宣布在中國內戰保持中立為由，將之逮捕。華爾在法庭上表示，他已歸化華籍，但這不是事實，何伯也不予理會，將之羈押在他指揮的「切薩比克號」（Chesapeake）船上。一八六一年六月，《北華捷報》刊文說：「（華爾的）軍隊被解散。有些官兵可能已遭中國人殺害，有些已陣亡，有些因違反我們的法律而被囚禁，少數逃逸者亦後悔，當初投身這惡名昭彰的中國僱傭軍團掙取非法營生。」[15]

然而，多數在華洋人對華爾抱持的敵意，並不能反映洋人的真實處境。在某種程度上，西方列強和華爾都是「冒險家」。他們由海路抵華，靠著欺瞞脅迫而在中國沿海地區落腳。

而且，距離遙遠，往返聯絡耗時甚久，外交官、軍事代表擁有極大的空間，只要能為自己或祖國牟利，往往不擇手段。所以他們效忠的並不是清廷，而是能保證對他們有利可圖的團體。潛藏在這種處境底下的摩擦，導致西方列強在三十年內與清廷兩度兵戎相見。在他們看來，清廷固然讓他們賺夠了，但假使太平天國能帶來更多好處，他們也樂意支持。加上傳教士起初對太平天國「基督教性格」的敘述，讓西方人刮目相看，對其森嚴紀律和井然有序（秩序是貿易往來的必備條件）的正面報導，也影響了西方的輿論走向。

太平天國的新領袖洪仁玕於一八五九年親臨前線，更是鼓舞了西方人。洪仁玕想讓太平天國的宗教色彩更趨近新教教義，並重建與西方世界的接觸。洪仁玕草擬規模宏大的「現代化」方案，欲在太平天國勢力範圍內開鐵路，設郵局、銀行、保險公司。[16]可惜洪仁玕在太平天國諸王之間的權力鬥爭中失勢，一八六〇年，太平天國捲土重來，進逼上海。上海一帶陷入恐慌，鴉片買賣也遭禁止。西方的輿論於是逐漸轉向。這個改變與一八六〇年《天津條約》的簽署有關，這個新條約開放了新的條約港口，並允許西方列強在長江流域進行貿易（長江流域多控制在太平天國之手）。西方人有了新的權利，深感阻礙西方人擴張、危及西方人在上海經濟利益的其實是太平天國。西方人宣稱在中國內戰保持「中立」的政策，逐漸演變為一種積極的中立，傾向讓中國在清廷統治下，回到承平歲月。但朝廷反而不願採綏靖的態度。甫上任的總理大臣恭親王奕訢如是說道：「臣等恐各國不能如其所請，難保不激而逼賊。」[17]

一八六一年五月，被羈押在「切薩比克號」上的華爾已意識到政策不變的衝擊，於是趁著月黑風高，自舷窗跳上接應的舢板，高喊有人落水，然後逃離了「切薩比克號」。華爾唯一的生路是躲到松江軍營的殘兵敗將之中。海軍上將何伯如今已改變心意，在那年夏末曾親自造訪太平天國，但無法得到保證上海安全無虞的承諾，所以才力邀華爾部將登上「切薩比克號」會商，並保證讓華爾放手一搏。華爾提出一個新計畫。太平軍裝備精良、訓練有素，而且指揮有方，將士用命，華爾已經見識過了，因此「他不從散兵游勇中招兵買馬，而把心力放在徵募本地中國人，然後由歐洲軍官指揮，並把他們送到歐洲軍事學校悉心調教。」這項史無前例的創舉卻淪為上海洋人的笑柄。然而，何伯上將「無視於松江仍有一批英國逃兵受僱為軍官，」佛瑞斯特和白齊文在華爾被羈押期間於松江仍牢牢控制這批過去的骨幹部隊。[18]

華爾培訓中國新兵的計畫進展順利，這批中國新兵多是江蘇人。「稍加訓練，便能熟練，成為射擊能手，並懂得如何操作、保養英製步槍和普魯士來福槍。口令使用英語，中國人輕易習得，並熟悉號角聲。初雖受挫於火砲練習，然稍加指導之後，進步神速，還未經實戰，許多人已精於火砲了……。軍容壯盛，裝備精良，其穿著頗似朱阿夫兵（Zouaves）（譯按：即法國輕步兵，著阿拉伯服裝）或英國錫克（Sikhs）兵。」[19] 資質最優者獲拔擢擔任士官。馬尼拉人亦重整旗鼓，華爾讓他們擔任私人衛隊。這年秋天，這支軍隊即旗開得勝。何伯上將大為激賞，同意提供華爾槍支、大砲、彈藥等後勤補給。到了一八六一年冬天，華爾麾下已有近三千人，彈藥充足，還有蒸汽船來運補，又得到英國當局的積極支持。

先前上海洋人對華爾的譏諷已息。有個支持太平天國的西方人語帶辛辣：「先前與華克將軍並肩作戰、尼加拉瓜人記憶中的那個粗野夥伴，搖身一變，成了盎格魯撒克遜海盜的傭兵頭子，支領滿人薪俸，英國海軍的逃兵，本應予以懲處，以避免淪為橫行國人間的惡棍，如今卻成了英法海軍司令、將領和領事的座上賓、盟友。華爾令人驚訝，而他發現這可疑之人竟成效忠仿效的對象而志得意滿，也同樣讓人驚訝。非法侵略的行為竟會被視為備受推崇、敬重的專業，這無疑讓華爾感到得意又驚訝。」[20]

一八六一年十二月，太平軍攻佔條約港口寧波，何伯司令決意採取強硬行動。何伯造訪叛軍首府南京，要求太平軍保證不再攻擊其他的條約港口。因為何伯不願承諾不讓官軍使用條約港口作為軍事基地，所以太平天國拒絕了何伯的要求。一八六三年六月，太平軍再次兵臨上海，意圖切斷補給線，並在上海城內製造騷亂。何伯下令英、法武裝部隊與華爾的軍隊協同部分官軍，清剿上海方圓三十哩。何伯為了表明他全然放棄英國的「中立」政策，宣布「太平軍非但是背叛中國皇帝的反賊，亦違反聖俗二界之律法，將之逐出條約港口乃屬正當。」[21]華爾正是在這個區域內培訓清廷日後所稱的「常勝軍」，上陣殺敵，輔助英、法和官軍。

華爾在諸般限制之下，展現了卓絕勇氣和領導才幹。江蘇巡撫李鴻章奏道：「華爾苦守松（江）青（浦），總是眾中矯矯，雖至今不薙髮，並未至敝處一謁，與外國人何暇爭此小過節耶。」[22]

華爾在戰場上常不拘泥。他「在短暫的軍旅生涯中，不曾著軍服或佩掛軍階勳章，他在戰場上的打扮，令他顯得十分突出醒目。華爾不是身穿隨亞伯特親王（Prince Albert）而蔚為風行之剪裁合度、英式的長禮服，就是熱帶居民所穿著的那種寬鬆、藍嗶嘰短上衣。」華爾經常出入前線，據當時有人所述：「我從來不曾見過華爾配劍或攜帶任何武器；他穿著便服——身披厚短的斗篷，頭戴兜帽，手握提杖，嘴裡常叼著馬尼拉雪茄。」[23]手握「提杖」（其實是馬鞭），流露出英勇氣度，目的無非是要在部屬面前塑造所向披靡的氣勢，雖然他曾數度負傷。

華爾雖然受過的軍事訓練不多，但他也知道在上海一帶作戰要用到哪種戰術。在這裡作戰尤其困難，當時有位英國記者就曾撰文描述了這情形：

要在這片三角洲地帶宛若迷宮的羊腸小徑追捕狡猾、凶殘的膽小鬼（太平軍）絕非輕而易舉之事。一如我方的策略，他們遍佈細作，打探我方軍情，所以他們才能在距我軍僅幾百碼之遙，仍能不斷施展詭計，然後再沿著溝渠、穿越田野逃之夭夭，我軍根本無法捕獲他們。這群惡棍精通此道，尤其是面對還攜帶笨拙輜重的外國士兵。

在乾枯的稻田中用搜狐獵犬追獵蚱蜢，似乎要比派遣軍隊到河濱星羅棋佈、縱橫交錯的鄉村去捉拿一溜煙、拔腿就跑的太平軍要合理得多。[24]

華爾想盡辦法取得汽船、平底船，以強化部隊的機動性，並試圖以此控制河道。此外，透過悉心調教中國士兵，善用大砲，以克服不利的因素。繼任華爾的戈登也是如法炮製，善用砲艇和大砲，以發揮優勢。

對參戰的雙方而言，這場戰爭慘絕人寰、滅絕人性、心狠手辣。華爾麾下的佛瑞斯特中尉回憶太平軍攻陷青浦的那一刻：「我心裡了然，謀反者佔了上風，飛快砍殺我的士兵。前列有我軍軍官的頭顱被太平軍高懸在長矛上……。叛軍趕盡殺絕，打起仗來活像惡魔轉世。轉瞬之間，我的士兵便被清剿殆盡。」[25]佛瑞斯特又說，這座城池後來又被官軍奪回，李鴻章「聽聞俘虜之中有不少太平軍的將官，不由欣然自喜。翌日即派遣松江道台前來，授權我砍殺或運走受降者。隨之而來的場景令人不忍卒睹。數千人被斬首，街上血流成河；縱然是我屬下的歐洲軍官，也同意必須用如此慘無人道的手段來處置宗教狂熱份子。」[26]

一份英國的戰地報導說：「叛軍撤出防禦工事，混入大街……對街由斯圖亞特（Stuart）和理查森（Richardson）中尉指揮的野戰砲，用葡萄彈、榴霰彈猛炸叛軍；叛軍潰不成軍，此時海軍和中國軍隊兵分兩路，切斷叛軍的退路，導致叛軍屍橫遍野、血肉糢糊，約莫有九百或一千人陣亡或負傷……戰鬥方歇，整個村莊陷入一片火海，洋槍隊班師返回上海。」[27]《中國郵報》（*China Mail*）記者以抒情的筆觸敘述另一場打鬥：「此情此景生動如畫。砲彈的火光燒到鄰近城區；曙光和煦，遍灑稻穀抖落的田畦，法軍吹奏軍樂，鼓舞軍隊士氣，攀登城牆。」[28]

華爾及其手下雖然得到官方認可，但仍不脫來去自如、打家劫舍的匪徒本色。掠奪也是英法兩軍和官軍的要務。有家報紙披露了華爾「常勝軍」參與其中的聯合征剿情景：

> 翻箱倒篋，一旦發現珠寶、金銀和財帛，軍官和士兵平均瓜分之。在一件藍衣裡找到了一千六百元，幾位軍人便把這筆錢給分了，每人分得逾五百元，他們還搶了金手鐲、金手環，以及綴飾寶石的飾品、珍珠。對每個人而言，這不啻是掠奪的光輝歲月，我們還聽說有一群士兵發現了太平軍的寶庫，箱內藏有幾千元，士兵見獵心喜，不得不丟掉一些東西，以減輕口袋的負荷。叛軍養了許多馬匹，士兵滿載戰利品，騎著剿獲的馬匹凱旋而歸。[29]

華爾在戰事上無往不利，但他知道自己在洋人圈裡人單勢孤——一年之前，這些人還想把他趕出上海。所以，華爾巧妙地鞏固了他的地位。一八六二年二月，江蘇巡撫（薛煥）

奏道：「華爾曾在該道及美國領事處稟明，願伍中國臣民，更易中國服色。」[30]隔月，華爾與「常勝軍」的金主、上海銀行家、泰記行楊坊之女常梅（Chang Mei）（譯音）結褵，採中式婚禮，華爾身穿官袍騎馬。這對新人彼此之間必定很難溝通，因為泰記行的楊坊只稍懂「洋涇濱英語」，他的女兒對英語可能一竅不通，而華爾的中文辭不達意，完全不識漢字。

華爾新婚不久，就重返戰場，毫不留戀軟玉溫香。這樁婚姻並非情投意合，華爾自有一番盤算，想藉著婚姻攏絡中國人，並從岳丈大人身上取得金援。這對翁婿聯手經商，一八六二年春，華爾「和楊坊兩人共同擁有兩艘美造砲艇的所有權。此外，他們還租了幾艘砲艦……華爾現在已是中國的海軍司令，磨刀霍霍向河匪。」[31]

華爾透過一連串的鮮明舉措，有意識地把自己典押給中國人。華爾心知，欲向中國雇主表明自己的忠貞，就必須設法入境隨俗。一八六二年三月十七日，華爾與其麾下的中尉白齊文歸化為中國籍，官拜四品，賜頂戴花翎。九天後，兩人又晉升為三品要員。[32]由於在上海附近連戰皆捷，華爾又受封為「副將」，此時，華爾的軍隊御賜受封為「常勝軍」。一八六二年五月，皇帝諭令李鴻章：「至華爾等名利兼圖，亦當遇事牢籠，毋惜小費。」[33]

華爾除了官拜副將、艦隊司令、朝中要員而心滿意足之外，他因忠誠而得到的「小費」還包括萬貫家財。但是，華爾的無形資產之中，最珍貴的莫過於他在華人、洋人之中的新地位。江蘇巡撫李鴻章高估了華爾對洋人的影響力，他說：「華爾勢力能傾服上海眾洋人，

華爾（Frederick Townsend Ward）油畫像，作者不詳。

華爾之妻、上海泰記洋行楊坊之女常梅。

戈登（Charles George Gordon），一八五九年。

在鴻章處亦頗要好……。華爾打仗實係奮勇，洋人利器彼盡有之。鴻章近以全神籠絡，欲結一人之心，以聯各國之好。」[34]

雖然上海的洋人並未聽命於華爾，但諷刺的是，華爾在歸化為「中國人」之後，在洋人裡頭的地位越來越高。到了一八六二年夏天，這位放蕩不羈的前大副、淘金客、唯利是圖的傭兵，不僅與中國的封疆大吏論交，也與外國領事、商賈、閣員為友（儘管他在松江的軍營裡感覺更自在）。對於顛沛流離的人而言，能獲得如此殊榮必定是極為重要的，而華爾也用錢來改善自己的形象。美國駐華公使蒲安臣向林肯總統報告：

華爾將軍富甲一方，他在可能也是給我的最後一封信裡談及，他願意慷慨解囊捐獻一萬兩銀子給美國政府，用以維繫合眾國的統一，但在我尚未來得及回覆他這封愛國的信件之前，華爾已捐軀沙場了。就讓他這份未竟的心願，記載在他祖國的檔案裡，以昭示無論是自我放逐、或者在他鄉異國服務，或者在由充滿驚濤駭浪的生活所構成的一連串事件，皆無法熄滅這位合眾國遊子胸中熾熱的愛國烈焰。[35]

到了一八六二年夏天，華爾麾下已逾三千兵眾，迫擊砲、大砲無數。華爾的地位已臻至巔峰，他開始構思更大的計畫。他打算將兵力擴充為兩萬五千人，計畫奪取三十哩以外太平軍扼守的重鎮蘇州城。一八六二年八月十四日，華爾與李鴻章晤談，提及已被清廷重兵圍困經年的叛軍首府南京城。李鴻章據此呈報總綰兵符、組織地方團練逐步進逼太平軍的曾國藩說：「華爾今日見過，諄求鴻章機調協剿金陵，謂三日到，三日紮砲台，三日攻打，定可克城。克城後城中財物與官兵均分。」[36]然而，就在一八六二年九月二十一日，華爾在攻打寧波西北十哩外的慈溪時，立於陣前督戰，「突然用手捂住腹部，高聲大喊『我中彈了』。」[37]當晚華爾去世，喪禮依中國將軍的規格崇榮厚葬。華爾的愛犬，「一隻毛絨絨、毛色黑白相間的東西，幾天後也隨他的主人而去，就葬在主人墳墓附近。」[38]

華爾陣亡時年僅三十歲。他在亂世中飛黃騰達，成就個人功業，聚斂萬貫財富。華爾也開風氣之先，以更為有效的歐式訓練法調教中國軍隊，讓李鴻章的淮軍有所依循，令李鴻章意識到不須靠洋人洋軍，只要循洋人之法便可使中國自強。華爾協助廓清原為太平叛軍控制的上海方圓三十哩一帶，並為日後的戈登奠定基礎。不過，整體而言，華爾的成果仍微不足道。華爾捍衛的城市，其攸關洋人的利益更勝於中國人。華爾也曾吃了不少敗仗，而太平叛軍很快便奪回被華爾「廓清」的地帶。華爾並未真正扭轉這場內戰的進程，這場戰事全由在南京城的官軍與太平軍所決定。華爾甚至還來不及享受成果，就已魂歸西天。

有位英國青年軍官在造訪松江時致書家鄉的母親：「可憐的華爾，他依中國習俗長眠異鄉。這塊地就成了他的總部。華爾初到中國時只是船上的大副、逃離美國的不法之徒，但他辭世之時身價百萬。他經常負傷，以致於世人總以為華爾是不死之軀。」[39]

* * *

就在上海商賈求助於華爾拱衛城池時，一支由四十一艘戰艦、一百四十三艘運兵船，以及由英、法、錫克人、印度人組成之一萬六千八百人的遠征軍，朝北京挺進，逼迫清廷履行《天津條約》，同意各國公使駐節北京。中國處決了二十多名遠征軍士兵，額爾金勳爵於一八六〇年十月下令火燒北京西郊的圓明園。

時任英國皇家工兵的年輕上尉戈登（Charles George Gordon），即協助指揮焚毀這座擁有兩百幢建築物的宮殿。戈登致書母親：

> 我們大肆洗劫一番後出宮，隨即火燒整座宮殿。即便花四百萬英鎊都難以購得價值連城的瑰寶，就這麼毀於野蠻的祝融之中。我們在抵達夏宮之前個個都得到逾四十八英鎊的酬金；儘管我的酬金比不上大多數人，但我還是一樣盡心盡力。
>
> 中國百姓溫文有禮，但我想王公貴族、封疆大吏對我們是恨之入骨，在我們火燒他們的宮殿之後，如何能指望他們對我們的看法會改觀。您很難想像毀於我們之手的這座宮殿是多麼美侖美奐、巍峨雄偉。當我們放火燒這座宮殿時也不免覺得心疼；這座宮殿規模宏偉，但礙於時間緊迫，所以無法一一打劫。數以萬計的金飾，被當成黃

銅製品付之一炬。對於軍隊而言，這是枉顧道德的卑鄙行徑，每個人都發瘋似地恣意搶奪。[40]

一個月後，疲憊不堪的戈登寫信給妹妹：「親愛的奧古斯塔（Augusta），我們全都厭倦了北京，這座污穢不堪的城市已不復存在了。我深信，假使有人穿越北京的骯髒街道，熱情便會煙消雲散。」[41]唯一足告安慰的是，九月底才抵達中國的戈登，發現他「沒趕得上這可能會惹惱母親的荒唐行徑。」[42]

戈登的母親是捕鯨商之女，生了五個孩子，戈登排行老四，我們不難想像這位母親的憂心。戈登生於一八三三年一月二十八日，他謹遵家人期望，早歲即入伍從軍。不過戈登個性有些桀驁不馴，總是惹麻煩。在軍校時，戈登曾把一位上校撞下樓梯；畢業前，他又用梳子猛敲一位年輕實習軍官的頭，而無法繼承父祖的傳統，進入「皇家砲兵團」（Royal Artillery）。一八五五年，時為皇家工兵的戈登在克里米亞服役，他總是剛愎自用、目無長官，暴露在敵人炮火之下，也曾負傷。更糟的是，戈登樂在其中，不願退伍，在和平降臨時抱怨：「總體而言，我們不願在下次戰役爆發之前就考慮和平。我不想回英格蘭，希望能再待在國外三、四年，我寧願把個人奉獻給戰爭，而不是和平。在戰場上，有某種筆墨難以形容的刺激感。」[43]

戈登退而求其次，先前往貝薩拉比亞（Bessarabia）協助繪製邊境地圖，後於一八五七年前往亞美尼亞（Armenia）做同樣的工作。戈登心裡很佩服那些邊疆民族，而他們是不把這些地圖繪製者看在眼裡的。「我們在路上遇見一群庫德族人（Kurds）……他們目無法紀，一如往昔，縱情馳騁於土耳其和俄羅斯之間。他們容貌俊俏，全副武裝，但人數日減。他們從不住在屋內，偏好紮營或穴居。」[44]一八五八年，戈登回到家鄉，發現他喜歡餐風露宿，而不願「在英格蘭定居，過著一成不變的日子。」[45]於是，戈登在一八五八年底隨著英俄聯軍的軍官重返高加索山區（Caucasus），再度協助釐定邊界，平息爭端，從事他所自承「不太合我個性」[46]的工作。戈登於一八五九年再次回英格蘭，升為上尉，自願加入在上海的英軍，其目的在逼使中國確實履行《天津條約》。

戈登到了北京不久，圓明園毀於一旦，《天津條約》獲得批准；皇帝御駕回京，朝廷由一批樂於與洋人打交道的閣臣主政，而入侵的聯軍也撤退了。不過，因為賠款金額未定，為了確保清廷不會食言，拒不履行條約，英國士迪佛立將軍（General Staveley）率領三千人駐守天津。戈登奉派指揮這支軍隊的工兵，任務是修繕軍營、馬廄，測量周邊地形。這份差事戈登做了一年半。

年輕的戈登其實還未真正領略戰爭「筆墨難以形容」的刺激，但他還是在海外的承平歲月裡覓得「難以言喻的心理滿足」。戈登在一八六一年十月給妹妹的信裡坦承：「別告訴任何人，我壓根都不打算回英國。我喜歡這個國家，這份工作，以及這份悠然自在；在英國我們地位卑微，在中國卻位高權重，中國的氣候也較為宜人。」他也可以在華北四處悠遊，前往西方人足跡罕至之地。戈登如此告訴妹妹：「若允許的話，短期之內，我將前往長城，再向妳描述長城的景致，甚至送妳一塊長城的磚頭。」[47]於是戈登就在天津（而非泰晤士河）等候良機，並把一箱箱的黑貂皮、花瓶、玉器、琺瑯寄回家鄉，分別標示「A送給父親，B、C和D送給將軍及平均分給戈登『一族』（tribe），E和F送給父親，G送給艾咪阿姨（Aunt Amy）……P、Q和R送給母親……Y送給亨利（Henry）……」[48]

一八六二年春天，戈登奉命前往上海，當時何伯海軍司令正指揮英軍清剿上海方圓三十哩的太平軍。根據地面部隊指揮官士迪佛立將軍（此人是戈登兄長亨利的連襟）的陳述：「戈登上尉是我的得力助手……他偵察敵軍陣地，指揮梯隊渡過護城河，構築防禦工事；我們必須猛攻幾座高牆深壕的堡壘。戈登往往奮不顧身，深入敵營偵刺軍情，他的大膽行徑常令我捏一把冷汗。」[49]

一八六二年，戈登升任少校，承命勘查上海方圓三十哩的地形，以備聯合攻擊之需。這項任務十分適合時常單槍匹馬行動的戈登。他十分勝任，往往輕騎簡從，深入敵軍佔領區。不出三個月時間，戈登即已完成任務。戈登歷經這一年的偵測任務，經常出生入死，也第一次接觸到太平軍，並認清在這塊區域聯合攻擊太平軍極為困難。「前幾天我們遭到太平軍的襲擊。一小股太平軍摸近租界，燒了幾間房子，趕走幾千名居民。我們反擊太平軍，將之逐退，但並無法趕盡殺絕。他們打了就跑，穿越阡陌交錯、溝渠縱橫的農村。」[50]太平軍的殘暴行徑令戈登髮指，這讓戈登覺得相較之下，火燒圓明園彷彿還是一種「善行」。「如此的局勢令人沮喪，我們的政府真應該撲滅太平軍。筆墨難以形容太平軍帶給百姓的災難，更難以言喻他們如何讓這個豐饒的省份滿目瘡痍。」[51]

但是，戈登對於中國人的作戰能力和中國統治階級的不屑，卻與當時的歐洲人沒有兩樣。戈登出發前往中國之前，英國的幽默雜誌《盼趣》（*Punch*）刊了一首詩，就是這種情緒的寫照：

細眼如豬眼，髮辮如豬尾，
老鼠加狗肉，海參配蝸牛，
大火一快炒，全都上了桌；
噁心中國佬，吃得咂咂響，
狡猾中國佬，喝茶呼嚕叫，
膽小中國佬，打仗就逃跑；
英人好能耐，給他嚐厲害。[52]

戈登本人評論道：「這些『長毛』（太平軍）實在好笑；一打他們就跑。他們手段殘酷，還弄了一套辦法來拐小孩，教他們造反……。我曾救起一個因試圖逃跑而掉進溝裡的小傢伙，他卻用一雙泥濘不堪的手掌抱住我，毀掉我的大衣來回敬我。」[53]戈登看不起太平軍，更沒把清廷放在眼裡，自以為已瞭解中國，「我不願把我的見聞形諸文字，這裡的一切實在不值一提。在中國了無新意；只消瞧瞧一個村莊，大致就能了解整個國家的梗概。」然而，跟他在貝薩拉比亞和亞美尼亞的經驗一樣，這裡的人民更能打動他。在亞美尼亞令他動容的是庫德族人，在這裡則是中國農民。「對他們的統治者容或褒貶不一，但沒有人會否認中國農民是世界上最逆來順受、恬淡自如、勤勞的人。」[54]

在私生活方面，戈登可說孤子一身，離群索居，若有女性在場，更顯得侷促不安。「在上海他一直同我在一起，他是高尚、慷慨的人，」英國領事巴夏禮（Harry Parkes）寫信給妻子提及，「但又很特別而敏感——過於好動——精力充沛，確實是可造之材……。他在上海時我們常碰面，由於他生性害羞，我盡可能獨自用餐，當時我們常聊到中國的事務。」[55]戈登的個性不善於仰順上意，拉攏部屬（後來他所率中國軍隊的部屬或許是唯一例外——戈登無法用漢語和他們交談）。驅使戈登前往中國的各種力量彼此矛盾，但他並不了解這一點，因此不會苦於自我懷疑，他與人交往難有持續，意見反覆無常，見解前後矛盾。戈登後來寫信給妹妹吐露：「這個世界有如一所大監獄，獄卒凶狠，典獄長嚴苛；我們長鎖於孤獨之中，渴望解脫。」[56]唯有在英國以外的異鄉，靠著自己的力量，戈登才找到「解脫」。

多年之後，戈登在蘇丹（Sudan）寫道：「假若我們分析人類的豐功偉業，十之八九、甚至全部都是廢話。」[57]然而，戈登在中國等待的正是他所鄙夷的豐功偉業，到了一八六三年三月，他的機會終於降臨了。

六個月前，華爾在寧波附近中彈身亡，之後常勝軍的氣勢就一蹶不振。李鴻章在英、法、美等國官員的催逼下，任命華爾的副手白齊文接手。白齊文在很多地方和華爾一樣，他是個冒險家，也以大副的身份來到中國，驍勇善戰，幾度負傷，渴望建立自己的地盤。但是華爾心知有必要向中國主子靠攏，白齊文卻不作如是想。根據戈登的描述，白齊文是個「言過其實的人，只是在某個階層深孚人望。他揮霍無度，慷慨大方，不吝與他認定的友人分享所得，但欠缺行政管理和軍事調度的長才，由於久傷不癒或其他原因而易怒，所以別人在提意見時，為了避免引起他的不快，總會盡量附和他。他對自己的尊嚴極為敏感。」[58]

李鴻章此時駐節上海，他怕常勝軍的美國官兵被白齊文收服，會比太平軍更麻煩。不久李鴻章就抱怨，「白齊文陰狠執拗，吳、楊皆謂不如華爾順手。」[59]李鴻章力主解散常勝軍，但又怕官兵會投附太平軍，而洋人又堅持維持常勝軍以拱衛上海。於是李鴻章退一步，決計以英國軍官取代桀驁不馴的投機份子白齊文。李鴻章下令白齊文帶領所屬官兵離開松江軍營，同時又命泰記行的楊坊停發常勝軍的軍餉。白齊文拒不從命，反應激烈，據李鴻章奏報，「十五日巳刻又帶洋槍隊數十人，趕至上海楊坊寓中，將楊坊鼻額、胸膛打傷，吐血不止，並將發餉之洋銀四萬餘元強行擄走。」[60]

此舉正中李鴻章下懷，他以此為由，摘了白齊文的頂戴，轉而求助於英國人。英國政府已表態支持清廷，在英國駐北京公使卜魯斯（Frederick Bruce）及在華英軍指揮官士迪佛立的催促之下，倫敦同意英軍與清兵併肩作戰。有了這一層共識，士迪佛立將軍與李鴻章達成幾點協議：

> 常勝軍應由英國官員一人和中國官員一人會同管帶。……為中國服務之英國官員暫時由奧倫（John Holland）大佐充任，但將由戈登上尉於奉到必須之授權之後接任；英國官員品級應為鎮台。往上海方圓三十哩以外地區出征，必須於事前獲得盟國（英、法）同意。懲辦諸勇、發餉及經營口糧等職務均由中國人充任……兵額應裁減至三千人，設若日後關稅短絀，甚至可以裁減至三千人以內……軍隊及管帶均歸撫台（李鴻章）節制，購買軍火亦須有撫台文書。61

雙方都達到自己的目的。李鴻章把不受節制的白齊文換掉，此人手握重兵，但疑有二心；李鴻章控制這支軍隊的糧餉，英國官方又保證聽命行事。此外，李鴻章還縮編了一千五百人，以免常勝軍尾大不掉。而英國也保住了常勝軍，維護英國人在上海的經濟利益。

一八六三年一月十五日，奧倫大佐正式接掌帥印，首役就出兵奪取太倉（近來太平軍加強該地的防禦工事），但因誤判情報、偵查草率、戰術失當、撤退無方，以致慘敗。此役有一百九十餘人陣亡，一百七十四人負傷，丟槍棄砲不計其數。殘部回防松江，靜候派任新指揮官。

一八六三年三月，完成測量任務的戈登膺任常勝軍指揮官。在赴松江就任的前一天，戈登致書母親，語帶惶恐：「我已接下指揮松江軍隊的派任，現在是清朝命官了，我擔心您會惱怒……。但我敢斷言，若我拒不接受指揮官一職，這支軍隊勢必四分五裂，太平軍則會繼續荼毒百姓多年……。對此事請您務必寬心，我自會全力以赴……。我會把您的肖像擺在面前，向您和父親保證，我絕不會魯莽行事，一旦時機成熟，勝利在望，我便會返鄉。」[62]戈登雖對母親沒有明言，但欣喜之情溢於言表，他是絕不會急著回英格蘭。

戈登身為英國的常備軍官，但麾下的這支軍隊卻無法讓他臉上有光。「從沒見過如此烏合之眾，」[63]戈登寫信向他的袍澤抱怨。縱然常勝軍陣營中的洋將「英勇、視死如歸，適應力強，作戰時值得信賴……。但另一方面，又愛惹事生非，芝麻綠豆般的小事就會讓他們大動干戈，拳腳相向。他們受盡上海地區叛軍的窩囊氣，加之又分屬不同國籍，半數人經常處在狂暴的狀態；當然，這種情形對指揮官也有利。」[64]這群軍官不怕死，但底下的中國兵並不受感召。戈登寫道：「我敢說這群軍官的待遇十分優渥，想以微薄的餉銀招募軍官幾乎不可能——如此危險的軍旅生涯，我還未曾見過，他們勇於赴戰場，但總覺得屬下不值得信賴。」[65]戈登於一八六三年三月二十五日抵達松江，此時常勝軍因兵敗太倉而士氣低落，而且軍官擔心在英常備軍官的領導下，會沒有好日子過，而希望白齊文重掌兵符。軍心譁變，一觸即發。

戈登一刻也不耽擱。他向全體軍官保證，「他們不必擔心會有大改變，或者危及前途的事情發生，」[66]三月三十一日即領兵與太平軍作戰。就軍事而言，戈登對中英雙方都是絕佳的人選。到了五月底，戈登的軍隊已經拿下幾座城池，包括太倉在內，兵臨昆山城下安營紮寨。

華爾行事憑仗直覺和親身經驗，而戈登靠的是訓練。譬如，戈登在昆山城下，對戰局作了如下分析：

山頭孤立，城牆環抱；壕溝廣闊。東門的守衛森嚴。立於山頭，可一覽無遺我軍的佈陣，然後電告太平軍的將領。決定圍城後，我軍已奪佔北方的常熟。叛軍僅剩一條後路可撤走至二十四哩外的蘇州。五月三十日勘查地形，發覺可以在距昆山八哩、距蘇州十六哩處的正儀切斷這唯一的退路，此地是交通要道，攻克太平軍重兵扼守的重要據點。欲奪取這個據點必須迂迴穿越二十哩的太平軍佔領區。汽船的用處極大。[67]

戈登依計行事，奪下昆山，把太平軍殺得落荒而逃，「熟悉地形是一切的關鍵，我費盡心思研究地形……。太平軍懾於汽船；當汽船鳴聲大作，太平軍便嚇得魂飛魄散。」[68]戈登走的是華爾的路數，強調汽船在三角洲地帶的作戰用途，以及在作戰中起用浮橋和火力強大的重砲，但似乎比華爾更勝一籌。戈登甚至還學華爾在戰場上的作風：「戈登總是身先士卒、帶頭衝鋒陷陣，除了在衣內的胸前藏一把左輪槍之外，並不帶任何武器。戈登除了有一回用它來對付叛徒之外，在戰場上從未用過這把手槍。戈登手裡拿的只是藤條，部屬稱這是勝利魔法棒。」[69]

李鴻章喜出望外。他在四月向曾國藩奏報：「戈登接手似較講理，其應敵亦較奮迅，如能由我操縱，即日糜四五萬金猶為有辭。」[70]不久之後，李鴻章對戈登的讚賞之詞溢於言表：「英提督士迪佛立前為臣言，戈登奮勇明白，為駐滬英兵頭之冠。臣初未敢信，自會帶常勝軍往來，臣營稟商調度，情詞恭順，亟思四出供剿，迅掃巢穴。又以常勝軍習氣太壞，欲漸漸約束裁制其志趣，實為可嘉。」[71]在李鴻章的眼裡，戈登的最大貢獻是讓常勝軍有事做，並且效忠朝廷。當然，李鴻章也樂於見到常勝軍打勝仗，這會讓朝廷更願意支持曾國藩的湘軍圍攻南京。

但是李鴻章言之過早。雖說戈登在軍事戰略上承襲華爾，但對待下屬的作風卻與華爾大相逕庭。華爾與白齊文都不願懲戒常勝軍官兵，畢竟他們只是一群亡命之徒，而非正規軍隊。至於中國士兵，則是允許他們在收成季節時返鄉；中外將領都把部屬打家劫舍的行徑視為薪餉的彌補，從不過問。戈登對此大表吃驚，下令嚴禁打劫，在戰場上酗酒者處以極刑，禁止販賣鴉片和女人；軍隊上下一律按表操課，接受軍事訓練。此外，戈登為了表示不贊同軍官的作風，吃住自理，不假手他人。[72]戈登決心將這支外籍傭兵改造成鐵衛正規軍。

戈登的計畫馬上就碰到阻力。收復太倉之後，戈登的部屬堅持回松江揮霍餉銀和「賞銀」，再赴前線。戈登屈服了，但不久部屬在昆山又以譁變相脅。戈登認為，他的人「在戰場上可以信賴……，但在駐防時卻容易惹事生非，大動肝火。」[73]戈登決計以昆山為新基地，移師昆山，切斷與松江的糾葛，連根拔除對松江的記憶。戈登在日記裡寫道：「我決定將總部設在昆山，官兵在這裡比在松江更好控制。有人叛變，其中一人被我在西門外的一處墓碑前處決。彈孔的痕跡猶在墓碑上。然後有人逃跑，三千九百人僅餘一千七百人。軍心渙散，華爾太放縱他們了，我在太平軍的俘虜之間招募新兵，他們的素質較佳。」[74]

戈登苦於軍隊紀律不彰，但也觸怒了他的中國上司。攻下昆山之後，戈登又與支持常勝軍的朝廷武將發生齟齬。他心煩意亂，上海的英國報章大幅抨擊他在昆山屠城，亦令他灰頭土臉、顏面無光，戈登於一八六三年奏報李鴻章：「閣下：每日領取軍餉均困難重重。幾度對大清帝國伸出援手的大英帝國女王陛下的政府，應允的租船費和其餘軍需物資等款項亦在未定之數，我決定辭去指揮官之職，在目前的處境下還戀棧官職，有損我身為英國軍官之威，我不願卑躬屈膝敦請閣下了解這必要性，而恩准提供必要的軍需物資。」[75]

然而戈登心裡還是有些躊躇。他不願無所事事、遊手好閒，認為「再打一仗」不啻讓英國的國格蒙羞。白齊文似乎有奪回常勝軍之勢，給了戈登一個藉口。白齊文被革職之後即前往北京，在美國公使的支持下，又被授命為常勝軍管帶。白齊文於四月再次現身，李鴻章奏報：「白齊文自京回滬，充然得意，求鴻章即委管帶，已嚴拒之，並詳復恭（親王）邸矣。朝廷綱紀須共存立，乃如此模棱畏事，是非何由得明，令人灰心。戈登則英兵官之賢者……即不能盡去常勝錮習，似不再添流弊。」[76]八月初，怒氣衝天的白齊文，帶領上海招募的三百名歐洲人投附太平軍，這個數字恰好是華爾當初徵募常勝軍的數額；戈登唯恐他的軍隊也會變節投奔敵營，又重回戰場。

戈登的軍隊與清朝官軍併肩作戰，拉開了蘇州之役的序幕。蘇州是一座雄偉、有太平軍防禦工事戒護的城池。之前在上海一帶發動之大小戰役，便是以克復蘇州為首要目標。李鴻章再度與戈登和解，小心翼翼地解釋說：

> 常勝軍弁勇戰守實未可靠，所恃者英人借給戈登開花大小甚多，軍火雜械時肯濟助。臣故與英官曲意聯絡，冀為我用，以助中國兵力所不逮。惟戈登助攻名義甚順，功成之後不致多開衅端。[77]

此時，人在蘇州城裡的白齊文，發現他難以在太平軍的控制下取得與在清軍內部相同的影響。而太平軍查覺白齊文並無法實現承諾，提供太平軍西式軍備或作戰威力強大的歐洲軍隊。[78]白齊文在一八六四年六月再度倒戈，但他最後還是向戈登投降了。白齊文的前輩華爾，兩人抵華的動機相若，且死後安葬在孔廟附近，可謂備極崇榮。但白齊文卻死於官軍之手，在押他渡河時「溺斃」。

戈登在與白齊文協議歸降時寫道：「白齊文在蘇州安全無虞，待遇還不錯。我正盡力救他；屆時，我若能覓得合適的接替人選，便要交出軍權，我已達目的——亦即我已卻除公眾的疑慮，向他們證明，英國軍官在戰場上的軍事調度就像大副開船一樣駕輕就熟，也能掃蕩上海周圍的海盜。我並不戀棧名位。」[79]

顯然，戈登兵臨蘇州城下、常勝軍就定位準備圍城時，又到了戈登卸職的時刻了。在華的歐洲媒體（即戈登口中的「公眾」），不斷質疑英國軍官在中國人手下任職是否恰當。這讓戈登很受困擾，也讓他對官府更感幻滅。「在這個國家近四年的軍旅生涯，我深知交戰的雙方同樣腐敗，」戈登於一八六三年十月自蘇州發出的信中寫道，「但你又不得不承認，太平天國這方多少還有創新之意，無視於滿人愚蠢、盲目崇拜的風俗。我就近觀察了三個月，看清了太平天國的諸多缺失，但我看到許多大清國所未有的希望。太平天國的諸王無不驍勇善戰。忠王正在此地，你若看到他，必會說勝利當歸此人。不論是撫台、恭親王等封疆大吏，都難與忠王相提並論。」[80]

圍攻蘇州城卻是苦戰一場，太平軍在此屯聚四萬雄兵，一八六三年十一月二十七日，戈登兵敗。但該城卻因太平軍將領的內鬥，於十二月五日歸降，太平軍諸將亦歸順朝廷。戈登不讓部屬掠奪富庶的蘇州，回師昆山。李鴻章依慣例，下令處決來降的太平軍將領，身為英國軍官的戈登已保證不殺他們，對此大不以為然。震怒之餘，立即修書一封，卻未寄出，信中稱李鴻章「應即刻辭去江蘇巡撫一職，交出關防印信，由他人暫代，直到皇帝心意確定；否則，戈登會即刻領兵攻打清軍，奪回所有被常勝軍攻佔的土地，將之歸還太平軍。」[81]此舉當然是對中國主權的荒謬挑釁，但戈登因太過悲憤，失去理智，而未慮及他的不當言論。當李鴻章的洋幕友哈利戴·馬格里（Halliday Macartney）入戈登府時，見戈登正在哭泣，還未發一語，戈登即已彎下身子，自床下取出一物，在空中揮舞著，大聲叫道：

「你瞧見沒？你瞧見沒？」

當時光線太暗，馬格里起初沒看清楚。戈登又高聲吼叫：

「這是納王（Lar Wang）（譯按：即郜永寬）的人頭，這是下流的謀殺！」說完後戈登又放聲大哭。[82]

戈登的情緒平復後，還是滿腔怒火。他退回昆山，不再圍剿太平軍，部將也跟他同進退。戈登雖已辭去管帶，道理上這支軍隊已不歸他指揮，但這位「正直的」英國軍官比之前的白齊文，威脅還更大。朝廷的對策是「懷柔夷人」。一月四日，欽差駕臨昆山，宣讀聖諭，餽贈厚禮，以嘉勉戈登在蘇州一役的功勞。戈登婉拒這份厚禮，其中包括皇帝御賜的白銀萬兩，以及李鴻章贈送的太平軍軍旗。戈登的回覆寫在聖諭背後：「戈登管帶雖肝腦塗地，亦難以報答陛下之犒賞。鑑於攻克蘇州發生之不幸事件，戈登管帶深表遺憾，有愧於陛下的褒揚。乞請陛下體恤臣僕的意願，恩准辭不受禮。」[83]在中國人眼裡，戈登這番表白實是不可思議。

李鴻章既怕駐守昆山的常勝軍會出亂子，又不知戈登何以至此，一時竟至無計可施。李鴻章早在一八六三年十二月二十七日的奏摺中即建議：「但冀總理衙門與英公使議定妥法，即讓戈登告退，須責令將該軍帶隊外國弁兵一百數十名全行撤回，或由臣選派數人幫帶該軍。」[84]

但是身為英國軍官和傭兵首領的戈登又拿不定主意。在昆山按兵不動的戈登軍隊，有叛變之虞；常勝軍又因由誰接掌兵權而起內鬨。戈登眼前有兩條路：拋下英國人的榮譽心，重返戰場，要不就放棄軍權，斷送在中國揚名立萬之契機。戈登的英國上司與李鴻章一樣傷腦筋。卜魯斯寫道：「我懇請你千萬不要一時衝動，作出魯莽的行為。尤其重要的是，不能讓報紙披露你與中國當局的歧見。」[85]他們促戈登重返戰場；戈登為了保有個人秉持的「榮譽感」，透過卜魯斯要朝廷訓誡李鴻章：「今後，凡有外國軍官參戰的戰役，應依外國恪遵的戰爭規則行事。」[86]戈登的請求獲准之後，與李鴻章見面，由李鴻章一肩扛起蘇州事件的責任。戈登這才滿意，過了幾個月之後，對自己重返崗位如此解釋：「在蘇州誅殺諸王的行為，確實違背人類共同的信念，不過也有多方理由為撫台辯白，在中國人的眼裡，這樣的行徑並非劣行，依我之見（我尚未見過曾國藩），李鴻章乃是大清國的棟樑之才；深明自己的處境，就中國人而言，李鴻章極為開明。」[87]

若說戈登稱了意，那李鴻章可不。他已看清戈登的個性，再無懷疑，而於一八六四年二月二十五日寫道，「昨因戈登欣然效順，令其協同郭松林等進搗宜興，但可以為奇兵，不可為正兵。戈登奮往有餘，堅忍不足，且其性情忽離忽合，尚不知此後有無變態。」三月底，戈登重返戰場才一個月左右，李鴻章又寫道：「俟江南軍事大定，常勝軍宜即妥為遣散，戈登尚無異辭。」[88]其實戰況並不順利，常勝軍吃了太平軍好幾次敗仗。一如李鴻章在六月的解釋：「戈登頗覺氣餒，三月二十二日常州之役，城已轟破，未能爬入，戈登目擊常勝軍不能得力。」[89]

英國軍方強烈反對解散常勝軍。柏郎將軍（General Brown）「不同意解散常勝軍，直到叛軍撤退，我們能確定南京的命運。我贊成在上海建立一支訓練有素的中國部隊⋯⋯。這是一個重要的戰略據點，應由正規部隊駐防。」[90]但戈登自有主張。李鴻章支付戈登十萬英鎊，作為解散常勝軍之資，戈登也欣然接受。或許戈登已不想再帶傭兵了，或許也是戈登認為克復南京指日可待，戰事即將結束，或許戈登只是認為他所率領的這支軍隊給中國樹立了壞榜樣，也為西方人領兵作戰做了錯誤宣傳。不過戈登對常勝軍的看法和李鴻章卻是一樣的。戈登在軍隊解散時寫道：「常勝軍自從建軍以來即充斥著烏合之眾⋯⋯盲目無知、目不識丁，甚至不服從管束，他們不適合領軍作戰……。我認為，即使置於英國軍官的指揮之下，這支軍隊仍是危險份子的集合，他們不值得信賴，並耗費民膏民脂。依我之見，應由中國人領軍的中國軍隊取而代之，只要指揮得宜，中國軍隊照樣可以英勇作戰……。千萬不要讓洋人指揮中國部隊，只須讓洋人擔任教官，讓中國人自己培養自己的軍官。」[91]戈登並沒有把他對常勝軍的看法用在自己身上。回顧率領常勝軍的歲月，戈登說道：「我已心滿意足，我知道這次叛亂終將弭平，但我若按兵不動，則亂事想必又要為患經年，我不在乎仕途或人言。我心知我離開中國之時，將如來時一樣貧窮，然而，由於我的棉薄之力，至少救了八到十萬生靈。於此，我心已足。」[92]

戈登恐怕誇大了他出力打勝的幾場戰役，也太過輕描淡寫他「心已足」的程度。年輕的海關總稅務司（Inspector-General of Customs）赫德（Robert Hart）寫道：「容我向你致賀，皇帝下詔賜你黃馬褂，四套提督官服，想必你記得說過你很想要這些東西。務必行個好，不要推辭這些禮物。」[93]赫德的憂心誠屬多餘，戈登曾說：「中國人千方百計阻攔皇帝賞賜我；但我說我就是要黃馬褂，其他東西都不要；他們最後終於讓步了。」[94]至於黃馬褂等榮耀，戈登告訴母親：「我並不在乎這些禮物，只因您和父親會喜歡這些東西，我會請卜魯斯爵士把忠王的配劍捎回家鄉，這把配劍是用天王的叛軍旗幟包裹起來，忠王就是被這把劍斬殺，您可以看到旗幟上還有忠王斑斑的血痕。」[95]身為英國軍官的戈登，否認他有追名逐利或光耀門楣的欲望；戈登從讓他不自在的英格蘭浪跡天涯，膺任傭兵將領，欣然接受了禮物。

戈登整理孝敬雙親的紀念品，但他並不急於返鄉。在往後的五個月，戈登默默協助中國人「培育自己的軍官。」他漸漸對中國人產生信心——這在十九世紀來華洋人間誠屬罕見，並深感「假若我們逼迫中國人進行劇烈的變革，他們會頑強抗拒、抵制……，但如果我們引導得法，我們會發現他們願意接納漸進改革。他們樂見有選擇的餘地，厭惡替他們開道，好似他們一無是處。」中國人雖然不喜歡西方世界和西方人，但戈登說：「即使我們提供他們援助，中國人也沒有理由愛我們，因為中國的叛亂是我們間接促成的。」[96]

多虧報紙的戲劇性渲染，戈登儼然成為西方世界眼中的「中國的戈登」（譯按：戈登的英文名字 Charles Gordon 與 Chinese Gordon 音近似），此人孤身奮戰，敉平太平天國之亂。這不是事實，不過這對戈登而言，已是枝微末節，重要的是絢爛的生活終歸平淡。擔任中國軍隊的教習越來越無聊——「對戈登活躍、甚至有點陰晴不定的個性來說，這份職業步調太慢，」戈登有位友人如此解釋。[97]這個世界是個桎梏，令戈登的心靈惱怒。一八六四年秋天，戈登「想起」他答應在聖誕節前要回到英格蘭，便匆匆打道回府，一如當初前往中國那般。戈登告訴已感寬心的母親：「遊子踏上歸途。」[98]

第四章

掌關稅大權，振將傾王朝

李泰國 Horatio Nelson Lay
赫德 Robert Hart

十九世紀中葉，到中國的洋人越來越多，應聘的資格亦越來越嚴，即使經年寓居中國的洋人，也會重新審核其資歷。譬如，有個美國人被告知：「上海辦事處沒適合你的工作，你不會說中國話，我不能把口岸給你管理……。就算你現在學講中國話也於事無補；想必你現在應有五十歲了，年過四十便很難學會中國話……。我的建議是別回中國了；你最好退休，支領每年的薪俸津貼。不過，你是我的老僕役，你必須自有打算。只因你跟我們很久了，我才在黃埔給你安排差事；但黃埔確實不是個適宜居家之地，你在此處真的無事可作。」[1]

身材「矮小、清瘦、冷血獨裁」[2]的赫德（Robert Hart），在一八六九年二月寫下這封措詞傲慢的信，當時他年僅三十四，但已官拜大清帝國海關總稅務司（Inspector-General of the Imperial Chinese Custom Service）五年，在華洋人的權力，無人能出其右。誠如赫德友人所言，「雖然I. G.（別人對赫德的稱呼）接受外國公使推薦的人選（進海關服務），但他絕不准他人插手干涉，錄用與否全看赫德，而不論是誰薦舉。如此才能確保關稅業務之獨立、與人員素質之整齊。」[3]在海關的王國裡，「偉大的總稅務司」（great I. G.）是獨裁的統治者。赫德打造了這個誠實、高效率、創造稅收、職員概由洋人充任的衙門；他是甫成立的總理衙門的非正式顧問、業餘外交官，中國人暱稱他為「我們的赫德」。赫德在華五十載，後三十年是北京洋人圈中的焦點，後台強硬，各國政府對他榮寵加身。對「這位長於窮鄉僻壤的愛爾蘭年輕人而言，即使是倫敦也遙不可及，」有這番際遇不啻是個奇蹟。[4]赫德辭世後並未葬在中國，而是長眠於五十年間才回過兩次的家鄉，這似乎有悖常理。

赫德於一八三五年二月出生在北愛爾蘭的小鎮，是哈特（Hart）家的長子。父親是虔誠的衛理公會信徒，在一家蒸餾廠擔任經理，年收入僅有幾百英鎊。赫德天資聰穎、勤勉向學，十五歲即獲得貝爾法斯特大學（Belfast University）獎學金。在大學裡，「獎學金得主的學士帽上綴有金色頂髻，十分醒目，理應為其他學生樹立楷模，無論是學術或課業，都須出類拔萃。」[5]赫德為了年年贏得獎學金，更是努力用功，從不把時間花在課業以外的活動或運動場上。所幸，「赫德錯失的逸樂在貝爾法斯特大學裡並不盛行，因為這所學校剛成立，並無崇尚陽剛氣概的風氣，學生大都出身寒微，一心想出人頭地。」[6]

赫德在貝爾法斯特大學裡，開始以新的角度來思考他的前途。赫德起初想當醫生，後來又想當律師，十七歲那年，他聽了一席有關中國的演講之後，決心傳教；但是對於赫德這種出身的青年，可選擇的事業並不多，所以他在取得現代語言的研究生獎學金之後，又重返貝爾法斯特大學進修一年。此時，赫德最推崇的教授麥寇斯（Dr. McCosh）博士描述：「赫德來見我，說道：『您拓展了我的見識，我斷不可能再回家父的工廠工作了。您能幫我找一份志趣相投的工作嗎？』我把一張傳單塞在他的手裡，這份傳單號召青年前往唐寧街（Downing Street）去角逐中國領事館的工作。」[7]這正是有志青年夢寐以求的機運，而赫德也趕緊把握。「外交部提供學校一個駐中國領事館的名額，當時我剛滿十九歲。學校當局甄選了三十六人，經過考試評比之後，校務委員會給我最高評價，於是我就選上了。」[8]

這是一次賭注。赫德離開英國時身無長物，僅有滿腔憧憬和國務常務次卿哈蒙德閣下（Mr. Hammond）的忠告：「抵達香港後，千萬記得帶把傘以遮陽，若要獵鷸，靴長務必過膝。」[9]一八五四年五月，赫德抵達香港，不久即北調寧波任職，開始認真學中文。赫德在寧波認識了丁韙良（W. A. P. Martin）神父，兩人互有往來，達四十年之久。赫德在寧波英國領事館做了三年半的臨時翻譯，有機會親眼目睹西方人在華經商。一八五八年，赫德轉調廣州領事館，與各級地方官員建立密切關係，還包括廣州道台在內，道台還請赫德協助訂定廣州稅則，並督導實施。

赫德婉拒了道台之請。他建議不如致函駐上海口岸、甫設立的大清帝國海關總稅務司李泰國（Horatio Nelson Lay）請求協助。結果赫德於一八五九年六月辭去英國領事館的工作，接受廣州海關副稅務司之職。赫德再次把握得來不易的良機。從愛爾蘭到中國是一段漫漫長路，從英國公職入中國官場，卻只是咫尺之遙。海關成立未久，業務迅速擴展，不僅工作範圍廣，升遷管道也較英國領事館通暢，又能使赫德有機會結識李泰國。這個關係讓赫德日後的仕途一帆風順，而赫德也以李泰國為殷鑑。

* * *

李泰國係英國駐廈門領事李太郭（George Tradescant Lay）的長子，一八三二年生於倫敦。李太郭在一八四三年寫信給十一歲大的兒子：「待你完成學業之後，就來（中國）找我，在這之前我應不會奉召返國。」一年之後，李太郭又寫道：「這是一個好國家，百姓會讓你印象深刻，工作既體面，收入亦豐厚。」[10]然而李太郭卻在一八四五年猝逝，李家頓失支柱，幾個兒子必須輟學。李夫人認為兒子們應繼承父志，前往中國服務，於是致函英國外交部巴麥尊爵士（Lord Palmerston）：「閣下若願意將犬子（李泰國）推薦給德庇時勳爵（Sir John Davis），我相信若有懸缺，德庇時勳爵定會認為我兒是合適人選。可惜我的子女尚屬年幼，我無法受惠於他們現在所做的努力。」巴麥尊爵士雖然同意「依其所請予以推薦」，卻在一份部內的備忘錄上對於「利用公費讓已故領事的遺族完成學業」一事頗有微詞。[11]

一八四七年七月，十五歲的李泰國與十三歲的弟弟抵達香港，在傳教士郭士立（實臘博士（Dr. Gutzlaff）指導下學習中文。李泰國十七歲（此時赫德入貝爾法斯特大學就讀）便入英國領事館任見習翻譯，往返於香港與廣州兩地。一八五四年，包令爵士（Sir John Bowring）以李泰國的中文說寫俱優，越級升他為代理翻譯（駐在上海），年薪五百英鎊，令旁人羡慕不已。[12]沒過多久，包令爵士又把李泰國升為上海副領事，他與清廷初次交手，也有洋人視之為敵，戲稱他是「娃娃領事」。[13]

李泰國年輕氣盛，手頭總是很緊，精力充沛，面對中國又是一派倨傲，漢語說得極好，以致於有些中國人懷疑他是土生土長的在地人；李泰國自命不凡、雄心萬丈、精明幹練。有人「留意到，在印度或中國長大的歐洲人，自幼便熟悉東方的語言，比起具有同等社會地位、駐在這些東方國家的英國人，傾向於用更粗魯或有人所謂的『活力』來對待這些國家的子民。我認為真正的原因在於，他們在學齡階段就知道權力的滋味，窒礙了他們道德意識的陶冶；然而，有人卻會以為，他們知道這才是對付亞洲人最好的方式。」[14]

就在那一年（一八五四年），三合會佔領上海華人居住的地區。英國領事阿禮國提議，西方各國領事官員在上海設立一個臨時的「外國關稅監督委員會」，以在「條約體系」的架構下履行對清廷的法定義務。這個委員會負責對進入上海口岸的西方商船課徵關稅。各國領事推舉三位「稅務監督」（英、法、美各一人）。清廷無力拒絕，但認為這項特權干預了清廷的內政。但是，清廷又受惠於這項措施。關稅一經中國人之手，就少不了地方官商的「搾油水」，大部分稅銀根本沒上繳，但由洋人經手，反而更有效率，結果上繳的稅額遠遠超過預期。

不過，中國人對於由洋人來舉薦監督人選，心裡很不舒服，決意自己遴選、任用海關的職員，但眼前至少先保留這套西方制度。一八五五年五月，英國的稅務監督退休，清廷拒絕英國領事推薦的人選，屬意自一八五四年即大力支持清廷的李泰國。其實這個機會不是平白掉到李泰國身上的。李泰國覺察有機可乘，即對當地的清軍將領逢迎拍馬一番，李泰國終於如願以償。[15] 一八五五年六月一日，李泰國接替海關稅務監督的懸缺。

起初，李泰國的出線，雙方都歡喜。清廷提拔李泰國，寄望他對清廷效忠，而不是洋人；其次，留用洋人能紓解國庫的窘狀，再者亦可以夷制夷。誠如中方的盤算，這樣的結果倒也令人滿意：「李泰國係夷人之中最狹者，咸豐五年冬，前撫臣吉爾杭阿，照會該夷，用之為江海關（上海海關）司稅，辛上優厚。該夷尚知感激，為我稽查偷漏，是以近年夷稅，較開稅之初，加增三四倍。……仍當責諸該夷。」[16]

就李泰國而言，能入中國官場是何等福氣。對一個年僅二十三歲的年輕人，早年失怙，無國家之奧援，無顯赫之家世憑恃，竟有大權在握的際遇。一年之後，包令爵士致書李泰國：「環顧在華洋人，無人有此機會，深獲朝廷大員之賞識，亦無人能獲如此信賴。」[17]李泰國還得供養遠在英格蘭的寡母和三個弟妹，年薪從五百英鎊（副領事的年薪）驟升為一千四百五十英鎊（海關監督的年薪）至關重要。向來就自力更生、自食其力的李泰國一口就答應了這個新職。

此後三年，李泰國把心力放在建設上海口岸，使之成為中國的模範海關。「凡竄改文件帳目，行賄受賄，不實申報，公然走私及諸般推陳出新之欺騙事宜，無不予以揭發，就地處置。海關職員經驗闕如、人力匱乏，許多中國手下素行不良，又無訓練有素、值得信賴的稽查員，足堪勝任的取締職員，許多洋商冷淡以待，積極抵制，走私猖獗，中外皆有，便可了解李泰國眼前的挑戰是何等艱鉅。」李泰國跋扈若無旁人的行事風格，不畏同胞辱罵的堅定立場，「小暴君」（Junior Autocrat）[18]一名不脛而走。

李泰國著手組織上海關務作業之際，英、法、美與中國爆發意識形態和實質的衝突。這些西方國家拒絕遷就中國的「朝貢體系」（tributary system）以換取中國施恩。列強堅持修改條約，以使中國和西方國家在國際上平起平坐，而這卻是傳統儒家思想前所未聞、無法苟同的。西方列強要求在北京常駐公使，直接與朝廷打交道，勿須再透過「敷衍了事」的省級官員層層中介；同時，還要求把貿易權擴及其他口岸和內陸河道，尤其是長江流域一帶。到了一八五六年，西方列強已訴諸武力以明心志，一八五七年佔廣州，次年取大沽砲台，進逼天津。朝廷這才了解事態危急，火速派三名閣臣桂良、花沙納，和調和鴉片戰爭鼎鼐的老手耆英，前往天津與「夷人」交涉。[19]

一八五八年四月，英國使節額爾金勳爵致書李泰國：「若你方便同我北行，我會十分高興。我想你嫻熟中國海關制度，精通漢語，在這樣的場合對我必有實質幫助。」李泰國得上海道台首肯，隨即接受邀約；但他並未被列入代表團的正式成員。額爾金只把李泰國視為「上海口岸洋監督之主管」[20]。額爾金實則刻意隱晦李泰國的地位，如此一來，額爾金就有了與中國人接觸的特殊管道，打探中國虛實。

李泰國在天津的角色介於通譯和談判代表之間。結果，李泰國在談判（一八五八年六月六日至六月二十六日）所發揮的重要性遠超過他的職位。使節團成員不諳中文，對中國也一無所知，倚重通譯甚深。[21]不過，決策也不是出自李泰國。額爾金要李泰國扮演「猖狂凶悍的夷人」[22]，而李泰國也十分稱職，一副盛氣凌人、急躁衝動，一心把己見強加於對他破格施恩的中國主子身上，甚至不惜以武力相脅，以達額爾金勳爵的目的。清廷代表如此描述：「現在體察該夷動靜，似允此則尚能聽命，不允即為所欲為，情極可惡。」[23]李泰國甚至不甘受清廷談判官員的節制。

雙方在六月六日初次會談，李泰國即堅持中方必須先接受外國公使常駐北京的條件。七十三歲的桂良苦苦央求，若是接受此等條款，他項上人頭必定不保，二十五歲的李泰國答以：「您日後會明白，此一條款讓雙方各蒙其利。良藥雖苦口，但功效絕佳。至於您的腦袋呢，要保住它，最好還是接受我們的條件，我越是讓旁人看來您是受我所迫，實不得不為之，以保京師周全，那您的腦袋就越能保住。我呢，是態度越強，給您的好處就越多。」[24]李泰國甚至還向談判團的中文秘書說：「他們若要戰，就開戰吧！」[25]

清廷代表耆英在六月十一日與李泰國晤面，他的遭遇也不遑多讓。根據李泰國與其協同翻譯威妥瑪（Wade）的說法，耆英「喋喋不休，雜以恭維諂媚與道德仁義之辭，傳以恩賜與妥協之意，可說是一派昔日朝廷大員與我方接觸時所持之『撫綏羈縻夷人』。」李泰國便拿出耆英在一八四四年上呈的奏摺（這份奏摺是英國人在一八五七年於廣州截獲的），耆英用語輕蔑，描述與夷人打交道：「夷情變幻多端，非出一致，其所以撫綏羈縻之法，亦不得不移步換形。固在格之以誠，尤須馭之以術。有可使由，不可使知者。有示以不疑，方可消其反側者；有加以款接，方可生其欣感者，並有付之包荒，不必深與計較，方能於是有濟者。緣夷人生長外番，其於天朝體制，多不諳悉，而又往往強作解事，難以理曉。」事情至此，耆英急得淚灑會場；其餘兩位中方代表羞赧不語，這兩個洋人則是洋洋自得。清廷代表只得上奏：「自廣東殘破後，葉名琛所存夷務舊檔，皆為英夷擄去，向來辦法，彼盡窺破，駕馭無術，智勇俱窮。」[26]

李泰國把清廷代表著實嚇唬了一頓之後，耆英返京之後即遭革職查辦，六月二十五日，「將自定條約五十六款，逼奴才等應允。驕橫之情，有目共見，非特無可商量，即一字亦不令更易。該兵船近在咫尺，若聽其自去，是否不致決裂，奴才等實無把握。」[27]由於額爾金巧妙運用李泰國，竟讓清廷的主談代表委曲求全，皇帝忍氣吞聲，簽訂了《天津條約》。

歷經這番協商，之後又舉行了上海關稅會議（Shanghai Tariff Conference），同意將上海的這套海關稅務司制度推廣至其他條約口岸。這套新的海關制度是由中方遴選洋人署理，職稱為「總稅務司」——李泰國將此一職銜譯為 Inspector-General of Customs。一八五九年，英國代表卜魯斯報告：「李泰國先生任英國稅務幫辦時，深獲中國官府信賴，而獲拔擢為該機構的首長，作為大清海關監督之代理人。他掌理各口岸的通商事宜，選募外國人處理海關稅務。」[28] 這個曾脅迫清廷代表接受《天津條約》的人再次為清廷效力；事實上，即使李泰國全心在替英國奔走時，他也沒辭去海關的職務。

李泰國究竟代表誰？或者說，他以為自己代表了誰？當然，李泰國受惠於時局動盪，善用自身的才能（熟悉中國局勢，精通中文，了解中國的經濟處境），總稅務司之職的地位與薪俸與稅務監督又相差懸殊。但他的出發點也不全然是出於私利。李泰國似乎真心相信對英國有利的，對中國也有益處，即使中國人不願承認這個事實。只是他的角色之間常有衝突。李泰國自幼即遠渡重洋，離鄉背井，不得不在中國人的環境之中營生，聽命於中國人，無疑能領略世世代代以來，中國文明潛移默化異族之效。另一方面，李泰國也同時飽受同胞的抨擊，李泰國在實施海關稅務規定時一視同仁，上海的洋商罵他的架勢比中國人還中國人。但李泰國和某些在華洋人不同，他若有機會（一如一八五八年），就會強調他的英國作風，強烈抗拒「漢化」（sinicization）。

李泰國終其在華生涯，似乎以英國在華利益的代理人自居，或至少是中西之間的橋樑。不過，李泰國的處境常自相矛盾，還得為自己找台階下。李泰國後來在一個重要場合上，解釋（誇大）了他在一八五八至一八六一年間的角色：

我一心想取得媒介中西之間的地位，因我體察到可在新的立足點上設法讓中國與西方列強敦睦修好。為了取得歐洲各國公使之支持，並緩和因忌妒而滋生的敵意，我必須證明我的影響力用於有利於各方之處……。滿清政府墮如枯木，而我擘畫之制度，其根基亦須窮心建構。我的角色是受聘於滿清政府的外國人，為他們工作，但非受制於他們。我不須囿於傳統「紳士俯首聽命於亞洲蠻夷是荒謬絕倫」這樣的觀念。我非中國官員，而是沒有品第的外國顧問，我因受信賴推崇，故而位高權重。[29]

中國人或許對李泰國自以為是的窘境有更深一層的認識：「該夷恐為各夷所憎嫌，故又隨赴天津，大肆猖獗，獻媚於夷酋，以見其公。迨回上海，則馴服如昨，為我所用。解鈴繫鈴……。」[30]

無論如何，李泰國在一八五九年五月履新之前，便以他一貫的活力投入工作。在往後的兩年內，李泰國把上海的海關制度擴及《天津條約》條款所開放的其餘口岸，並在廣州和汕頭兩地設辦事處。然而，由於其他條約口岸的省級官員懷抱敵意，加上中國國內局勢動盪（既有太平天國作亂，又有西方列強蠢動的外患），李泰國也不能有進一步的規劃。

不過，李泰國實在是一位非常幹練、有見識的行政人才。他為一個國際性的文官機構奠下基礎，使之在進入二十世紀之後仍能有效運作。平心而論，締造大清帝國海關制度的人是李泰國，而不是赫德。李泰國開創了一個誠實、公平的關務傳統；李泰國雖然倚重英國人，但他在人員的遴選上還是謹慎老道的；李泰國所建立的這套海關制度，終究還是以替中國牟利為宗旨。但是，李泰國的性格囿限了他的成就。他的個性幼稚，不懂得察納雅言、分層授權，對於他自認可能威脅到他權位的人懷恨在心。所以，很快就樹敵無數，又不擅於鞏固既有支持者對他的忠誠。這種種人格特質的侷限，很快就導致了他的權位岌岌可危；於是，到了一八六〇年，李泰國便雙雙失寵於英國人（他們首度對這位年輕、訓練有素、受過良好教育的「通譯」感到煩膩），以及中國人（不信任他的行徑，厭惡他的傲慢）。中、英雙方馬上就把腦筋轉到赫德身上。

李泰國又累又病，在一八六一年致書額爾金勳爵：「恭親王札諭我為海關總稅務司。但太平軍勢不可擋，清朝江山危在旦夕。局勢杌隉，加之我健康欠佳，決定打道回府，離開此地一年。」清廷的危機最令他不安：「在推廣上海這套制度之前，我認為應靜觀其變，看今年局勢會有何發展。按目前的態勢來看，清朝能否存續，今年應會分曉。假若明年清廷取得優勢，我應有活動的餘地，但若太平軍得勝，我也一無遺憾。此時，我可藉機向國人解釋異國制度的詳情。」[31]恭親王掌理甫成立之總理衙門，他雖應允李泰國告假返鄉，但希望李泰國能先赴天津，正式接受總稅務司之職，並在天津設立海關；原因是一八六〇年英法聯軍進兵北京之後，清廷亟需巨額銀兩以支付外國賠款，更何況彈壓太平天國以及各地動亂也需錢孔急。然而，李泰國以其一貫的我行我素姿態，隨即返航歐洲。卜魯斯的評論是，「此時，李泰國閣下因其健康而不願親赴北京，是極為遺憾的。恭親王與其僚臣拔擢他為總稅務司，邀他進京覲見，他錯失了絕佳良機。」赫德也認為李泰國「在此刻返回歐洲，表明他不顧我與其他同僚的規勸，我們一致認為，接受邀請對李泰國本人和這個新生的機關都有莫大好處。」[32]李泰國下令赫德（自一八五九年即擔任廣州海關稅務司）會同費子洛（G. H. Fitzroy）監督各通商口岸的關稅徵收以及對外貿易的事宜。[33]此外，李泰國還知會北京，他已指示赫德赴京協助恭親王。

赫德於六月五日抵達北京，頭幾天就先後拜會文祥和恭親王。赫德向其中國主子證明他能迅速掌握海關業務。赫德的行事作風有別於李泰國，他很重視人和，而在新主跟前打下深厚基礎，其結果令人極為驚訝。根據英國駐北京公使卜魯斯的報告：「恭親王本人日益友善、謙恭，赫德先生的誠懇與坦率令恭親王印象深刻，大為激賞，因而強力慰留赫德在北京襄助清廷處理問題……。恭親王總是稱他為『我們的赫德』，若是碰到合理但棘手的建議，恭親王總會說『我們要有一百個赫德，就可以採納了。』」[34]

在李泰國離華的這兩年，赫德的好處是不用跟各省地方官員打交道，而是跟剛設立的

李泰國（Horatio Nelson Lay），首任大清帝國海關總稅務司。

赫德（Robert Hart），「偉大的總稅務司」，約莫一八六六年。

總理衙門大吏交涉。這麼一來，赫德得以建立一套在許多方面都是嶄新、中央集權的海關制度。到了一八六三年，赫德將海關制度推及八個新口岸，從各領事館招募年輕翻譯在這些口岸充當骨幹職員，並以上海為藍本，建立一套統一的海關業務流程。同時，赫德也不顧忌在他的中國主子面前自抬身價，甚至功高震主。

遠在英國的李泰國察覺到這點，他利用代中國購置艦隊的機會，略事教訓，但所言不虛：

我相信你絕非有意，但你已上下不分了。你把自己弄得像是總稅務司，我反倒成了你的下屬。你要我把屬於中國政府的錢移交給你，並交出所購買的物品，我絕不接受這等安排，但我向你保證，我從未懷疑你對我的忠誠，不過我的確認為你已被成功沖昏了頭。至於「為了使計畫付諸實行」一事，你完全誤解了我在五月九日函末所傳達的意思。你的來信咄咄逼人，我不得不提醒你，有關建立中國海軍一事，除你之外，眾人均做此想了。35

此時，朝廷對太平天國用兵的又告危急。到了一八六二年，寧波、漢口相繼失守。在此局勢之下，總理衙門又重開赴海外購艦之議。赫德銜命務必速速購艦，以掃蕩逆反。

一八六二年三月十四日，赫德致函人在倫敦的李泰國，委託他替清廷物色艦隊。顯然，赫德在之前就已贊成向國外購艦，這支艦隊雖可委由洋人海軍軍官指揮，但須服從中國「封疆大吏」節制。清廷顯然是想走戈登的老路，讓英、中聯合作戰行動，由省級官員節制。但赫德在給「上司」的信裡，對此節卻是語焉不詳。一八六三年一月，恭親王又馳函李泰國，指示他在購買、裝備艦隊，招募武勇，以及留滯款項以支付薪餉等諸事方面，可便宜行事，「酌情辦理」。[36]

這份授權還沒寄到，李泰國即已著手辦理。但這麼一來，李泰國又陷入困境。他去國之時，還只是個十四歲的孩童，如今返國，大權在握。這是他十五年來第一次脫離中國的氛圍，勿須奉承滿清官員。沒人敢看輕他，即使在中國亦是如此，他開始以為手握無上權勢。李泰國在一八六二年七月寫信給赫德：「謹記你與恭親王的關係，親愛的夥伴，是我們指使他們，而不是他們指使我們。」[37]李泰國開始與英國海軍名將阿思本（Sheravd Osborn）艦長接洽，請他指揮這支艦隊，李泰國對阿思本說：「我希望我們的艦隊是海上最精良、裝備最先進的艦隊！我們既然做，就要做得出類拔萃。我聽到你說『是的，沒有問題』，期盼你我通力合作，幹出一番任何條約都難以成就的事業，明年就打開中國門戶。」[38]然後，李泰國就購買、裝備了七艘汽船艦隊以及一艘運輸艦。

在這支艦隊啟航赴華之前，李泰國便就統帥艦隊的問題與阿思本艦長達成協議，這項協議有兩大要旨：「阿思本依照李泰國逕行轉達皇帝一切諭旨行事；阿思本依約不須理會經由其他管道傳達之任何諭旨……。就李泰國方面，依約得以拒絕居間傳達合理程度不為其滿意的諭旨。」[39]（譯按）李泰國還表示，打算以這支艦隊打開長江流域，殲滅海盜，以節省英國在中國軍需的花用，而非平定太平天國之亂。李泰國此舉顯然是延續英國的對華政策，而非聽命於清廷。[40]

艦隊還沒駛抵中國，一八六三年五月，李泰國已在中國現身，重行執掌總稅務司之職。六月一日，李泰國向清廷進呈他與阿思本的協議。朝中閣臣畏懼西夷的程度不下於內亂，驚覺這紙協議侵犯了中國的權益。而且，討伐太平天國的整體佈局乃歸由省級大員節制主導，這紙協議必會翻轉用兵的整體佈局，也勢必會妨礙建立一支由朝廷號令的皇家海軍。更嚴重的是，據美國駐華公使蒲安臣的報告，李泰國「不僅欲獨攬這支艦隊的控制權」，中國方面也抱怨他想「悉數控制海關關稅，目無朝廷，強要厚爵，索逼銀兩，以滿足其奢

譯按：李泰國與阿思本的協議共有十三款，〈籌辦夷務始末〉同治朝第二十一卷內載有清廷致英國照會一件，駁斥李泰國擅訂協議一事，文件只述及其中最荒謬的第四、五、十條。史景遷上述的引文即第四、五條。但是對照〈籌辦夷務始末〉這份文件，其中第五條的原文記載：「如有阿思本不能照辦之事，則李泰國未便轉諭。」似乎與史景遷引述之英文協議的內容有所出入。

華生活；違反帝國定制，要求住進唯有皇親國戚才有資格住的王府。」[41]

英國駐華公使卜魯斯於一八六三年十一月寫道，沒有理由懷疑李泰國意圖全面控制關稅，左右大清帝國的外交政策。「李泰國只是聽命行事；這項政策乃由皇帝下旨，而政策實施（購買艦隊和招募軍隊）的費用則由關稅稅銀支付。」[42]

人在英格蘭的李泰國仍是不可一世和妄自尊大，以致高估了自己在中國的真正實權。一八六三年九月，阿思本艦長率艦隊航抵中國，情勢更形惡化，清廷的反彈情緒強烈，李泰國在六月即已抵達北京，但並未獲恭親王接見，只好在人事財務上妥協，但阿思本仍堅持依離英之前簽署的協議行事。阿思本一抵華便致函戈登將軍：「我將在北京鼓吹在華服役的所有歐洲人聯合組成海陸部隊，提供資金，如實報銷——但絕不受撫台、督台之流干預。」[43]李泰國的誤判和阿思本的頑固，導致了這支艦隊折返英國，隨即解散。

對於李泰國，恭親王及其閣臣早已有心去之而後快，這件事剛好給了他們動手的藉口。李泰國能在一八五五年崛起，固然歸功於他的進取，主要還是他的關務長才使然。但是另一方面，李泰國的個性，一如他在一八五八年折衝《天津條約》以及一八六三年重返北京時表現的態度，抵銷了他的專業能力，也使早有芥蒂的中國統治階層疑慮他對誰效忠。一八六一年之後，清廷官員開始與赫德接觸，以赫德的才幹掌理新近設立的海關關務綽綽有餘，況且赫德又不似李泰國，他能與中國主子建立良好關係。

赫德在一八六四年曾說：「有人——就像李泰國——徹底不信任中國人，深信唯一可行之法就是強力逼迫中國人，這種人輕易就能找到似是而非的論據，佐證他們的見解。這種專橫作風只能在距京城遙遠的道台身上奏效，若想對京官如法炮製，那就大謬不然了。……只因目前的政府不能專注於修築鐵路、鋪設電報線纜，協議對外借款，以及無法自擊敗他們、因而滋生無知鄙夷之人處引進這些設備，就斷言不該寄望現在的政府，對我而言，既不合理，又缺乏常識。」[44]

恭親王在一八六一年曾說：「赫德雖乃夷人，但思及該夷堪稱溫馴、順從，且言之有物。再者，該夷亟望總稅務司之高薪，故應能以朝廷為念益為我所用。」[45]「李、阿袖珍艦隊」（Lay-Osborn Flotilla）事件落幕之後，李泰國獲得一筆高薪（包括退職金）後即被革職了。一八六四年，李泰國離開中國，後來在一八六九年曾以商務推展的名義造訪中國，成了赫德的座上賓。

＊　＊　＊

赫德繼而任之。一八六五年八月，赫德應總理衙門之請，把位於上海的辦事處遷至北京，除了外出巡察各通商口岸的業務，以及兩度返鄉探視之外，他一直住在北京城，到一九〇八年退休為止。

赫德沒忘記李泰國與清廷之間的不愉快經驗，馬上著手確立海關業務的宗旨。赫德寫道：「必須時時謹記在心，海關稅務司署是中國衙門，而不是洋機關，所以每位職員均須依中國人的意志行事──無論是百姓或大吏，避免觸怒中國人，引起中國人的反感……。那些食君俸祿、受雇於官府的人，至少在行事態度上不要引起中國人的不悅，或激起他們的嫉妒、猜疑、嫌惡之感……。每個人須先牢記他們領的是朝廷的俸祿，為朝廷執行海關這項工作，把它做好應是首要之務。」[46]

在其他事務方面，赫德倒是蕭規曹隨，延續李泰國在上海所嘗試的做法，盡可能用中國人的法子辦事。赫德接掌海關總稅務司的頭幾年，主要工作是重組李泰國建立的制度，將之改造成中央集權的海關稅務司署，越過地方衙門而直接向北京方面負責。要打造這種組織，赫德當然得獨攬海關稅務司署的大權。赫德不像李泰國，他並不指望中國職員，在這個組織裡儼然是太上皇帝。赫德的下屬慶丕（Paul King）回憶：「這話不假，他確是實權在握。他的手下全都微不足道──連總文案（Chief Secretary）也是頻頻換人──人來人往，沒有人是不可缺的。」[47]赫德有個朋友也注意到，在總理衙門的眼裡，只要赫德忠心耿耿，海關業務蒸蒸日上，「赫德就會得到總理衙門的信賴，他在海關關務的權威便不會受到掣肘，他的行事都會被接受。」

赫德對他的計畫以及執行海關關稅的方法向來著墨不多。赫德的朋友丁韙良語帶挖苦，如此描述：

中國海關有個特點，能讓某些人趨之若鶩，也會令某些人望之卻步，那就是沒有人能永遠在一個港口任職，也沒有人可能在一個港口有固定的任期。這種「輪調」原則源自中國的文官制度，它使海關的職員在二十四個港口輪調……。其設計用意在於避免海關人員久待一地而互通聲氣，也讓人人有同等機會在各地服務。每個人到新口岸上班的頭一天，就必須做好調職的心理準備，即使他可能在那裡待上三年、甚至五年。至於下一個工作地點，他事前一無所悉，因為輪調並無規律可言——或許連海關掌門的心中也不曉得。

這種雜亂無章是如此普遍，而變幻是如此莫測，有些多事之徒杜撰出各種說法。有人堅稱，總稅務司在辦公室裡有個大壁報，上頭每個人的位置上都打上木樁釘，人名和地名都記上暗號。辦公室裡的雜役有回在取主人的帽子和大衣時，不慎把這些木樁釘打落一地，就隨意將之放回去。屢有穩健且不羈的老職員寧可選擇去職，也不願屈就令他不悅的職位。這類糾紛層出不窮，足以說明總稅務司不用開口就可接到辭呈。[49]

這套制度的運作雖然卓然見效，但也招致來自衙署內外的批評（這些批評也不無道理）。尤其是隨著衙署的業務拓展至新地區，而赫德的工作量遽增，又沒有做出相應的授權時，批評便甚囂塵上。赫德的家世寒微，他無疑喜歡獨攬大權，人們說他「像土耳其人，王座旁不容別人打鼾。」這些批評刺傷了赫德，回以：「總理衙門對我說，『我們只承認你，你想怎麼做就怎麼做；但若有人做錯，你必須親自解釋。』未獲我選派任務或破格拔擢的人，從不認為原因在自己，海關內大小官員都恨我獨斷獨行（說得更確切些，是職責，無可旁貸的職責）。」[50]

赫德似乎擅於洞察人心，設身處地，替他人著想（只要這些人不至於威脅到他的地位）——這個性格特質使他能領略中國人的生活之道，知人善任，遴選職員，這或許是赫德在接掌總稅務司署頭幾年最棘手的問題。赫德把總稅務司署移到北京時，在每個通商口岸指派一名稅務司，直接向他一人負責。在稅務司之下的海關職員又分為「外班」（outdoor，職司口岸的督導、視察等諸事宜）與「內班」（indoor，專責課徵關稅的技術業務）。赫德通常是從上海、香港招募退休海員充任外班職員，內班職員的招聘就比較難，必須四處尋覓，不過薪資較為優渥，且升遷管道暢通。例如，一八六四年六月，赫德便曾致函美國駐華公使蒲安臣：「閣下若能替我在美國物色三位有教養的人士，年齡在十八至二十歲之間，受過大學教育，我認為這對我是莫大幫助。我希望的人選至少要有相當程度的才幹、良好的社會地位、個性勤奮……刻苦上進、任事幹練，八或十年內可望升任稅務司……。在北京兩年後，總稅務司會把他們分別派駐到適任的通商口岸。」[51]

像這樣的年輕人可以在中國過著愜意、令人稱羨的生活。誠如當時一位在北京的英國學生說道：

首先進門的是我的「先生」（老師），他腦後拖著一條灰色的長辮子，這位士紳外表體面、神采可畏。我供給他一個房間，付他約五英鎊的工資。隨後進來的是我的男傭。年約二十五歲，看起來十分精明，舉凡隨從、女僕、擦靴僕役的工作全由他一手包辦；他還為我縫鈕扣，補衣服，我凡有需要，他總是隨侍在側。他的月薪是一英鎊。我還僱了幾名「苦力」打掃庭園，放洗澡水，把我扶上轎子，以及我所吩咐的每件事，再加上我的馬伕和馬匹，我的佣人陣仗可謂品類齊備，洋洋大觀……。伙夫和食堂理的帳房是眾人合聘的，每個月只消花十八至二十英鎊，便有酒、啤酒、各式佳餚可以享用。有兩、三種酒，帶骨的腿肉，各類家禽，魚肉、蔬果，以及賭局，這種京城生活宛如住在倫敦中心區的科芬園（Covent Garden），真是前所未聞，難以想像。中國真是一個價廉的國度。52

赫德四處覓才，再加上待遇優渥，自然能吸引一批有效率、有國際觀的職員。赫德在一八六七年寫道：「在遴選人材時，我秉持過去六年來海關衙署的一貫原則；不分國籍，唯材是用，無保障之名額：我的目的不在依數字比例分配，或讓各簽約國在各口岸分配一名代表。這個衙署的總體建制規劃仍會延續超越國界的方向：即依循工作的需求，用人唯個性、能力是問，而不是依國籍因素來考量認命、升遷與解聘之事。」[53]赫德特別強調中文要流利，因為受雇於哪國，就應講哪國話。

按道理，海關的職員應是中西兼而有之，但中國人只能擔任諸如辦事員、會計、抄寫員等低階職務。赫德最大的失策或許在此。赫德雖有意為中國樹立典範，使之「邁向」現代世界，但他卻並未積極培育中國的海關職員。赫德是個鐵石心腸的現實主義者，他對於海關的命運不抱妄想。「吾人不應或忘，海關稅務司署遲早要結束；它或許盛極一時，成就斐然，為人所稱道；但民族力量雖靜默一時，但有朝一日必將被喚醒，我們的地位終將不保。」但赫德接受這點，因中國將與其他國家平起平坐，躋身「現代世界」，也就不虛他一生的事業了。赫德的結論是，「當海關稅務司署的主事者由本地人擔任，且能保有誠實與效率，它的任務就已完成了。」[54]

然而，赫德始終都無心栽培誠實、有效率的本地人才。隨著年歲漸增，赫德介入中國事務越深，而他越是糾纏於中國的利害關係之中，就越有必要鞏固自己的權位。一九〇八年，中國人逐步接管海關業務，赫德的看法是：「我企盼在我任職期間不要有任何變動，但官府方面昨天說，他們希望在我去職之前能有效掌控海關稅務司署，他們說，除了覬覦我職位的人之外，沒人希望我離開海關稅務司署，但大家都曉得，我不可能永遠把持權位，但應慎防在我突然離職所可能造成的組織混亂。」[55]

赫德也沒有栽培接班人選。赫德的成就全賴他一己之力、親力親為，他本人也無意改變這個作風。赫德寫信給一位友人：「當我坦誠剖析自己的感覺時，赫然發現我竟是如此嚴以律己、寬以待人，更令我訝異的是，我別無所求，經年埋首在這份工作上。我恐怕無法像羅馬政治家辛西納圖斯（Cincinnatus）的作風，讓出領導國家的犁頭，歸隱山林；我一心嚮往恬淡的村野生活。」[56]赫德以更率直的口吻補充：「假設生命可以重新來過，我會選擇另外一種生活。我手上的東西太多，十指已不敷使用了。但積習難改，我想我會像以前一樣繼續下去。」[57]赫德在一九〇四年又寫道：「我已盡力。我讓事情兜在一塊兒，成立海關機關，拓展其業務，鞏固其根基，為力爭上游的人搭好舞台，我應該讓他們自行發展——我享受著這個權位而來的權力、庇護與恩賜——我受其所役，苦於工作，疏於逸樂。」[58]

姑且不論赫德用什麼辦法，他打造了一個在當時、在今日都是十分罕見的組織——一個國際化的文官機關。到了赫德辭世之時，中國海關的洋「外班職員」裡頭，有一百五十二名英國人、三十八名德國人、三十二名日本人、三十一名法國人、十五名美國人、十四名俄羅斯人、九名義大利人、七名葡萄牙人、六名挪威人、六名丹麥人、五名比利時人、五名荷蘭人、四名瑞典人、三名西班牙人、一名朝鮮人。[59]海關稅務司署的規模遠遠超越本來的職掌。到了一八九八年，海關稅務司署貢獻了清廷三分之一的稅收，此外還兼管郵政，新的內陸條約城市與沿海條約口岸的關稅業務。

赫德不只是個海關總稅務司而已，他還奉派籌備「同文館」（翻譯學校），同文館在丁韙良的主持下，為中國培育了第一批傑出的西文翻譯家和外交官。赫德還參與遴選中國第一批外交使節團赴歐洲考察，也在一八六七年促成前美國駐華公使蒲安臣以中國特使的身分出使西方諸國；一八六七至一八六九年間，為《阿禮國協約》（Alcock Convention）奔走遊說；一八七六年，為避免中、英兩國開戰而居中斡旋；一八八五年，調解中、法兩國的紛爭。多虧了赫德，清廷才能在一八九四至一八九五年的甲午戰爭之後籌措到錢。中國人向來主張「以夷制夷」，或許從赫德身上真能感受到這一點。

赫德除了建構有效的文官組織之外，他也是刻苦耐勞、勤奮工作的絕佳典範。丁韙良曾提過赫德一天的作息：「一年到頭，每天從早上九時到下午五時，都可在辦公室見到赫德的身影，僅有午膳小睡片刻，這在他也是可有可無的。赫德從不休假，足不出北京，甚至沒去過西山，頂多只是遠眺。赫德只在花園散散步，此外從不運動。對赫德而言，音樂和文學就足以紓解單調乏味的工作。他辦公時常聽管樂隊震耳欲聾的演奏，暗示他就著鼓聲振筆疾書。但赫德一擱筆，拿起小提琴弓，管樂隊就不奏了。」[60]

赫德從學生時代就非常勤奮用功，現在又因他拙於授權，對海關的業務也抱持獨特的見解，更是忙碌，他心目中的海關業務是：「我主管的官署稱為海關稅務司署，其業務範圍極廣，設立宗旨是從各個方向為中國效勞。」[61]赫德的名聲日佳，朝廷高官也經常就各類事務向他請益，有些甚至與他的職掌無關。赫德在一八八三年寫道：

我通常花兩天的時間料理英文急件，兩天處理中文公文，再用兩天的時間回覆半官方的信函，用一天的時間從事行政庶務。除非我能確實做到今日事今日畢，今週事今週畢，否則會非常難熬；待辦之事紛至沓來、堆積如山，差池一觸即發，群眾集公署門外等候結果，而公署另一道門外則有總理衙門的人催逼報告建言，我能安然無恙全賴我有妙方。有妙方真好。它使我去年能利用等候午茶的片刻讀盧坎（Lucan）的《法爾薩利亞》（*Pharsalia*），今年我又讀《盧克理蒂阿斯》（*Lucretius*）。這個妙方使我每天可以空出一小時聽大提琴，一小時聽小提琴；而且還能不耽誤工作。[62]

然而，赫德隨著年歲漸老，繁重的工作侵蝕他的健康。赫德於一八九八年向友人抱怨：「工作壓得我透不過氣來。假使我有四個副總稅務司，分別掌理關稅、郵政、釐金（Likin）、行政庶務，且像我一樣的工作態度，我便能稍微寬心喘息了；照目前情況下去，我會被累死。」[63]

赫德雖然同情中國人的處境，但他不免也有十九世紀英國人典型的「進步」觀。基本上，赫德寄望中國人能「展開改革，而後……逐步開發資源，打造工業，促進物質、知識、道德的進步。」[64]他寄望海關能為中國樹立此種進步觀的楷模。不過一八七〇年英國拒絕批准《阿禮國協約》，一八九五年甲午戰爭，中國慘敗之後，這個進步觀似乎遭逢重挫，赫德內心的沮喪、倦怠和鬱悶匯成深沉的懷疑，無法再為自己的作為找到藉口。赫德在一八七〇年以絕望的筆觸寫道：「若有可能，我連一天都不想待下去，除非情勢丕變，否則我認為不值得戀棧。只要我還有用處，我就熱愛中國，但中國再度沉淪了，而我也發覺中國人的這一套太過死板，做不出什麼真正的改變，我已厭倦做個課徵關稅之人。」[65]

四十年來，赫德偶爾提及倦勤之意，想在鄉下過著恬靜的生活，或回家鄉去。回愛爾蘭的念頭在腦海縈繞，讓赫德心神不寧。赫德寫信給貝爾法斯特的友人傾訴衷腸：「確如我所說，睽違四十載才返鄉令人玩味。我認為，凡是離鄉背井在異國打拚之人都會有如此的情愫：我們不曾忘懷，一絲聲音、氣息和影像都會喚起兒時的回憶與甜蜜故鄉的景致。走筆至此須稍停，淚水已濕了雙眼。試想，一八八九年我人在北京時，只要想起一八四九年教士山（Priest Hill）（貝爾法斯特大學）的情景，就不免垂淚；話雖如此，但記憶的甦醒，心靈的悸動，自冰冷淡漠、庸庸碌碌的年紀中覺醒，也是好事一樁。」[66]一八八八年，赫德的心情已經壞到「我想我似乎該退休了，就在此地了卻餘生。」赫德越來越擔心自己會死在中國：「我不喜歡獨自死在中國，與友人相距如此遙遠，但是別人都能接受這個事實，我又何嘗不能呢？我活得很久了，身體又硬朗，生活稱心愜意，我不能因上帝的召喚就大吵大鬧——假若我真要走的話。但我說過，我寧可途經倫敦上天堂，也不願直接就去見上帝。」[67]

這些情緒突顯了赫德處境的模糊，映射出他內心深處的幽暗。赫德和李泰國都得承受來自商人、甚至領事的猛烈抨擊，指控他利用海關衙署協助中國人，有違英國之利益。就中方而言，赫德也面臨類似的猜忌，甚至連李鴻章、曾紀澤也都提防著赫德。赫德夾在兩種文化之間，還得同時平衡雙方的利益，適度兼顧雙方的立場。在這種環境下工作，赫德常有不如歸去之嘆，我們可視之為象徵意義大於實質意義——這是為了確保自己的身分認同。赫德在中國住了五十四年，其間只返鄉兩次：一八六六年暫離中國，返回愛爾蘭與家鄉醫生的女兒結婚；第二次是在一八七八年，他以中國政府代表團團長的身分出席「巴黎博覽會」（Paris Exhibition），這次他在英國待了兩個星期，且都停留在倫敦。何況，他又能對英國有何期盼呢？祖國並不能讓年輕的赫德有機會大展鴻圖，這個出身寒微的愛爾蘭小伙子之所以遠渡重洋，就是因為他寧可在未知的國度賭一把，也勝過在機會渺茫的家鄉虛度一生！一如赫德傳記的作者萊特（Stanley Wright）所說，赫德僅能盼望「與家人團聚，與幾位當年好友敘敘舊，在公開場合露露面，炫耀片刻的虛華……以及遠觀各個場合事件所帶來的樂趣。」[68]赫德的老長官李泰國於一八九八年辭世，無人聞問，或許這就是他的榜樣。

相較於此，中國又能給赫德甚麼？赫德未滿而立之年，中國即予他高位重權，這是千載難逢的機遇。先不談過重的工作（這實在是赫德自找的）和滿腔挫折感，中國給了赫德權力、影響力、榮耀和社會地位。諷刺的是，中國讓英國對赫德另眼相看（歐洲各國也是如此），他若是留在愛爾蘭，是無法企及的。一八八五年，英國政府有意任命赫德為駐華公使。「從總稅務司搖身一變成為英國駐華公使，絕不是我主動謀求的，若不是為了成就一番事業，而非滿足於公使館內的虛榮，我寧可繼續擔任現職」，當然，赫德最後還是選擇留任總稅務司。[69]赫德雖拒絕出任公使，他還是受封為爵士。而他在海關裡的無上權力，使得他有能力幫助親朋好友。赫德表示，「我從未提拔不稱職之人；不過，若是兩人資格相當，其中一人又恰好是我親友，那不升他便是矯揉造作。」[70]

赫德手中大權在握，地位也日益崇隆，他可以照自己喜歡的方式安排生活。根據赫德姪女的說法，一八七九年，「中國人撥了一塊北京使館區的地給總稅務司，一部分是想把外國人聚在一起，一部分也是便於推展業務，於是，赫德便能從偏遠的城郊搬進比較熱鬧的區域。」赫德修了一座宅子，「這是一幢平房，因為當時的中國人反對建高樓，唯恐從高處窺探宮廷。赫德府呈『H』形，一部份是為了與姓氏相呼應，同時，這也利於採光、迎南風。兩間雅緻的客廳，各有一間撞球間和餐廳，座落於『H』中間的橫槓；『H』直豎的西翼是客房；東廂是赫德的私人辦公室，一間特別接待室，依中國風格擺飾，內有八仙桌和太師椅，以備接待中國訪客之需；赫德的起居室也在東廂。」[71]

宅邸裡頭還有中式大花園。赫德找了二十個中國人在此組成私人樂團，請一位葡萄牙的樂團指揮教他們演奏西洋樂器。此外，赫德也會「把海關衙署內，社會才能天賦異稟或有幸攜家帶眷的年輕人調往北京。如此，總稅務司身邊盡是花團錦簇、絲竹歌舞，讓其餘

赫德（最右者）與他的中國樂團。他的葡萄牙籍指揮恩卡納喬（M. Encarnacao）立於樂團最左方。

十個公使館黯然失色。赫德的宅邸是洋人聚會之所。赫德……每週舉行一次花園舞會，舞會之後經常設筵。」[72]偶有他人正式邀宴，「總稅務司夫人便會盛裝打扮，坐上四人抬的綠呢大轎，浩浩蕩蕩前往。」[73]

雖然赫德在工作時，他的下屬、甚至友人都怕他，但私底下他似乎是個羞怯之人。有個人是這麼批評赫德的：「在社交方面，赫德無疑與女性較為投緣，但赫德也一如其他男性，不認為女性有何見識。他對學問高深的人不感興趣，但欣賞年輕標緻的女性——那種令人一見傾心，且會在適當時機喚聲『喔，鷺賓爵士！』的尤物。」[74]赫德的說法是：「我知道她們為何來此：一心只想瞧瞧北京的兩大珍稀：總稅務司和他怪異的樂師。」[75]

不過，對於在中國所享有的社會地位、影響力和權力，赫德從開始便知道他所謂的「悖常處境」。赫德全心支持清廷，相信清廷一旦瓦解，就只有群龍無首一途；隨著年歲漸長，赫德也目睹了中國內外民族主義情緒的沸騰。一八九四至一八九五年中日甲午戰爭後，日本率先成為亞洲強權，赫德感嘆：「日本的發展和成就不啻是進化論的最大奇蹟，而這還只是開始而已！日本繼續發展下去，將會熱愛這樣的成果，屆時全東亞都會感受這隻強而有力的手。」76

赫德對他所支持的政府感到絕望，他在一八九九年寫道：「可憐的中國，到了這個節骨眼還沒覺醒，認清變革勢在必行。武力威嚇便能讓中國屈服，但卻沒有任何謗譏讜論可淬礪中國人，伸其背，磨其爪。」不過，赫德或許比當時在華的洋人更清楚，清廷怠惰的背後還有各方勢力翻騰，而歐美帝國主義瓜分中國的行動，又會激化中國內部各方角力。

赫德如此總結：

> 實情是人人都在剝削中國，逼使中國就範便大功告成。他們彷彿飛上月球，欣喜若狂。太陽底下沒有新鮮事，難保「南海泡沫」（South Sea Bubble）（譯按）的騙局不會歷史重演？依我之見，包藏在每個圖謀的背後有兩件事是必須被譴責的。其一，向中國耀武揚威，藐視中國，認為中國隨時都可能卑躬屈膝；其二，圖謀者對中國國

情一知半解，企圖收買（中國）公眾，這只是不切實際的癡心妄想，而非清明的實情——故我認為凡此圖謀終歸會以失敗收場。[77]

赫德早在一八九四年就預言：「中國人歷經兩千年來的馴化，熱血早已冷卻，不過我認為這些日子以來的絕望，會使熱血以最狂暴的方式沸騰，屆時我們這些洋人全會被趕出北京。」[78]一九〇〇年，這種「最狂暴」的方式由中國秘密會社激起的群眾叛亂，以義和團的形式爆發，隨即把攻擊的矛頭轉向華北地區的外國人，尤其是外國傳教士。倖免於難的外國人在北京使館區被圍兩個月，赫德也是其中之一。外國遠征軍（由十二國的士兵組成，其中包括日本在內）最後在一九〇〇年八月十四日才解救這批受困者。西方各國的排

譯按：南海公司（South Sea Company），一七一一年成立於倫敦，其主要是透過股市集資，從事三角貿易——自歐洲將貴重金屬和針織品運往非洲，把非洲的黑奴運往美洲，再將美洲的豐富農產品運回歐洲，以及貸款給英國政府的業務。南海公司的股市操作手法帶動了當時英國的投機狂潮，交易大道（Change Alley）上的新企業如雨後春筍般林立，時人戲稱這些曇花一現的新企業如「泡沫」（bubbles）。詳見：彼得．馬丁與布魯諾．雷納格著：《歷史上的投機事業》（台北：左岸出版社，二〇〇四年）

華情緒高漲，中國人被鄙為野蠻人，而名之為「黃禍」。一九〇一年九月七日，清廷被迫簽訂《辛丑和約》，整個事件才告一段落，清廷應允支付巨額賠款，同意銷毀大沽砲台，容許外國軍隊在北京至沿海之間駐守若干據點，不得進口或製造軍火兩年。[79]

義和團之亂對赫德的傷害尤烈。他的身家幾乎化為烏有，府邸付之一炬，他與友人往來的書信、日記、畢生積蓄遭洗劫。赫德都已六十五歲，還要遭逢圍城劫難。當年湯若望在明朝傾覆之際，仍滯留破敗京華，而赫德也眼見近四十年的勞碌與忠誠毀於一旦。他克職奉公數十載，但中國和清廷比他當年更糟。赫德寫道：「這場動亂深深刺傷我，但既然發生了，我們也只能盡力善後。我對海關衙署、對中國以及對整體利益仍能有所貢獻，我深信我能繼續發揮所長，在這個節骨眼，也只有我才能兼顧這三方。否則，我早就一走了之，另謀他圖了。」[80]不過，赫德一如湯若望，經歷如此浩劫仍能冷靜自處；塵埃還未落定，赫德又重新出發：「我享受夠了假期。八個星期一事無成，人還能期望甚麼？」[81]於是，赫德又投身《辛丑和約》的折衝，希冀列強能放寬條文，再次穩住搖搖欲墜的清廷。

赫德身邊西方友人一片「復仇雪恨」的氣氛，又得面對中國飽嚐羞辱，他能把事態的走向看得如此清楚，實在是難能可貴。圍城方解，赫德一連寫了幾篇文章，說道：「義和團之亂無疑受官方煽惑所致，但這場動亂的確也呼應了百姓內心的想法，將如野火燎原，在各地蔓延；簡言之，它純粹是一場自發的愛國運動，其宗旨乃在於振興中國——它也是中國人的戲碼。」赫德以近乎預言的口氣說道：

兩千多萬個拳民，源自愛國的動機，秣馬厲兵，刻苦操練，森嚴紀律，士氣高昂，會使得外國人在中國無法立足，並奪回外國人自中國劫掠的一切，連本帶利地對外國人發洩舊恨，而把中國的旗幟和軍隊帶往即便是今天我們都難以想像的眾多地方，從而在未來掀起我們無法逆料的動盪和災難。在五十年內，只要中國政府一聲令下，會有成千上萬的拳民全副武裝、軍容壯盛：這是毋庸置疑的！[82]

在分析中國未來與歐洲的關係時，赫德寫道：

眼前的後果只是過去種下的遠因所造成。歐洲對待中國不可謂不寬厚，但即便如此，也大大傷害了中國：設若能採行靈活、理性和一以貫之的策略，或許還能生善果，但外國人絕不應奢望能永遠保有治外法權的地位，及強迫中國讓渡的各種商業協定。至於未來，我必須坦承，中國人至今尚未展現出軍人的武勇氣概：但中國不乏虎賁之士，且人數也與時遽增；既然今天的中國敢於在六月十九日挑戰十二個締約國，難道百年之後的中國不會這麼做？當然，理智會阻止中國實施侵略政策，避免走向極端；但有朝一日外國人勢必會停止發號施令，離開中國，但這次事件迫使我們注意到它對未來的啟示。曾是人煙稠密的北京已成空城，在外國軍隊佔領的頭幾天，許多地方不須佔領，將來必會為此而後悔。83

赫德在義和團之後又在中國住了八年，而他在海關的工作也因清廷必須支付巨額賠款，以及負責內陸與沿海條約口岸海關的新業務而激增，他的預言也應驗了。赫德老了，累了，身體違和；而且，皇帝在一九〇六年下旨，開始接管由外國人掌理的海關業務。新興勢力在中國崛起，赫德或許看得很清楚，也不認同他們，但他太老，無力與之周旋。一九〇八年，名義上赫德仍是總稅務司（赫德擔任這一職位至死），但他人已離開中國了。赫德的姪女寫道：「我記得他離開的那個早上，朗朗晴空，總稅務司的私人樂隊演奏『美好往昔』（Auld Lang Syne）。總稅務司在月台的盡頭下轎，臉上掛著迷惘的神情，但是剎那間，這神情一掃而逝。他恢復威風凜凜的官架子，並高喊『我已準備好了』，然後步伐堅定地通過列隊敬禮的士兵，這時他的樂隊演奏『甜蜜的家鄉』（Home, Sweet Home）。總稅務司喃喃向長年與他共事的中國官員再見；然後轉而與他熟稔的歐洲人、深受他照顧的人們道別，他們忍不住淚眼盈眶地說『一路平安』……最後，他步上火車，火車緩緩駛離人群，只見總稅務司以其慣有的拘謹方式頻頻鞠躬示意。」84

赫德走得正是時候。新時代降臨，唯有新世代的洋顧問方能適應這新的局勢。數十年來，在華洋人之中，以赫德最具權勢，然而他所掌理、樹立威望的海關也無法撼動中國經濟的基本結構，一生奉獻以義和團的災難收場。赫德反思道：「真是有趣，在我任職期間，竟然還能在香港（英屬）、澳門（葡屬）、蒙自（雲南）、龍州（廣西）、重慶（四川）、漢城（朝鮮）等，現在又於西藏設立海關。我們協助穩定中國，讓清朝挺立，我期盼這一切能有所建樹，否則我的一切努力都將付諸東流——除非我的心思能有成果，而成果也能成功運作！我們的這四十年已化作歷史的一部分，我們所做之事也鑲嵌在宇宙之網中。」[85]

赫德於一九一一年九月二十日溘逝，三週之後，他畢生支持的王朝也告冰消瓦解。

第五章

以譯事小技，撼千年科舉

丁韙良 William Alexander Parsons Martin
傅蘭雅 John Fryer

十九世紀在華的洋顧問雖無一整套首尾一致或環環相扣的計畫，但已預示了二十世紀中葉「援助未開發地區」的行動模式。他們提供軍事援助給執政者鎮壓國內叛亂，推動經濟改革穩定金融秩序，試圖改造教育制度，期使年輕一輩更能接納西方世界。

在中國，外國人想碰教育領域尤其難。對中國人而言，教育是維繫社會和諧與政治穩定的關鍵：兩千年來，年輕學子涵泳於儒家典籍傳統之中修身齊家，參加科考，若是一朝金榜題名，就能平步青雲，治國平天下。若是把新的學科如西方的哲學、語言或自然科學引入，不啻是動搖邦本。所以創新自會遭到激烈抵制。[1]

然而重重阻力並未讓西方人打退堂鼓，仍想照他們自己心中的形象來塑造中國人的夢想，其中又以美國人丁韙良（William Alexander Parsons Martin）最為不屈不撓。一八二七年四月十日，丁韙良出生於印第安那州（Indiana），在家中十個小孩中排行第八。父親是長老會巡迴牧師，以兩位傳教士的名字來為他命名。丁韙良是在喀爾文教義（Calvinism）的嚴肅氛圍中長大，他的一生奉獻給傳教也是理所當然之事。年輕的丁韙良曾一度對前途猶豫不決。他在印第安那大學學科學，使他思想有所動搖，而對他在長老會神學院（Presbyterian Theological Seminary）所受的粗糙教義感到不安。但最後他雙親的期望還是佔了上風，二十二歲的丁韙良遠赴中國，身負淵博希臘文、修辭學、電學、光學造詣與喀爾文教義。[2]

丁韙良一到廣州碰到的陣仗實如當頭棒喝，但他不為所動。「我們一上岸，迎面而來的是群眾的鼓譟聲浪，咆哮著：『番鬼，番鬼！殺頭，殺頭！』我揣想，『這難道就是令人引以為傲的中國文明？我難道就是為了這班人離鄉背井？』但我馬上一想，他們若不是異教徒，我又何必遠道來此？」[3]丁韙良沿海北上寧波，長老會已在寧波辦了一個傳教團、一所學校和一家印刷廠。丁韙良馬上開始學寧波話和北京話。

我沒有教科書或辭典可供參考……只好自創體系。我以德語，或更確切地說，歐陸語系的母音為基礎，稍加變通，很快就完成一套音標，使我能重複老師的發音。我靈機一動，何不用此法教老師學英語……一、兩天後，老師就能寫幾個英語單字；一週之後，我收到老師捎來字跡工整的便條，邀我們到他家午餐。這張內容清晰、簡潔的便條令我欣喜若狂，我把它放在餐桌上炫耀……。我永遠記得一八五一年一月的這一天，在日出之前，我們組了一個社團，宗旨是編纂一種用於書寫「寧波話」的拼音系統。4

丁韙良開發一種可用來印刷這種新文字的木版印刷系統。丁韙良希望克服複雜難解的漢字，激發了無比的熱情，這是宗教從未激起的。丁韙良認為：「中國人看到小孩竟可在幾天之內便能閱讀，不像學寫字那樣要花好幾年的功夫。七十歲的老嫗、目不識丁的僕役和苦力，信了教便發覺，透過這種方法，他們也能用自己的語言來讀上帝的話語。」5

丁韙良展現了他的多才多藝。半年不到，他就開始向中國人傳道，一年半，就能用中文寫讚美詩。丁韙良到了寧波不久，就在本地先生的指導下學文言文，五年不到，「就遍讀四書五經，若非精神勞頓，又須為傳教分神，或許我不需要這麼久。」丁韙良還為中國人編了算術與地理、希羅歷史的教科書，並完成了《天道溯源》（*Evidence of Christianity*），後來丁韙良曾說：「我相信，在文人學士之中，有許多人就是因為讀了這部書才皈依基督的。榮耀歸於上帝。」[6]丁韙良甚至還設立一所小學堂，試行他創制的這套羅馬拼音系統。

但是結果令人失望。皈依的教徒不多，有些是教會職員，其皈依的動機往往攙雜金錢和宗教的成分。丁韙良用羅馬拼音系統來教中國人讀中文的實驗，其實貶抑了中國人對自己文字的崇敬。教會生活的刻板與拘束常讓像丁韙良這種有自己想法的年輕人苦不堪言。早在一八五三年，丁韙良就另外想辦法，說服中國人接納西方文明、西方教育和基督教的上帝。太平天國之亂似乎給了丁韙良一個機會。丁韙良在給紐約長老會傳道團的信裡提及：「太平天國之亂一發不可收拾，依目前局勢觀之，革命之火極有可能席捲整個帝國，或許可使其廣袤疆域向傳基督福音的佈道者敞開。」丁韙良無法如願進入太平天國首府南京城，對太平天國的支持也仍停留在口頭上，他眼中的太平軍都是「自我克制、忠於天國、打破成規」之人，與「放蕩、無神論，或崇拜偶像的帝國主義者截然不同。」教會方面對丁韙良過份遷就中國文化，而且是透過知識而非性靈途徑來傳教屢有微詞。[7]一八五八年，丁韙良申請在寧波城郊設立自己的傳教據點被駁回，之後他便在美國公使館當通譯。丁韙良很想趕快見識見識北京城這個龍座之所在、帝國之首府，以及耶穌會傳教士開啟傳教事業的根據地。

丁韙良的表現有聲有色；他在傳教上的突破，就在於他把容許傳教的條文放入中美條約之中。丁韙良得償宿願，到了北京，也更相信北京是開展傳教的絕佳據點。丁韙良懇請上司准他在北京設傳教團，但未獲允許，於是回美國休息兩年。

一八六二年，丁韙良重返中國，留在北京的決心更強。雖然丁韙良的上司還是不同意，不過他已爭取到英、美駐華公使的支持；一八六三年，他向友人借了一筆錢，在北京內城買下幾幢房舍，建了一間小禮拜堂和一所小學校。但是他大規模宣教的夢想再度化為泡影——他每年只有六、七名信徒受洗，一般中國人一旦滿足了好奇心之後，除了窮人之外，就不願意再上教堂了。學校也好不到哪裡。有錢人家的子弟可不願放棄仕途而隨一個洋人學科學。丁韙良的學生往往出身於一貧如洗的家庭，為的是想從丁韙良拿到免費的衣服、食物，讓日子好過些。8

丁韙良並未氣餒，反而為他的夢想添了雙翼。一八六六年，丁韙良乘著騾車，一路顛簸到了河南，他寫道：

> 從凌晨五點至晚上九點，一天趕了四十哩路之後，頭昏腦漲、雙腳痠疼，才找到一家破落不堪的小客棧，還有甚麼比這更配稱作為夢想預作準備呢？……奇異幻想在頭上揮舞神奇魔棒，昔日回憶與眼前的景象交錯，入耳的不再是騾夫吆喝聲和騾車車輪的隆隆響，而是蒸氣汽笛的蜂鳴聲和電報機的喀答響。幽暗茅屋化為堂皇車站——來自各省的雜沓人群把鋪有地毯的候車大廳擠得水洩不通，售票亭四周圍繞著望眼欲

穿的旅客。你擠到前頭，聽見你的硬幣丟在櫃檯上而發出的叮噹聲，手中緊握得來不易的車票……這時，雞啼聲驚醒美夢，辛苦跋涉的一天又要開始。[9]

對於像丁韙良這樣的人，基督教的信仰與西方的科學「進步」是形影相依的。丁韙良向村夫野婦佈道，結果成效有限，那麼理應先推行「西化」（Westernization），皈依基督自然水到渠成。中西之間就必須先有密切交流，才能侈言西化：公開的外交往來，在全國各地推廣科學教育，而非僅限於教會學校。但是這類革新只能由上而下才能竟全功，於是丁韙良採取耶穌會的策略，以科技專才謀得一官半職。丁韙良研究過利瑪竇的生平事蹟，他的結論是：「不露慍色，應對進退恭謹，科學為綱。」[10]

丁韙良在摸索的過程中，得到赫德的大力支持。赫德擔任海關總稅務司，開始嶄露頭角，鼓勵丁韙良翻譯惠頓（Henry Wheaton）的《國際法原理》（*Elements of International Law*）。這本書在中國學者的協助下，於一八六三年譯完，同年進呈給掌管外務的總理衙門。（譯按）翻譯此書佔了不少傳教的時間，丁韙良對此心中深感愧疚，但也做了一番辯解：「對一個覺得有責任為他宣教佈道的國度追尋幸福的傳教士來說，這也不算不合適，」並深信此書「能引領無神論的政府認識上帝和祂永恆的正義。」[11]

朝臣起初質疑這本書的價值，斥之：「字句拉雜，非面為講解，不能明晰。」[12]恭親王則是向皇帝奏曰：「臣等竊其意，一則誇耀外國亦有政令，一則該文士欲效從前利瑪竇等，在中國立名。」[13]恭親王看出了丁韙良的意圖，但若非機緣巧合，丁韙良這人還有他的譯作恐怕會湮沒無聞。一八六四年，總理衙門的官員引《萬國律例》書中原理，迫使普魯士釋放在中國海域擄獲的一艘丹麥船。恭親王承認：「查該外國律例一書，衡以中國制度，原不盡合。」但恭親王強調此書「其中亦有可採之處。」於是下令刊印三百冊分撥各省官員。[14]

這當然還是「以夷制夷」那一套，雇聘華爾、戈登、李泰國和赫德都是沿此而來。皇上下旨成立同文館，以培養翻譯人才為宗旨，一八六五年，丁韙良接受同文館之聘，擔任英文教習。丁韙良捨棄傳教士的薪餉，欣然接下這份差事，成為清廷雇員。丁韙良深信他翻譯惠頓的這本書，「其影響力僅次於《聖經》譯本，」而英文教習這份差事可使他能深深影響中國人。[15]

不過，丁韙良高興得太早。他之所以獲聘為英文教習，乃是一八六〇年代的中國政治

譯按：丁韙良送呈總理衙門的課表其實有兩套，一套是供「漢文熟諳、資質聰慧者」使用，學制八年。第二套適用於「年齡稍長，無暇肄及洋文，僅藉譯本而求諸學者」，學制五年。

人物早有體認，中國必須與西方國家打交道。因此，他們覓訪忠心、謙恭，能為中國人所用的外國專家。丁韙良這人中規中矩，古道心腸，中文流利；他的譯作也證明非常有用，他又與赫德、美國駐華公使蒲安臣交好。而且，丁韙良對教育的看法也投某些朝中閣臣的理念。太平天國作亂時，碩儒馮桂芬住在上海，曾研究過外國的學術，他認為西方的宗教著作「猥鄙，無足道」；但是「算學、重學、視學、光學、化學等皆格物至理，輿地書備列百國山川、扼塞、風土、物產，多中人不及。」馮桂芬還說，混跡條約口岸的所謂中國「通事」，「率皆市井佻達，游閒不齒鄉里，無所得衣食者始為之。其質魯，其識淺，其心術又鄙，聲色貨利之外不知其他，且其能不過略通夷語，間識夷字，僅知貨目數名與俚淺文理而已。」馮桂芬更建議，精挑傑出中國學子，敦聘西洋教師教授外語。不過，因為「一切西學皆從算學出」，理應把數學列為必修的課程。[16]

這些構想被曾國藩、李鴻章等封疆大吏和恭親王所接受，但也引起無數士大夫的強烈反彈，認為這類改革勢必危及社會的道德框架。有個守舊的士大夫（譯按：倭仁）即駁斥道：「天文算學，為益甚微，西人教習正道，所損甚大……竊聞立國之道，尚禮義，不尚權謀。根本之圖，在人心不在技藝。」[17]

面對這些深懷敵意的看法，新學堂要能運作，唯一的辦法就是佯稱它毫無新處，在十八世紀中葉曾有俄羅斯文館，於今已停辦，正可作幌子。丁韙良說這所俄羅斯文館是個

「無形資產」，這些革新是有「先例和規矩。規矩是可任意複製，而先例是可不斷援引的，以剷除障礙，證明新的突破其實並無新意。」[18]

不斷回溯傳統是無法導出丁韙良的「突破」之舉，教了幾個月之後，丁韙良便提出辭呈，「坦白說，只是照料十個孩童學英語，對我而言太過輕易。我覺得自己是在浪費時間。」但丁韙良受到慰留，學堂的規模也會擴大，而且他現在教的學生，有朝一日也會在朝為官，甚至還向丁韙良許了一個未來，將來他的學生有可能擔任帝師，教皇帝英語。丁韙良替自己找了一個台階：「對一個一心把發揮龐大影響力視為首要目標的人來說，這個看法振奮我心。雖然我已著手尋覓繼任人選，徵詢富善先生（Mr. Goodrich）的意願。但是富善先生以恐會耽擱傳播福音為由，婉拒了我的邀請。我獲得承諾，可得到一個比在北京路旁的禮拜堂更能發揮影響力的領域，便繼續留在同文館。」[19] 追逐影響力的結果，使得丁韙良最後還是切斷了他與傳教工作之間的關係：一八六七年，丁韙良接下國際法和政治經濟學的教習，交出了傳教工作。兩年之後，丁韙良便升任同文館總教習，正式向紐約長老會遞出辭呈。[20]

丁韙良決心辦好同文館。但根本問題在於財務，因為從中國人的標準來看，同文館的洋人薪俸極為優渥，清廷逐漸感到力不從心。但是赫德同意每年從海關稅收中撥款給同文館，解決了這個難題。用丁韙良自己的話，這正是赫德供油，丁韙良燃燈。[21] 所謂燃燈，

丁韙良（W. A. P. Martin）與四名學生在北京。

意指引介西方先進的科學知識；丁韙良先是引進物理、數學，隨著教職員人數日益增加，丁韙良又開辦了化學、生理學、醫學各科。根據同文館的規定，宗教教育，一概禁止講授；因此，丁韙良必須從更長遠的眼光來看待傳教事業，認為唯有先破除中國人的迷信心理，才可能開啟傳播基督福音的坦途。

為達此目標，丁韙良得吸引英才入同文館，並讓他們求得功名。但學生卻認為丁韙良設計的課程對於他們應考沒有幫助，自然也有另一番盤算。同文館有個教習憂心忡忡：「他們學英語的態度敷衍草率，心力還是放在漢文上。」理由無他，學子唯有掌握漢文，「才能功成名就，不管他們的外語學得再好，前途還是一片茫然。」同文館最早招收的學生也不是可造之材：「有幾個學生入同文館全因仕途失意——而總理衙門給這些落魄文人的津貼遠超過他們的名望……。士林學子不齒這些人背叛名教，乃士大夫中的敗類。他們自己也這麼想。」所以，許多人都公開否認自己是同文館的學生。22

丁韙良並未因此氣餒，反倒更同情中國人。他在一八六八年寫道：

> 沒有哪個偉大的民族曾遭受如此誤解。他們被譏為麻木不仁，只因我們缺少有效的方法把我們的觀念灌輸給他們，或者把他們的觀念傳達給我們知曉；他們蒙上野蠻人的污名，只因我們是以不同的衡量標準來理解有別於我們的文明……。民族靈魂以

穩定的步伐一代一代向前邁進，儘管其進展並不總是一帆風順，但每個偉大的時代，一如我們想的，總會烙印下非凡的成就；如同極北的破曉，第一道曙光在東方的天際隱晦數小時，才展現萬丈光芒，歷經黑暗起落，光芒也越來越耀眼，直到日出的逼臨。[23]

丁韙良的目標就是要讓光明快點到來；為了達此目標，他必須改造同文堂，使其「從螢火蟲變成燈塔」，期使「成千上萬胸懷鴻鵠之志的學子，能像現在他們鑽研古文般，認真學習現代科學知識。」[24]丁韙良緣此窮盡了餘生的四十年光陰。丁韙良為同文館設計了一套八年的課表，科目涵蓋了所有西方知識的重要學門（譯按）：前三年學習外語、地理和西方歷史；第四、五年鑽研數學；第六年學習機械學、微積分和航海術；第七年學習天文學、地質學、礦物學；第八年學習政治經濟學和國際法。[25]

長夜漫漫破曉遲。丁韙良公開發表的文字往往過於誇張，但在私人信函裡卻一反於此：「這所學堂或可稱得上興盛，但萬事在中國皆緩慢，這廂多個學生，那廂多個老師。」[26]中國人竟會願意接納西方的進步文明，有時實難以置信。電報教學班即是一例。丁韙良自掏腰包從美國購得「兩套電報設備，其中一部使用的是摩斯電碼系統，另一部則有字母標度盤，容易學習且十分醒目。」朝中要員自然應允前來大開眼界，一睹奇技淫巧，那個早上人人興致勃勃，「發送鈴聲訊號，把銅線纏繞在他們身上，或打開或關閉線路，火星在電纜線之間跳躍，撞槌不停跳動，逗得他們哄堂大笑。」一旦新鮮感消失了，卻少有人對這些設備的運用原理感興趣。這些標誌著新時代降臨的設備，最後卻「如破銅爛鐵般被棄置」在學堂的展覽館。[27]

不過，同文館的學生也漸漸出頭，他們在總理衙門任翻譯，也有人從事西書的譯介。到了一八七〇年代末，已有學生當上皂吏，還有幾名被派駐海外，在中國的使館裡供職。丁韙良也漸有地位聲望。一八八〇年代初，清廷特派丁韙良出使美國、歐洲、日本，考察各國的教育制度。一八八五年，丁韙良官拜三品；十年後晉升二品大員。按中國人的評價，丁韙良是忠誠負責的官員。

＊　＊　＊

像丁韙良這樣的人雖遭受重重橫逆，但在中國仍不改其志，頗有建樹，這是因為他深

譯按：丁韙良在翻譯這本書時，恭親王奕訢指派總理衙門章京陳欽、李常華、方濬師、毛鴻圖四人「與之悉心商酌刪潤，但易其字，不改其意。」書成之後，初名為《萬國律例》，後增訂改為《萬國公法》，這是同文館出版的第一部西學著作。

信自己做的是大事。然而，在這領域裡還有另一種人，他們但求成就個人一番事業，覺得在中國的生活令人生厭，充滿失望。一心想在中國功成利就的傅蘭雅（John Fryer）就是如此。傅蘭雅幼時在英格蘭，便承襲了雙親的中國夢。他的父親是個窮牧師，很喜歡聽返鄉的傳教士、商賈講故事，傅蘭雅注意到這一點，自己對中國向西方開放也深感興趣。傅蘭雅回憶：「父親總是傾其全力慷慨解囊，母親一度還得以大米為主食。」兒子做著相同的夢：「小時候最讓我高興的是，讀著有關中國的書籍。寫作文時，我總是以中國為題材。其實，我一心嚮往中國，以致於同學給我取了個『親中傅』（Chin-chong Fy-ung）的綽號。」[28]

傅蘭雅選讀的學校，「學生多為貧民子弟」，他們的家庭大都沒錢，傅蘭雅只能憑空建高樓。「我在海斯（Hythe）的布魯理（Brewery）當童工，幫人擦鞋擦靴，傷了我的自尊心，我決心要全力以赴，排除萬難；每天清晨，我在清洗台階時，我總是想要把每一步視為登天的墊腳石。」[29]傅蘭雅得了一筆政府的獎學金，助他離開海斯，到了倫敦的海博理師範學院（Highbury Training College）。

一八六〇年，傅蘭雅自海博理師範學院畢業，覓得香港一所小型教會學校校長的職務（譯按），這所教會學校設立的宗旨乃是培養中國孩童當新教傳教士。二十二歲的傅蘭雅滿懷希望於一八六一年抵達香港；但是，他與中國人的接觸，讓他大失所望：「中國人的個性不在乎感受。他們遇事能推則推，除非是有利可圖。他們不想知道的，便裝無知。事實上，除非有錢可拿，這些白痴人種才會動手。」[30]

在香港時，傅蘭雅開始密集學廣東話；一八六三年，傅蘭雅為了學官話，便受北京同文館之邀，前往擔任英語教習。[31]傅蘭雅倒不像丁韙良那樣，對北京大為傾心。兩年後，傅蘭雅察覺到上海有機可乘，此時上海已不受太平天國威脅，他決心把「每一步視為登天的墊腳石」付諸實踐，前往上海「英華學塾」（Anglo-Chinese School）接任校長。傅蘭雅稱教書是「教育家單調乏味的營生」，教書當然也不是傅蘭雅的志業：「我一直不喜歡當老師。父母希望我能教書，我的確也謹遵雙親之命。一般人似乎認為，一日為師，一世為師。拼命把知識塞進已無空間的小小腦袋，很難擺脫這樣的苦差事。」[32]

一八六〇年代的上海是野心家冒險的天堂。長江流域是中國人口集中之地，而上海扼長江三角洲，是貿易重鎮。當時上海被分成兩大區塊，一是外國租界，另一是中國城，所以上海乃是兩大文明的交匯之地。繁華城市的一切特徵，上海無不具備：罪惡、鴉片、賭博到處可見——根據英國領事館一八六四年的報告，在租界區一萬戶中國人家之中，有六百六十八家是妓院。上海也是地產、商業等投機事業的樂園：太平天國作亂期間，幾乎有五十萬中國難民湧進上海城；一八五二年，商業區的土地每英畝值五十英鎊，到了

譯按：傅蘭雅任教的這所學校即香港聖保羅書院（St. Paul College）。

一八六二年，暴增為一萬英鎊。為了掙更多的錢，西方人甚至不惜把心愛的賽馬場改成住宅用地，[33]不過他們又趕快擇地建了一座馬場。

在上海，社會地位低賤不是問題。傅蘭雅寫道：「在上海，有誰會關心、窺探你的出身背景？」[34]西方人可以在上海享受開放多采的生活，傅蘭雅亦試圖去感受其脈動。傅蘭雅寫信給雙親：「我要買一桶啤酒，每天喝上兩杯。中國用『同種療法』（homeopathy）和喝茶癖治癒我。我認為良好的運動、山珍海味，每天喝一杯酒、兩杯啤酒，多吃牛排、雞蛋是有益的。我認為，人必須時常定期吃點輕瀉劑。」[35]想必把兩位老人家嚇壞了。傅蘭雅也感染了當時的投機風潮，他在給兄弟的信裡提到：「我的錢多到不知如何處理，我打算在下個月寄總值兩百五十英鎊的茶回家，給你拿去冒一下風險。我可能會血本無歸，不過我還是能再賺回來。做生意不冒險，休想發家致富。」[36]但傅蘭雅沒賺到錢，還是乖乖把錢存入銀行。

在這樣的氣氛底下，在一所傳教士主持、屋頂還有漏隙的學塾，教導約二十名商人之子基礎英語，顯得越來越無趣。傅蘭雅自認是個急驚風，卻陷入一灘死寂的泥淖。傅蘭雅在一八六七年寫信給堂兄弟舒賽（Susy）：「我的命運已定，老到無法改變了。我雖然只有二十八歲，卻活像個三十八歲的人。我活在中國人之間，養成了一大堆可笑的習慣，哪天你我若在英格蘭碰面，你聽到我講不倫不類的英語，肯定會覺得很滑稽。人們會認定我是個古怪的老傢伙。」傅蘭雅又說：「我像極了個老隱士，」童山濯濯，「可憐的鬍鬚，」開始「轉為可怕的灰色，照這速度，明年定會全白。我竟然在這野蠻的國度生活了七年。」[37]傅蘭雅告訴另一位友人：「我的確是與世隔絕，沒甚麼新鮮事值得一提……我在動盪時代過著悲慘的生活。家父給我的唯一慰藉是：『年輕時受點折磨是好的』，但我真的覺得，我吃了太多苦，得想想辦法……我幾無餘暇，唯一的樂趣就是散散步。這就是我何以鬱鬱寡歡的原因。」「我十分厭倦教英語。」[38]傅蘭雅在年度報告裡，甚至把滿腔怒火向校方發作：「月復一月，從事單調乏味、令人生厭的教學工作，卻不見可期的成效。」[39]

傅蘭雅亦未符合教會的期望，全心佈道，向異教徒傳播基督的福音。在英格蘭時，傅蘭雅曾想過像父親一樣當個牧師，但到了中國之後，他卻只願意每天向學生讀一段《聖經》。傅蘭雅認為，「引介基督福音必須步步為營、循序漸進，唯有如此，基督福音才能被容忍，甚至在某種程度上被瞭解；若是一開始便急就章、企盼求成，中國人可能會完全誤解委員會建校時的設想。」當年湯若望、南懷仁、伯駕也作如是想。傅蘭雅懷抱希望：「迂迴傳播基督福音的效果也許會超出當初的預期，」不過傅蘭雅對此也沒有把握。無論如何，傅蘭雅告訴學校的主事者，他「目前並無與安立甘會（Church Missionary Society）建立直接或間接關係的打算。」[40]傅蘭雅對他的態度所引發的關切感興趣，也或許他有意自傳教事業中抽身：「我離洋人的世界十分遠，獨自在我自己的中國小宇宙裡安身立命。『我研究的一切皆以我為主宰；我的權利不容置疑』——尊貴的安立甘會當然除外。我極為熱愛、尊敬它。不久之後我將浪跡漂泊，天曉得我會落腳何處。」[41]

種種挫折讓傅蘭雅益發思念故鄉英格蘭。「在老家恬靜的小村莊，找一個薪水還過得去、輕鬆安逸的差事，娶個可愛的女人操持家務，自然比目前的狀況稱心愜意。」傅蘭雅叨唸著「玫瑰花和金銀花」、「鄉下紳士，娶個家財萬貫的太太。」[42]但傅蘭雅知道這是虛象，定居家鄉也不見得能悠然自得，他的前途全繫於中國。傅蘭雅忖思：「假若身強體壯，就應該出國闖蕩，才能苦盡甘來，不過這得克服無數橫逆險阻。像我這樣在國外待了六年的人，即使返鄉也像是到了異國。我在中國養成的各種習慣、習性，非得花一、兩年的時間才能根絕。少有人去國多年，返鄉之後還能幸福快樂的。」[43]返鄉形同承認失敗。

傅蘭雅直覺必須在中國堅持下去，全心學中文以備將來機運降臨——下一個晉升的墊腳石。「我自認禍福與中國相繫，我已學了六年的漢語，也會三種方言，能寫文言文，假使我就此拋棄，無疑浪擲光陰。何況，我在英格蘭又能找甚麼工作？又，中國才向歐洲文明開放，每年都有長足進步。一、兩年之後，我對中國的了解就很值錢了，我的身價貴重。這不是很令人陶醉嗎？」[44]

關鍵就在於時間，以及能否持之以恆：「大部分來華外國人總以為一年的時間就能精通中文。他們請來先生，頭幾個星期或幾個月還能興致高昂，認真學習，之後便滿懷嫌惡而放棄了。」於是便會犯下荒唐錯誤，把他們的努力全給抹殺。傅蘭雅告訴他的堂兄弟，他在上海曾聽過一名傳教士向中國聽眾宣道，說「耶穌也在此」；這位傳教士說話含糊、語音不清，結果聽眾聽得一頭霧水，以為「耶穌在裡面剃頭」。「假使照我的方式，傳教士至少得花五年的時間與老百姓一起生活，學習教會所在地的當地方言，並通過考試，才能公開說話。請想像一下這些傳教士如何讓基督教淪為眾人的笑柄。」[45]傅蘭雅自認這正是他擅長之處，他告訴妹妹：「我對中國的知識，以及大家都說我通曉各地方言、文筆流暢，還有我身為中文報紙的主編，廣為發行，使我站在有利地位……。我在中國已有名聲，這是許多能力在我之上的人夢寐以求，卻又求之不得的。」[46]

這份「廣為發行的中文報紙」就是《教會新報》（*Mission News*），於一八六二年發刊，在傳教士之間廣為傳閱。傅蘭雅於一八六六年出任該報主編，並對它寄予厚望。傅蘭雅在一八六七年的家書中寫道：「我期望這份報紙能發揮功用，隨著這份報紙的發行日廣，而能啟迪中國於蒙昧之中。我決心要在一年內讓這份報紙的發行量成長一倍。」[47]傅蘭雅透過文章和社論，想讓中國讀者對外國事務、科學乃至西方教育感興趣。他建議清廷應給予青年學子三年的外語訓練，然後將之送往歐洲各大學留學。傅蘭雅的文章被廣州、香港當地報紙轉載，他估計「約莫有五千個知書達禮的中國人讀過我的文章，各種圖解、插畫也會吸引他們妻兒的注意。」[48]傅蘭雅真的很喜歡編報紙，既愉快又能增廣見聞，但是他突然於一八六八年去職。[49]「官員憂心，若繼續讓我擔任政府的正式公職，而我又兼任報紙主編，其後果難料……。最近又向我施壓，現在希望我能與他們簽下正式的雇傭契約，還附帶許多條件……。我別無選擇，只好被迫去職。」文中的「官員」和「政府」，當然是指滿清官員和清廷。傅蘭雅靜候多時的機會終於來到，不久之後，他也辭去英華學塾的教職。

清廷要傅蘭雅擔任上海江南製造局科學書籍的翻譯，他也欣然接受。江南製造局以生產兵工為主，但也附設翻譯館以及培養翻譯、機械人才的學校（廣方言館）。曾國藩、李鴻章在平定太平天國之亂時，開辦了江南製造局，這場動亂也促使清廷重視洋務，引進西方科技，因而設立了總理衙門、同文館。[50]曾國藩在一八六二年寫道：「今求自強之道，總以修政事，求賢才為急務，以做炸砲，學造輪舟等具為下手功夫。」[51]

曾國藩關心的層面也包括翻譯的重要性。「另立學館，以習繙譯。繙譯一事，係製造之根本。洋人製器，出於算學，其中奧妙，皆有圖說可尋。特以彼此文義捍格不通，故雖曰習其器，究不明夫用器與製造之所以然。」[52]李鴻章發展了曾國藩的論點，指出日本強盛之道在於學習西方，他也提出警告：「日本從前不知法，國日以弱，自其國之君臣卑禮下人，求得英法祕巧，槍輪船漸能製用，遂與英法相為雄長。」[53]總理衙門的官員支持曾、李兩人的觀點，表奏皇帝：「是宜趁南省軍威大振，洋人樂於見長之時，將外洋各種機利火器實力講求，以期盡窺其中之祕。……臣等每於公餘之際，反覆籌維，洋人之向背，莫不以中國強弱為衡。」[54]

這類觀點大多不錯：現代武器係西方軍事所向披靡的關鍵，而翻譯技術會對西方機械知識有更深的瞭解，日本在這方面進展尤其神速，危及中國，但中國有許多個傅蘭雅「樂於」協助中國富強。但是，舉國推展自強運動，勢必得全面檢討經濟結構和教育制度，清廷斷斷不會作繭自縛，反而把自強運動委由地方官員來推動，而他們對於其間的複雜程度又不瞭解。

傅蘭雅在一八六七年時就已走到這條路上，而他也未被說服。「今晨馮焌光（譯按）與我談了一個多小時，他的觀點極為荒謬。顯然他心中幾無定見，所以也就不知如何推展工作。他提議自上海廣方言館遴選十名優秀學生，讓我在江南製造局裡教他們蒸汽機原理。我直指如此安排斷不可行，他因而大怒；但他還是堅持要我走一趟江南製造局一看，甚至不惜用他的大轎接送我。我便不再推辭了。」[55]

然而，清廷提供固定職位讓傅蘭雅大為振奮，也一掃他心頭疑慮。傅蘭雅的天地一直

譯按：馮焌光，廣東南海人，是廣東著名科學家鄒伯奇的學生，通曉天文數學；時任江南製造局會辦。

被關在學堂大門裡，如今再度開啟，這對傅蘭雅很重要。傅蘭雅在給堂兄弟舒賽的信裡說道：「現在我已掙開身上的枷鎖，有如飛鳥出籠。」雖然傅蘭雅對科學所知不多，他一本學中文的精神，點滴鑽研、全心投入，入手即樂此不疲：「我樂在工作。我熱愛科學，但都沒有餘裕讓我去探索它……。我是以嚴肅的態度來看待這份工作……。今早我仔細分析炭和煤礦，下午鑽研化學，晚上則是研究音響學。」傅蘭雅蟄伏心底的希望也甦醒過來：「我找到令人滿意的歸宿。我可以說，接受中國政府延聘擔任科學書籍的翻譯，是我一生最愉快的選擇。這是一個備受尊敬、有益且體面的職位，年薪八百英鎊，憑此收入可保生活優渥。不過這只是我人生另一春的開端。精益求精是我的座右銘，但我的目標遠不止於此。」[56]傅蘭雅給父親的信，措辭甚至更為飛揚：「我希望把這個職位作為在中國更上層樓的墊腳石。我的雄心無止境。我的職位完全獨立，無論是領事館、海關都無法約束我。」[57]

在受聘於中國政府之前，傅蘭雅還向西方世界做了最後一個動作，他寫信給威廉斯主教（Bishop Williams）：「我在其他地方傳教一事已協調過了，但因我來中國本為傳教，若我不能找到固定職位，全心傳播基督福音，才能安心從事世俗工作。」傅蘭雅表示他願意遠離條約口岸，前往內陸地區傳教。[58]

傅蘭雅奉獻的心跡無人重視，他以清明的良知享受世俗工作的樂趣。他租了一間「位於城郊的漂亮小房子」，與妻子安娜（Anna）在此定居。傅蘭雅樂於每天坐半小時的轎子，穿越田野前往江南製造局，傍晚時分方才循原路返家。他花了一些錢買天文望遠鏡，晚上遠眺星斗，自得其樂；他也坦承，會用天文望遠鏡窺視遠方房舍燈火通明的窗口。當興致來時，傅蘭雅甚至還會到附近的尼姑庵彈唱。傅蘭雅從不與洋人鄰居往來，「因為他們鮮少達到我擇友的標準。」反之，他會與友人分攤交通費用，也開始在城裡留下名片。「在上海有個小圈子，我可說也是其中一員。他們全都是善良的基督徒，各有正當職業。」[59]中國人確實已把傅蘭雅推向凡塵俗世。

傅蘭雅還想更上一層樓，更努力工作。傅蘭雅雖曾公開表明敬佩同事之意，但起初他覺得同事配不上自己：「其中有個年輕人與我關係最好，他視我為兄長，無話不談。他是我見過最聰明的中國人，跟他比起來，我在很多方面只是個小孩。有時我們會爭論到半夜。我教他進餐禮儀和舉止得宜，他的確是個不可多得的好夥伴。」[60]起初他的工作並不很難。「我沒有競爭者，理由很簡單，沒有人能達到我的水準。我還真希望有一、兩位敵手可以激勵我的鬥志，一改我的散漫態度。有時，我一天只工作一小時。這些大官看起來更像小孩子，而不像大人物。」[61]

但傅蘭雅也相信，譯書讓他更有機會。他慫恿其他洋人加入江南製造局，指出：「對我而言，安立甘會採取的各種傳教手段均無可厚非——尤其是它主張應先接近締造中國的階層，教會捨此，別無他方。」[62]到了一八六九年夏天，他感覺江南製造局能「幫助這個莊嚴的文明古國振衰起蔽，將之帶向我們洋人引以為自豪的『文明進程』軌道……。就我而言，我已是半個中國人了。在華生活八年，我已不再眷戀故鄉……。我算了算，我最好的朋友都是中國人。」[63]中國若是再起，傅蘭雅也會與之並起。

傅蘭雅不願做出任何可能拂逆中國人的事情而危及他的新事業，這可從他對家人的無情獲得印證。一八六九年八月，安娜產下一子，但在臨盆時感染了嚴重的傷寒，兒子只活了八天半便告夭折。安娜因嬰兒殤逝而悲痛（傅蘭雅同樣萬分悲傷），醫生要她出遊養病。傅蘭雅向雙親解釋此議不可行：「醫生勸安娜出海一遊，但我無法放下工作。」安娜只好退而求其次，搬到空氣稍微新鮮的鄰居家小住。[64]安娜健康的復元狀況緩慢，傅蘭雅還是繼續工作。傅蘭雅鮮少提出請假數週的要求；中國官員對於喪嬰之痛早已習以為常，沒有藉由海上旅遊養病的習慣，可能會對這類要求感到困惑、怏怏不快。

傅蘭雅對一八七〇年天津教案（Tientsin Massacre）的反應同樣令人費解。法國領事槍殺一名中國人之後，群情沸騰的天津百姓，焚燒洋人的教堂，砸毀洋行的財產，砍殺修女、傳教士。排洋的中國作家煽風點火已久，他們散發小冊子，指控傳教士在佈道時與女信徒苟合，在教堂裡雞姦；修女淫蕩無道，甚至還吃小孩。[65]大多數的洋人看不出是因為自己來到中國而引發暴動，嚇得魂不附體；丁韙良為文主張，應把這整個區域夷為平地，從中國人手中沒收這片土地，作為法國人的賠償。[66]但傅蘭雅卻同情中國人，他在一八七〇年八月給弟弟的信裡說：「各條約口岸的洋人都憂心自己的身家性命，而開始操練、組織志願軍，他們準備方式之荒唐、速度之快，令中國人竊笑。商賈、領事不須擔驚受怕。傳教士、尤其是法國傳教士才有安全之虞，因為他們的所作所為令中國人大為反感，所以實在不須擔心這類暴動會重演。」[67]

此種態度似乎很得傅蘭雅中國主子的歡心，但卻讓他跟其他洋人有了隔閡。同年，傅蘭雅寫道：「我在江南製造局的立場日益微妙。許多人捲入爭端，難以置身事外。局裡約有十個洋工程師視我為奪權者，十分嫉妒我，只因我在官員之間有耳目，可以隨意說話做事。」[68]傅蘭雅還是期盼能受重用，他還有個想法，希望能「奉旨在倫敦開辦一所中國學院」，或者，至少能「奉（中國）政府之命帶一批年輕人赴歐詳細考察各種藝術和製器。」[69]然而，清廷並無意重用傅蘭雅。

傅蘭雅一直高估自己在江南製造局內影響力，還有他努力工作可能帶來的回報。傅蘭雅在信裡向弟弟詳述他與江南製造局官員發生的一件事：「今天，他們來找我，要我為砲蓋、砲管製造一些氯酸鹽，以備發砲之用。這只要花一天的工夫，他們看得很仔細。完工之後我請他們來試驗，他們都十分興奮。」[70]傅蘭雅認為這是個好兆頭。在中國主子眼裡，他或許已不再是只會製造奇技淫巧的工匠。就在江南製造局組建火船順利下水之後，傅蘭雅也寫道他認識「最高階的軍事統帥」，他「一定會要我與他同行出航試新船。」[71]但傅蘭雅望穿秋水，邀請遲遲未到。

中國人並沒有給傅蘭雅升官加俸，也未委以重任，而只是讓他繼續留任。傅蘭雅也不能再埋怨沒事做。他在一八七〇年底提及：「我的工作日益繁重，我必須用功研讀，才能趕上手邊在翻譯的書。」[72]往後十年間，傅蘭雅一直留在江南製造局裡與中國同僚合作譯書（譯按），出版了至少三十四本譯作：九本關於製造工藝，七本論算學，六本軍事事務，四本論航海術，三本有關工程、測量，化學、物理各一本，以及一本論醫學的書籍。在一八八〇年與一八九六年間，他又完成七十四本譯著，頗令人驚訝，其中不少書籍的主題他過去已有涉獵，但還是有一些新的領域，如地質學、氣象學、科技專有名詞辭典、植物學、法律、解剖學以及政治經濟學。[73]

其中有幾本書的出版冊數仍有稽可考，大約上千冊左右，這些書的訴求對象大概是以有影響力、受良好教育的中國人為主，到了一八七九年總計只銷售三萬一千一百一十一冊，傅蘭雅也承認他對此感到沮喪：「迄今為止，銷售量雖然還算差強人意，但是與這個國家眾多人口的可能銷售量相比，真有天淵之別。然而，這裡沒有常態的溝通管道，也沒有郵政或鐵路運輸系統、代理商、廣告，或其他各式促銷管道，就不難了解何以有這麼多書會滯銷了。」[74]然而，譯出這麼多書籍，就已經值得大書特書了：「事實上，翻譯館的開辦，以及清廷長期以來的鼎力支持，就足以證明中國的前景可期，同時，無論中國對古典論著多麼引以為傲，無論她對列強的外交官多麼憎恨，對傳播異國宗教的傳教士多麼厭惡，中國畢竟已承認知識不受民族或國家的限制。因此，中國已願意接納『蠻夷』來傳授所漠視但有益的事物。」傅蘭雅深信，西方知識是十分誘人的，「只要天朝有心飲用這知識之泉，她對於知識之泉的渴望便會欲罷不能」[75]，屆時對傅蘭雅的仰賴也會更深。

傅蘭雅為了拓廣影響力，並不把心思侷限在翻譯館內，而是想方設法讓西方科學展現在中國人面前。其中最具企圖心的做法是在一八七六年創辦「上海格致書院」（Shanghai Polytechnic Institution and Reading Room），該書院的宗旨是要「以實際可行的手段，引進西方各國的科學、藝術、工藝，以引起中國人的重視。」上海格致書院固定展覽科學和

譯按：江南製造局翻譯館的譯書方法是沿用明末清初以來翻譯西書的傳統方法，即口譯與筆述相結合。在中國歷史上，佛經的翻譯也採用這種方法，一直到十九世紀末嚴復開翻譯風氣之先，這種方法才遭淘汰。傅蘭雅曾在〈譯書事略〉一文中介紹：「館內譯書之法，必將所欲譯者，西人先熟覽胸中，而書理已明，則與華士同譯。乃以西書之義，逐句讀成華語，華士以筆數之。」翻譯館內的專門口譯者除傅蘭雅之外，先後還有林樂知（Y. J. Allen）、佛列亞力（A. Wylie）等多位。翻譯館內知名的筆述者，有翻譯館開辦人徐壽、徐建寅父子，以及華蘅芳、李善蘭、李鳳苞、王德均等。

工藝器具，開班講授科學知識，逐步成立一所科技圖書館。不過，書院時常面臨資金短缺的窘境，許多展示品無法實際操作，讓參觀者大失所望。《北華捷報》評論，這所書院僅在「臨時造訪的陌生訪客之間聲名大噪，他們耳聞書院的盛名，一旦他們踏入書院，便會發現大堂空蕩，以及……敗象初露。」[76]傅蘭雅也設立論文競賽的獎項，這類似他在一八六〇年代主編中國報紙時的做法，其目的在於「獎掖、誘使中國士大夫，以為中國所用的觀點，探索各種不同領域的西方知識」，結果引起極大迴響，參選論文多是上乘之作。[77]傅蘭雅還編了一份雜誌《格致匯編》（*The Chinese Scientific Magazine*），刊載適合大眾閱讀的文章，如日本人如何應用西方科技，電鋸，牙醫，克魯伯（Krupp）公司製造的武器，湯若望、瓦特（James Watt）、富蘭克林（Benjamin Franklin）的生平事蹟。這份不定期出刊的雜誌還開闢了生動活潑的讀者通訊專欄，藉此激發讀者的興趣，不過有一家西方報紙曾予以苛評：「藉由輕鬆、免費的方式，以汲取蘊含在西方書籍中的知識，也只有少數有特權的中國人能理解和感興趣。」[78]傅蘭雅翻譯時也透過成立於一八九〇年的「益智書會」（Educational Association of China）（譯按），積極統一科技專業術語。傅蘭雅擔任該會總書記、執行委員會主席、出版委員會秘書，負責「化學、礦物學、氣象學、印刷術、電鍍工藝、化學儀器、哲學、鑄造工藝、兵工製造、造船技術、開礦以及土木工程等學科專業術語標準化的工作。」[79]

傅蘭雅（John Fryer）身穿三品官朝服。加州大學柏克萊分校班庫克羅夫特圖書館（Bancroft Library）。

在「向中國人引介西方科學的大目標」之下，傅蘭雅顯然欲畢其功於一役。這種略帶狂熱、但雜亂無章的運作方式正是當時中國的真實寫照。「自強運動」從未真正開展，它充其量只不過是一連串的試驗，稱不上是一場運動。自強運動推動的幾個計畫，如江南製造局等幾家兵工廠、棉紡廠、造船廠、紙廠、煤礦開採，幾條不算長的鐵路，以及一家輪船公司，都是一些零星的個案。產業要真能突破，得看政府能否有效協調各種政策方案，以及擁有自由創新的大膽企業家，能自如行動、取得資本。這兩項要素中國都付之闕如：清廷認為「官督商辦」就已足夠，僅容許少數個別企業運作。這意味著初出茅廬的實業家要靠地方官員才能出頭，又受制於傳統的官僚組織、資本窘迫，還得應付各種苛捐雜稅。[80]

一八九六年，傅蘭雅終於離開中國，接任美國加州大學柏克萊分校首位東方語言、文學專任教授，顯然中國無法靠零星擷取西方的科學和軍火而自立自強，躲過異族侵略。俄國在北疆虎視眈眈，英國勢力滲透長江流域，德國侵擾山東，法國啟釁華南。更糟的是，中國在一八九四年中日甲午戰爭大敗，飽受屈辱。有些中國的有識之士開始領略到，光是學些洋人科技的毛皮還不夠，中國應著眼於背後的動力。如六君子之一的譚嗣同（後因大逆不道於一八九八年遭朝廷處決）致書友人：「足下所謂之洋務，第就所見之輪船已耳，電線已耳，火車已耳，槍水雹及織布機鍊鐵已耳。於其法度政令之美備，未曾夢見，固宜足下之云爾。凡此皆洋務之枝葉，非其根本……今中國之人心風俗政治法度，無一可比數於夷狄。」[81]

二十八年來，傅蘭雅為中國人鞠躬盡瘁，到頭來仍是奴僕。他接下加州大學教授一職自然也是另一個人生的墊腳石，也等於承認他在中國的這些年是個挫敗。中國人取走了傅蘭雅人生的璀璨歲月，付他以薪俸，賜他以三品頂戴。一旦初始的興奮不再，生活也不見得比當學校校長更有意思。傅蘭雅回顧一生辛勞，讀來不免覺得悽楚滄涼：

目前看來，翻譯、編纂科學書籍是洋人所能從事最枯燥無味、最吃力不討好的工作，尤其是江南製造局地處偏遠，此地氣氛陰悒。若非有強烈責任感與堅定信念，相信在上帝引導下，這等勞苦是使這偉大國度恢復知識和道德生機的最佳手段。[82]

當然，傅蘭雅是因為心存騰達之念，才忍得寒冬徹骨。傅蘭雅在一八七〇年時寫信告

譯按：益智書會是清末在華新教傳教士成立的一個教育組織，其成立的宗旨在於負責編撰適合教會學校使用的各種教科書。傅蘭雅借益智書會編輯科技術語詞彙的機會，將江南製造局翻譯館累積的幾種專門術語先後整理了《金石中西名目表》、《化學材料中西名目表》、《西藥大成藥品中西名目表》和《汽機中西名目表》，在江南製造局出版。

訴弟弟：「我一心以為還能更上一層樓，雖然這遠低於我的設想。」[83]曾紀澤曾賦詩一聯，道出傅蘭雅內心的憧憬（譯按）：

聲名蓋南湯，
電火亮螢蟲。[84]

可惜事與願違。傅蘭雅花了二十八年的時間才發覺中國人在利用他，而不是他在利用中國人。當他認清這令人不快的事實，便毅然離開了中國。

＊　＊　＊

不過，丁韙良從沒參透這一點，或者他看出了，但卻不在乎。丁韙良到了夢醒時分還留在中國。赫德在一八九四年曾警告丁韙良：「恐怕我們是在修補破瓦罐。」[85]那一年，中國大敗於日本，光緒皇帝在一八八九年策動的變法也告失敗，並遭慈禧太后軟禁，心腹股肱或伏屍授首，或避走他鄉，似乎印證了赫德的話。然而，沒有人——包括丁韙良在內——能預料到義和團之亂會如此劇烈。當時，西方觀眾擠到戲院裡爭看嘲諷中國軍人的新劇碼：

中國兵勇，
手搖紙扇。
三呼萬歲，
指天發誓。
鑼鼓齊鳴，
共赴沙場。[86]

義和團的口號是「保國、滅洋、殺教」[87]。到了一九〇〇年，義和團運動得到朝廷的公開支持，這意味著清廷已經越來越提防西方商人、外交官和傳教士的巧取豪奪、劃分勢力範圍。六月，丁韙良抵華已五十年，北京公使館洋人遭劫，丁韙良死裡逃生。[88]

譯按：曾國藩之子曾紀澤多次造訪江南製造局，他曾經賦詩餽贈傅蘭雅。傅蘭雅將詩中的兩句翻譯為英文，收錄在他的《譯書事略》英文本中，這兩句詩，即史景遷書中所引的詩句：

May your fame surpass that of Verbiest and Schall,
As the electric light exceeds the spark of the glow-worm.

丁韙良起初感到困窘、挫折。他回憶在絕望之時遇到赫德：「我們面面相覷，不由自主羞愧臉紅，心想我們傾其一生奉獻，到頭來卻一文不值。這位讓中國海關從歲入三百萬兩遽增為三千萬兩的人，中國人照樣欲去之而後快；中國人從我教授三十年的國際法理應知悉，外交使節的生命是不容侵犯的！」[89]但隨著圍困的情勢日趨惡化，丁韙良開始覺得必須採取斷然的反制手段。丁韙良和其他的洋人一樣，沒看出中國人其實是玉石俱焚，以暴制暴，反而認為西方人乃是「異教徒宗教狂下的犧牲品。那就讓基督強權瓜分這異教帝國吧。」[90]

八國聯軍解救圍館之困，義和團拳民四處潰逃，清廷被迫屈辱求和，支付鉅額賠款，丁韙良又把自己的想法想得更周全：中國政府藐視人性，「公開向所有揄揚人類進步原則的人宣戰，把自己置於文明境界之外，而喪失了他先前在世界各國之間享有的崇敬地位。」[91]既然中國人「只配讓異族統治」，中國人的獨立自主性「既不可能，也不可取，」[92]那麼最合理的做法是容許英國等西方強權在各自的勢力範圍全面接掌行政權。美國應接管海南島。丁韙良宣稱：「我對帝國主義這個污衊性字眼不表同情，但是自然擴張或自然成長並不能一體視之……我國是自然成長，把疆域擴展至太平洋沿岸，並讓我們的影響勢力深入日本和中國……。在中國，我國的政治影響力仍隱晦未顯；但眼前是千載難逢的機遇，上帝絕不容許我們錯失良機。」[93]

然而，丁韙良久居中國，已無法輕易見棄中國，他又揀些零碎的計畫著手進行。他先試圖重組人去樓空的京師大學堂（並於一八九八年主持該學堂），直到清廷決定撤除所有外國教職員，然後又受邀前往武昌籌組新大學，但這項計畫也胎死腹中。最後，丁韙良又重返北京的長老會教團，協助開拓他多年前即已放棄之自下而上的基層傳教工作。

丁韙良到了晚年，才又目睹清廷開始著手他在太平天國之亂時大聲疾呼的教育和政府改革。他內心的樂觀天性再度復燃；如今，中國必須有所作為：「所有的改革與新式教育息息相關，中國已無回頭的餘地了。學校校長透過鐵路、電報、報紙之助，得以消弭偏遠地區的閉塞頓滯之氣，為他們拓展更寬廣的天地，啟迪他們更高的思想境界。中國人受科學和真正宗教的激勵，不出幾個世代，便能廁身世界強國之林。」[94]丁韙良染患支氣管炎，最後死在北京，享年八十九歲。丁韙良雖然無法親眼目睹他夢寐以求的建設變革，但西方人與義和團的拳民至少也成就了一件事，這是丁韙良深信不疑的：「通往新紀元的道路業已開通，可望於二十世紀初展露曙光。」[95]但究竟這是中國的新紀元，還是西方的新紀元，還在未定之天。

第六章

耶魯傳教團，造雅禮中國

胡美 Edward Hume

皮金（Horace Pitkin），耶魯學院（Yale College）一八九二年班的年輕傳教士，於義和團之亂期間遭拳民斬首。皮金的一群同窗校友「決計以耶魯人的行動，證明皮金沒有平白犧牲。」[1]這群年輕人躬逢十九世紀末校園內掀起的基督教復興浪潮，他們的態度真摯，淳樸爛漫，無私無我。九八年班的一位畢業生寫道：「撫今追昔，有兩件事令我思之猶驚。一是我們極為自負：一群沒經驗、沒背景的年輕人居然跑出校園『指點世人迷津』；二是植基在如此薄弱的基礎上所獲致的結果。」[2]

他們四處募款，尋求教師奧援。到了一九〇二年，他們已籌集逾一萬七千美元，設立了「耶魯海外傳教會」（Yale Foreign Missionary Society），這個機構正是「雅禮（Yale-in-China）計畫」的濫觴。耶魯校長在這一年的畢業典禮上宣佈：「這個機構的經營管理獨立自主，非為一教一派所用，其宗旨在於盡一切可能，在中國之內建設一拓展基督教教育之中心。」[3]這個社團發行的小冊子強調，其目的是「以耶魯精神奉獻力量，服事上帝，以增遠東同胞的福祉。」[4]

耶魯海外傳教會最後選定長沙為據點，故意捨比較舒適方便、且傳教團體和西式學堂接納程度高的城市，如北京、上海。湖南的排外風潮盛行，長沙更是傳播暴力反基督教小冊子的中心。[5]根據美國駐華領事的報告，除了各式小冊子之外，「還有各種用惡毒蠻橫語言書寫的海報佈告」；「任何人看了都會心生卑鄙、猥褻之感的圖畫，高懸在須借助梯子才能張貼的牆上。」[6]

鼓動排外情緒的通常是當地士紳。一八七〇年天津教案爆發期間，時常見到把傳教士描繪成荒淫無道之徒，現在又加上經濟的訴求：「他們不顧人民死活，奪我財，食我糧。凡聞此號召者，皆應奮勇殺之。殺洋人，殺洋官！殺洋學生、洋崽子。」[7]

美國財團明目張膽介入湖南鐵路路權之爭，當地反美情緒尤其激烈，[8]排滿運動也一觸即發，革命領袖黃興深信湖南當地的秘密會黨猶如「炸藥既實，待吾輩引火線而後燃。」[9]中國人抵制美國貨可謂如火如荼，怒斥美國通過排華法案，限制華人移民美國，湖南總督張之洞甚至恫嚇要沒收出賣或轉租給洋人的財產。[10]美國駐華領事於一九〇六年總結湖南局勢：「彷彿夏日風景，靜謐無波，豈知轉瞬之間，狂風大作，大難臨頭，自此永無寧日。」[11]

然而，耶魯傳教團並未因此退縮，深信重重險阻必能克服。他們孜孜尋找「未來最重要的領域」，縱使此舉意味著必須「走好幾年的上坡路」[12]。到了一九〇二年，義和團之亂已告平息，新簽訂的條約准洋人入中國內陸旅行，傳教士奔赴湖南，以呼應傳教士楊篤信（Griffith John）的召喚：「你們之中難道沒有能者前來長沙，準備在此大有作為！」

有人說到，「猶如爭相前往鑽石寶礦，前仆後繼衝破障礙，前去開拓、耕耘這片處女地。」[13]來的人實在太多，有個在華的耶魯人警告：「耶魯傳教團的組織雖已成，但是中國這塊最後的沃土已被瓜分，我們恐怕無法分到一席之地。」[14]這人實在是過慮了。一九〇三年六月，「湖南傳教士會議」（Hunan Missionary Conference）通過一項議案：「本會懇摯邀請耶魯大學傳教團，在長沙成立一個教育中心。本會建議在湖南活動的各社團，將其在湖南從事的科學、藝術、醫學各領域的高等教育工作，委予耶魯大學傳教團，並在推動初等教育計畫時，盡力配合耶魯大學傳教團所採之高等教育方針。」[15]

耶魯傳教團第一批成員於一九〇四年抵達長沙。到了一九〇六年，他們已經成立了「雅禮中學」（Yale Middle School），以為「雅禮學堂」（Yale-in-China College）預作準備。這雖是一所教會學校，但校方「並不打算把基督教義強加在學生身上。」校方承諾「開拓學生視野，陶涵學生品格，培養學生忠君愛國的精神。」校方雖然強調中、西學兼修，但特別著重英語，認為英語是「現代教育的主要媒介。」[16]同時，耶魯傳教團也擬定開辦醫院和醫學院的計畫。他們找了耶魯大學九七年班、約翰・霍普金斯大學醫學院（John Hopkins Medical School）畢業的胡美（Edward Hume）來共襄盛舉。

當時，胡美正在印度從事鼠疫的防治。胡美生在印度，他的父親、祖父也都在印度教書、傳教多年。起初，胡美原無意接受邀請前往中國，他日後回憶：「印度是我的家鄉，我一直都想留在印度。」然而耶魯傳教團的邀請「令人怦然心動；『你能創辦一所大學醫學院』。這是我多年的夙願，我想實現的目標……。但是印度並沒有這個機會，各省省會都有印度政府辦的醫學院。在中國，或許有機可為。經過幾週的反覆思量，我決定去中國。」[17]

胡美於一九〇五年抵達中國，時年二十九歲，密集學了一年的中文之後，就前往長沙開辦醫院，欲以此基礎擴開為醫學院。當時排外情緒正烈，暴力屢見不鮮，難以承租土地建築，長沙又是個落後封閉的城市，但胡美仍相信耶魯傳教團推動的計畫遠景可期。胡美到了沒多久就寫道：「把握學生，把握讀書人」，「中國必能成功！」他說，所謂成功就是按西方的方法和西方的宗教，把中國人改造成真正的世界公民；成功，不只是科技方面，「還意指掌握先進的知識，以基督信仰為基礎，激發道德力量，陶冶健全人格。」[18]這過程當然會遭遇困難：「百姓的確需要教育。但他們盡可能避免從外國人那接受教育，這也是真的。」[19]然而，「雅禮協會」（Yale-in-China）的契機就在於這抗拒心理之中，因為「百姓的保守性格，我們的進展勢必緩慢；但這也讓我們起步的基礎打得更穩。」[20]

從大千世界來看，長沙或許是窮鄉僻壤，但在湖南人的心裡，長沙是宇宙的中心，是人口兩千萬的湖南省的省城，以學風鼎盛、遍地良機而聞名。毛澤東後來向採訪他的斯諾（譯按），回憶一九〇〇年的童年景況——「長沙是湖南省的省會，離我家一百二十里，是個大城市。人說這個城很大，有數不盡的人，數不盡的學校，撫台衙門也在那裡。總之，它是一個繁華的地方！我很想上長沙去。」[21]毛澤東果真去了，一如數百名年輕人和胸懷千里的學生所為。

雅禮協會希望從中挑一批人，學習西方科學知識、人文知識和醫學，使他們親近上帝。福音傳教士、教育家的傳教手段有很多，但胡美堅信「醫療工作……一般而言，是向中國各地傳播基督福音最穩妥、最有力的方法，」[22]而他也決計照西方人最高的標準。胡美寫信告訴耶魯的秘書，「認為醫療工作只能按最科學的路線進行，這是個大錯。對我們而言，

譯按：毛澤東的這段自述，引自斯諾（Edgar Snow）的《西行漫記》（或譯《紅星照耀中國》）（*Red Star over China*）。

這意味著按約翰·霍普金斯大學的標準！我們的醫療和教育工作必須深受基督教影響，並在最高的知識科學的教學研究標準下展開。」[23]

胡美發現，這不是一蹴可及的工作。胡美開辦的第一家醫院是利用舊客棧充數，院址就坐落在雅禮中學對街。他們遍灑除蟲藥粉，粉刷牆壁，通溝渠，安門窗，遷走院子裡豬圈內的豬隻，胡美及兩名沒受過訓練的助手主持下的「雅禮診所」（Yali Court of Medicine）準備開業。一九〇六年十一月，在簡單的開幕儀式上，有個中國牧師向好奇的旁觀群眾朗讀耶穌在「畢士大池」（Pool of Bethesda）的故事，池子邊「躺著瞎眼的、瘸腿的、血氣枯乾的許多病人。」耶穌問了一個病了三十八年的人說：「你要痊癒麼？」對方表示願意之後，「耶穌對他說：『起來，拿你的褥子走罷。』那人立刻痊癒，就拿起褥子來走了。」[24]

這是個鮮明而意味深長的比喻，且寓意紛陳。在《聖經》的故事裡，耶路撒冷人並未因為耶穌救死濟傷而稱讚他，反而還指責他居然讓病人在安息日拿著褥子走。如果胡美不想冒犯中國人，他就得巧妙處理中國的傳說與傳統。診所門可羅雀，而上門求診的病人也是惶惶不安。對胡美而言，還是別收重症病人比較安全，萬一人死在他的診所裡，百姓勢必把怒氣發洩在他的頭上。第一例重症病患藥石罔效，在彌留之際即被送回家裡。但另一例重症病患則死於他的診所裡，胡美和助手多花了一倍的錢，幫喪家買了一副棺材，以告慰喪家的祖先在天之靈，才免去惹禍上身。第一個前來求診的重要人物是一位官員，最後卻拂袖而去，因為胡美量了他左手的脈搏，而傳統中醫把的卻是右手的脈。連求治無門的病人看到胡美的這種治法也會退避三舍。有一回，胡美看見有個孩子已失去意識，婦人拚命喊著，胡美的中國友人告訴他：「你得明白，若有母親把不省人事的孩子帶去你的診所，她已是無計可施了，才會去找洋醫生。」[25]

不過，胡美還是有所進展，治癒了兔唇、白內障、腫瘤，讓當地百姓釋疑，轉而逐漸收留重症病患。胡美是個敏感的人，真心熱愛中國人，一有機會就學中醫，他也承認，中醫比西醫更有效。他尊重病人，相信他已開始了解病人的態度。他寫道：「在中國，死亡猶如萬物，早有定數；晝夜輪轉，月盈月缺，冬去春來，生死相依。喪禮不是為了誇耀滿案牲祭，流露哀戚，誇示幡幛喪服；是對生命的頂禮膜拜，儀式代代相傳，以光明黑暗的交迭循環，禮讚續存生命的優美和尊嚴。」[26]

長沙有錢人家越來越常召喚胡美出診，甚至還受邀與當地名醫一同會診。一九〇八年，一位曾受上海美國長老會培訓的中國醫生加入診所之後，百姓對診所的信任感又增。兩年後，又有一位顏福慶醫生參與。顏慶福醫生以優異的成績畢業於耶魯醫學院，又在英國研究熱帶病的醫治，先後考察巴黎、柏林、維也納的現代醫院，預示了胡美夢想中的活力新中國。有了這些人的佐助，胡美避免了許多誤診。

胡美感覺自己終於逐漸融入複雜的中國社會。他的醫術似乎可跨越種種藩籬，撫平一切敵意。他與當地的店家、行會會員交朋友，與他們長談，居中牽線談生意以回報藥材餽贈。胡美廣結善緣的作風和精湛的醫術，使他在一九一〇年四月的排外暴動中逃過一劫。外國人在長沙的產業幾乎毀於一旦，但胡美及其同僚被迫出亡時，當地百姓還替他看管雅禮協會。胡美回來之後，發覺診所毫髮無傷，診所內的設備、貴重物品也都安然無恙。[27]美國副領事說，這一切全「歸功於傳教團的胡美博士廣受當地人民的敬重。」他還說，官軍對暴動視若無睹，但「當耶魯傳教團傳話請求保護時，軍方慨然應允，而其他洋人連一點協助也沒有。」[28]

當然，有時胡美也會誤解隱藏在中國友人善意背後的動機。胡美受邀出席譚延闓主持的文學社聚會，心裡尤其高興。當時譚延闓還是年輕的政治活動份子，向朝廷施壓行憲政改革。一年之後，胡美才知道自己是被利用來「掩護」這類聚會；譚延闓告訴胡美「你們洋人全不知道參加這些集會都是省內的激進份子。待洋客人返家之後，其他與會者才籌謀解放的大日子。」[29]譚延闓解釋，邀請洋人與會，就是要消弭當局的疑慮。

一九一一年十月十日，這「解放的大日子」來到了。這十多年來，革命黨人孫文為推翻滿清政權而奔走，以推翻帝制，創建共和。孫文籌畫、發動了十次起義，都以失敗收場，但革命黨卻得到海外華人、海內激進份子與低階軍官的廣泛支持。十月起義的成功其實是不得不然的無心插柳之作，當時孫文人還在美國籌款。在武漢革命黨的總部，菸頭不慎掉落，引爆炸彈，結果引來官軍盤查，於是一小撮軍人先發制人，舉事譁變，居然就拿下了武漢。革命軍一呼百應，不到一個月，各省紛紛揭竿而起。清廷無力回天，官軍不戰而降，皇帝只得宣布遜位，由孫文出任第一任中華民國大總統。[30]

這些戲劇性的事件終結了兩千年的帝制傳統，此時胡美人在美國為醫院籌募資金。胡美聽到共和肇建的消息：「機會來了，一九一一年的叛亂為中國的改革和進步敞開大門。這意味著這個國家從此將由受過教育的人領導……他們將以無比熱情擁抱西方人的無私奉獻，接納西方人理想的性格、教育，以及在各方面提供的建設協助。」[31]胡美在耶魯的同學、百萬富豪哈克勒斯（Edward Harkness）慷慨解囊，更增胡美的樂觀。哈克勒斯同意捐贈雅禮協會一所設備齊全、可容納四百個床位的醫院，他還承諾：「這家醫院將成為醫學教育中心，我所關心的不僅是醫療問題。它將是屬於長沙人的中心，自行管理，自行營運。我不會再勞神維護這項計畫。」[32]胡美得此之助，寫信給顏福慶醫生，欣喜之情溢於筆墨：「你若瞧見醫院藍圖，定會不能自己，因為在中國沒有哪家醫院能相比。」[33]

革命之後，耶魯傳教團所屬這家醫院，地位也不可同日而語，成了紅十字會駐湖南地區的總部。此時譚延闓也成了一方之霸，領有湖南，殺掉更極端的革命份子，並宣布湖南歸順共和。譚延闓為了證明自己的進步，要耶魯的這家醫院為中國學生進行健康檢查，推

胡美（Edward Hume，後排右），一九〇九年抵達長沙時與雅禮職員合影。

動治療鴉片煙癮和防治鼠疫的計畫。胡美請顏福慶主持公衛工作，促他接受：「就算我們剛開始一事無成，我們至少能引導當局，不要讓他們做錯事。假使我們拒絕了，一些操之過急的留日學生會趁虛而入，打亂了全盤計畫。」[34]

一九一二年，胡美自美返回長沙，決定與長沙的市民委員會合作籌建新醫院，此舉可以化解與當地人士的摩擦。他這觀點與「中國醫療佈道協會」（China Medical Missionary Association）合拍，該協會才剛宣布：「我們的目標與期待是，這些醫學院逐步由中國人來任職、出資、經營。」[35]胡美有些雅禮協會的同僚對於和湖南政府密切合作極感疑慮，認為這是「極不明智、冒險的解決辦法」，並警告「一旦木已成舟，我們恐怕得放棄宗教教育的想法。」[36]西方人的力量再次因專業考量和宗教目標有所岐異而分散。

這回胡美的政策暫時佔了上風。一九一三年夏天，在湖南仕紳大力支持之下，省長譚延闓與耶魯傳教團簽下協定。由雅禮協會出面修建、裝備這家醫院，並支付薪俸和各項津貼給十五位受過西醫訓練的醫生；湖南政府則負責建造教學大樓，徵收用地，每年提供一筆補助金。醫學院和醫院名為「湘雅」，也象徵了雙方合作融洽。湘雅醫學院、湘雅醫院由二十位成員組成的永久理事會負責行政管理，其中十名是中國人、十名由耶魯指定。第一批學生進入護士學校和醫學院預科就讀時，胡美欣然寫道：「我們傳教團的醫生到中國後，教育的目標終究是實現了。這意味著與湖南市民的合作，使我們得以展開中國人所需的工作，這也是我們來此的用意。」[37]

幾年下來，證明了湖南人與美國人合作的這種模式較為實際，且成果豐碩。雖然北洋政府撕毀這項協定，而紐海文雅禮協會執行委員會的委員間也頗感不安，但湘雅計畫還是繼續實施。一九一七年二月，新醫院終告落成。胡美的夫人回憶說：「月影迷濛，我們置身黑影之中，等著目睹這期盼已久的大事。剎那間，彷彿有某個洪亮的太古之聲在召喚，醫院一片通亮。每扇窗戶瞬息閃現湖南人從未見過的電燈。隨著這道乍現的希望之光，幽暗深邃的城市街道和我們小巧的燈籠，倏忽歸向悠遠的曩昔。」[38]

這是何等漂亮的文字，何等堂皇的景致，勾勒了西方人所希望的中國形象。但幻覺往往不能契合現實。其實，這些年來，長沙沒建過發電廠來照亮。[39]這只是枝微末節的事實，稍稍修正了幻覺，但還不至於令之動搖。然而，在西方這道光芒照耀下，中國被各方勢力撕裂，這力道如此之大，使得西方人的種種努力顯得無關宏旨。

中國的民主共和體制不曾站穩腳根。第二任總統袁世凱放逐國民黨領袖孫文，嘲諷憲政程序，繼之於一九一五年改元稱帝。但畢竟袁世凱還能憑藉威信武力，某種程度維繫了中國的統一。一九一六年袁世凱死後，一大部分的中國從此被軍閥瓜分，他們擁兵自重，為所欲為，橫徵暴斂，有時還預徵數十年的稅。兵燹為禍，加之交通阻絕，處處餓殍。逃兵飢農落草為寇，據地為王。[40]

湖南也無法倖免。一九一一至一九二〇年間，共有八人先後控制湖南全境。有人寫道：「個個有如征服敵國的將軍，貪得無饜，四處搜括。」[41]土匪、溺嬰、農民的飢荒、乃至於人吃人時有所聞；有個美國駐長沙領事館的官員說道：「百姓是各軍閥派系輪流坐莊之下，各式荒謬苛捐雜稅的受害者，還得忍受有如家常便飯的搶劫、強姦、戰火的荼毒蹂躪。」[42]曾被胡美稱為「我們敬愛的省長」的譚延闓，行事風格似乎比其他的軍閥收斂；至少他的個性篤誠，「和藹可親，通情達理。」[43]但是他的三度執政（一九一二至一九一三年，一九一六至一九一七年，一九二〇年）都很短，就算是大權在握，也很難控制全省，湖南一如中國其他省份，成了北方「憲政軍」（constitutional armies）與南方「革命軍」（revolutionary armies）兵家必爭之地。

局勢蜩螗，胡美也只能盡力而為：「時局雖亂，但我們醫院的工作仍不斷擴展，我們雖想置身政治之外，但有時還真的不可能。許多官員以前是湘雅運動之友，今日掌權，明日就成了階下囚。」[44]於是醫院成了失勢官員、政客的避難之所，而新官上任，又會找西醫看病。胡美承認：「我們其實是各軍閥的保健醫生。」[45]或許就是這層與軍閥的關係，才使得雅禮協會能在內戰期間安然無恙。就算是對政治最沒興趣的醫生，也無法迴避現實政治。

在這樣的氣氛中，管理湘雅醫學院、雅禮中學的學生並不容易。危邦之中，學術風向也變幻多端。各種政治、文學期刊捨棄主宰中國文化千年的文言文，以白話體書寫，引介社會主義、女性解放、教育改革、無政府主義觀念，並迻譯易卜生（Ibsen）、左拉（Zola）、杜斯妥也夫斯基（Dostoyevsky）、王爾德（Oscar Wilde）等人的作品。西方的價值尺度在第一次世界大戰破壞殆盡，中國人受此震撼，幡然醒悟。戰後簽定的《凡爾賽條約》（Treaty of Versailles）更令中國人氣結，因為中國人原本以為威爾遜（Woodrow Wilson）總統會動用影響力，把德國強佔的山東歸還給中國。然而，德國在山東的特權轉到日本手中，引發了激烈的抗議。[46]

學生不知去哪學習、無所適從。毛澤東當時十九歲，說到他在長沙的心境和作為。「我開始注意報紙上的廣告。當時許多學校正在開辦起來，它們利用報紙廣告招徠新生。我並沒有判斷學校優劣的標準；也不明確自己究竟想幹什麼。」[47]毛澤東先後在警政學校、肥皂製造學校、法律學校、商業學校，甚至一所中學報名。毛澤東最後從這些學校的不實宣傳中醒悟過來，決定到湖南省立圖書館自修學習。「在圖書館裡，我第一次看到並以很大的興趣學習了一幅世界地圖。我讀了亞當・斯密的《原富》（*The Wealth of Nations*），達爾文（Darwin）的《物種起源》（*Origin of Species*），和約翰・密勒（John Stuart Mill）的一部關於倫理學的書。我讀了盧梭（Rousseau）的著作，斯賓塞（Spencer）的《邏輯》（*Logic*），和孟德斯鳩（Montesquieu）寫的一本關於法律的書。」[48]像毛澤東這類的學生，決心切斷與中國傳統的牽連，為中國的問題找個新答案。他們的政治觀自然是混雜的。毛澤東曾說：「在這個時候，我的思想是自由主義、民主改良主義、空想社會主義等觀念的大雜燴。我對『十九世紀的民主』、烏托邦主義和舊式的自由主義，抱有一些模糊的熱情，但我是明確反對軍閥和反對帝國主義的。」[49]

雅禮協會為了拓展中國學子的心智，幫了毛澤東不少忙，讓他建立激進領導人的聲望。一九一九年，毛澤東主編的《湘江評論》（*Hsiang River Review*）刊物遭湖南省長下令查封之後，毛澤東轉而擔任雅禮協會所屬刊物《新湖南》（*The New Hunan*）的主編；《新湖南》這份刊物後來也被查禁，不過雅禮協會還是租給毛澤東三個房間，讓毛開辦「文化書社」（Cultural Bookshop）。毛澤東以此為基地，開了七家分店，兜售馬克思主義的著作和期刊；再轉而把盈餘用來挹注社會主義青年團（socialist youth corps）和襁褓中的共產黨。[50]毛澤東以傑出的組織和宣傳才幹，獲選出席一九二一年於上海舉行之中國共產黨第一次全國黨代表大會的兩名湖南代表之一。

雅禮協會不識山雨欲來，還繼續拓展。一九二三年，胡美膺任第一任校長，已包括雅禮中學、湘雅醫院、湘雅護理學院，雅禮學堂（College of Yale-in-China）和湘雅醫學院也在著手籌辦。然而這些擴展並不是內在力量的證明，因為這些機構進展的速度跟不上中國的變化。有個雅禮協會的教師說，「當他往顯微鏡裡頭瞧，幾乎無法確知深不可測的中國迷信的底究竟何在？」[51]他已呼應了自強運動的僵化教條。有位雅禮的同僚說，「假使雅禮能教這些孩子運動家的精神，讓他們明白公平競爭、高度榮譽心和責任感的真諦，中國就不需更偉大的天賦了」[52]，只不過是在自欺欺人罷了。他所提到的種種美德，並不是飽受戰火摧殘、窮困潦倒、蒙受羞辱，又得大膽反抗的民族所亟需的。

胡美當了校長之後，碰到的第一個大危機是在一九二四年十一月，起因於雅禮球隊打輸了一場足球賽。雖然摑學生耳光的教員已在禮拜堂公開道歉，但學生還是在十二月號召大罷課，逾一百四十名學生遭退學。胡美與長沙父老正式會晤，同意減輕對某些學生的嚴懲。某些教員認為胡美太輕易讓步，資深教員也抨擊他。胡美面對蕭牆之內的異議，決定訴諸信任投票。投票結果全體一致支持胡美，但胡美也學到教訓。「在像雅禮這樣的機構，當必須訴諸投票表決時，就很嚴重了。這顯示今後必須在我們西方教誨、本能和東方環境之間劃定明確界線。以後我們必須一再自問——我們最重要的貢獻是什麼？」胡美那天又寫了一封信：「二十年來，我從未感覺如此卑微，如此軟弱無力，對於未來如此迷惘。」[53]

長沙時局不靖，雅禮校園內也日益紛擾，困惑而心痛的學校當局終於看穿共產黨的算盤。雅禮協會的執行秘書寫道：「不要認為中國學生不知感恩。他們不過是陰險狡猾煽動下的犧牲品。雅禮幫他們看清事情的真相。」[54]不過，胡美開始意識到，問題還要深刻得多，雅禮面對的不只是少數激進份子，而是中國民族主義的整體力量。他理解到西方人的角色已經改變了，「中國人已不再對『侵犯者』卑躬屈膝，而無論他們所來為何。」[55]他深感他的同僚「鮮少有人了解中國人思想和行動的意義」，因而採取「生疏、不妥協態度。」[56]胡美甚至開始質疑他主持這所機構為何存在，感覺雅禮太渺小，起不了作用。胡美曾熱切支持「中國教育委員會」（China Educational Commission）的提案，雅禮應與另一所教會學校合併，在武漢開辦另外一所新大學。胡美亦接受「中國教育委員會」的建議，把他辛苦創辦的湘雅醫學院遷往上海，合併成一所較大的醫學院。胡美的多數同僚大都直接否決這些建議。[57]

胡美越想越多，還在一連串寫給紐海文雅禮協會理事的信中傾訴他的想法。胡美在一九二五年一月的信中說：「除非外國機構或外國人能被吸納融入，如同接枝移植到活樹一般，否則便會消亡。我們現在必須再圖振作，努力把我們這株枝芽稼接到中國這棵活樹上。」[58]同月稍後，在給雅禮教員的信裡，胡美發展了這個想法：

> 我們身居中國，這個國家的民族意識正急速甦醒，試圖自國外引進新的訊息。這是外來的。我們不須知道自己是侵犯者就來到此地，想辦法調整自己，以適應我們所面對這個種族的特質……。這個種族的人格特質！多麼微妙，多麼飄忽不定，多麼令人費解的東西！不去尋求理解，或者，不去探索，就當理解非屬必要而安然自在生活，

這無疑會把這無中生有的機構推向深淵絕境。

急切需要的是「熱愛中國人的洋人。」[59]

胡美認為，不應責備中國人對待西方人的態度，「這就好像一群印度人或其他外人跑到美國來，比手畫腳告訴我們該如何建立、發展教育制度。中國人已經聽煩了。」而且，「今天，只要他不受中國人的歡迎，就無法在中國有所貢獻。我們在這裡只是客人。」[60]因此，雅禮協會必須適應環境。「只要我們還虛飾以西方的象徵，堅持西方的某種傳統，或者對轉瞬即逝的現象投之以西方世界的判準，我們如何期待我們的工作能真正生根？」在華的美國人必需「更像中國人，更有效率，更富基督色彩」，胡美認為：「如果說這整個冬天有什麼事變得明朗，那就是我們這些外國人對中國人的態度和心智只有粗淺的認識而已。」[61]

胡美心裡在琢磨這些問題時，他的校園又因兩場危機而再掀波瀾。第一個危機只稱得上是笨拙，但卻很能說明學生運動份子能給西方教育家惹什麼麻煩。湖南學生聯合會（Hunan Student Union）突然宣布，禁止教會學校的學生參加一九二五年四月在衡州舉行的省運動大會。胡美一眼就看出這項禁令的微妙寓意：「假使我們的學生參賽，他們可能碰到各種輕蔑羞辱，存心生事的人輕易便可挑起暴力事端。如果我們默默接受的話，那還會有其他不合理的決定。」[62]胡美想出一個折衷辦法，決定「依學業成績、體育技能和自制能力」，遴選六名雅禮學生組成代表團。湖南學生聯合會回覆，代表團不准穿戴任何教會機構的徽章或標記，才准予進入會場；他們必須承諾脫離他們已註冊的教會機構，且不再參加其他教會組織，才准參與競賽。運動大會的主席與湖南省長均不願淌入這場渾水。最後，雅禮學生雖與會，但不參加競賽。雖然並無暴力情事發生，但整個經驗卻令雅禮大感屈辱。[63]

而第二次危機卻是一場夢魘。一九二五年六月初，長沙學生聞悉上海爆發「五卅慘案」，公共租界（International Settlement）區內的英國警察向示威的中國學生、工人開槍掃射，擊斃十人，傷及五十人。雅禮的學生走上街頭，加入各中、大學學生的遊行行列。流言傳遍長沙，說學生「一致贊成於翌日破曉，將長沙城內的外國人押赴刑場處決。」[64]就在這「一觸即發的氣氛裡」，胡美分派教職員守夜，捍衛校園。美國人的生命就只有靠湖南省長頒布戒嚴令來保護：「造謠惑眾者斬首。散播布爾什維克主義宣傳者斬首。企圖顛覆軍隊者斬首。破壞法律、妨礙秩序者斬首。」[65]雅禮理事會致函湖南省長感謝，表示他們「期盼的無非是中國的福祉，希冀湖南省長閣下能透過支持法律秩序的原則，落實中國的福祉」。[66]

雅禮理事會的企盼或許實現了，但卻不再是透過他們公開讚揚的原則來完成。例如，當長沙的學生目睹長沙市和湖南省行憲之後的可怕後果，就很難繼續灌輸學生美國憲法的優點。湖南於一九一六年宣布自治，到了一九二二年終於起草了一部憲法（以加州州憲為藍本），全境共劃分為七十五個選區，透過投票選舉省議會和省長。有個西方人注意到，湖南這部憲法的條文，「不斷遭到公開違反，尤其是中飽稅款和荒腔走板的選舉。」[67]候選人是這麼產生的：「普選制度名存實亡；選票成捆分配給縣內各選區的負責仕紳。當選的人向士紳買選票，然後填上名字，多者可達上千張。」[68]

若遇危難，官員願意保護西方人，以免國際輿論譴責，但到了一九二五年，他們越來越與地方百姓同聲相應，公開表達排外情緒。常有報導披露，警察和軍隊令美國人跳下黃包車，徒步走路。替洋人扛行李的中國人會遭到學生一頓毒打，而士兵則是袖手旁觀，或甚至「把手槍給那些不須負責任的學生，煽動其怒火。」[69]湖南軍隊向美國牧師開槍，褻瀆美國國旗，洗劫傳教士。這類行徑未受懲處，於是西方人旅遊、經商、賺錢營生也越來越難，「而使內地人對白人的態度完全改變。湖南學生公開吹噓，義和拳民是他們的前輩。」[70]美國女性當街被摑巴掌，子女無端遭謾罵。中國小孩自然不敢去讀教會學校，胡美寫道，即使教會學校的學生，「也不敢與外國老師同行上街，他們會被路人稱作『洋奴才』。」[71]

在這種環境之下，要讓雅禮各個機構成功運作是越來越難了。胡美有位同事總結一九二六年之前學生事務的狀況：「中學生在街上閒逛，卻不到校上課。他們積極宣傳觀念，但卻對他們所宣傳的觀念懵懵懂懂。他們在學校裡組織罷課運動，反抗師長，有時還會返家恫嚇父母親，認同他們的顛覆觀念。我們或許會感嘆，法律與秩序在中國其實已不存在了。這得歸咎於學潮。在今日的街上，無不充斥著險惡的敵意。」[72]

胡美的立場極為困難。雅禮的學生、長沙的激進份子、紐海文的理事，他如何能安撫每一方？胡美在一九二五年做了一個重大決定，他把醫學院的管理權全部交給顏福慶醫生領銜的中方管理委員會，但這一步只是一時緩和雅禮內部漸次升高的不滿聲浪。胡美的主治大夫警告他有精神崩潰之虞，還說他的病無藥可醫，除非他「卸除心力交瘁的精神負擔，長期休養。」[73]理事會准了胡美六個月的病假，但胡美基於他「不願在反基督教運動壓力排山而至，對我們醫學院未來茫然的時刻離開」[74]，婉拒了理事會的美意。

學潮危機再起，令胡美越來越氣憤，不過他惱的不是中國人，而是雅禮的理事和同僚。彷彿長沙掀起的每一樁事件，都會激起他內心的憤慨，一發不可收拾。胡美深感耶魯當局在敷衍：「中國人無法感受我們的積極參與，也無法得到我們移交所有權的承諾，中國人認為所有權的移交在短期之內應可實現。」一九二四年十一月的動亂使胡美指責同僚自欺欺人：「現在各位應認清我們與中國人的真正關係，我們與他們根本並未建立相互信任的夥伴關係，但是自湖南回美國的人往往在理事會面前對這關係說得天花亂墜。我們怠忽職責、坐失良機，我們應該清醒了。」[75]

胡美開始瞭解，許多由理事會任命的美國人無法勝任手頭的工作。他們不是不瞭解中國，就是難以適應，或不學無術；胡美力主當中國人與美國人的經驗條件相當時，應優先任用中國人。[76]當時有所謂的「雅禮學士」（Yali Bachelors），意指被遴選派駐長沙一、兩年時間的耶魯大學高年級生：中國學生覺得這些美國青年「既無教學經驗，又對中國文化歷史一知半解。對他們十分反感。」胡美呼籲，少讓這些人來長沙，理事會「盡量少讓『耶魯媽媽』（Mother Yale）送孩子來，多救濟一點物資，才能把更多的中國人安插在教學和行政管理的職位上。」[77]

醫院的護士也是如此。「容我十分坦白而設身處地說，除非我們美國護士能一改五年前那批人的作風，真誠對待中國學生和中國病人，否則還是少派我們的護士來，多用一點中國人，她們的訓練或許稍微遜色，但卻更了解中國病人的心理，能體貼入微地照顧中國病人。」[78]但理事會還是依然故我，派一位擅長「護理理論」，卻全然無實際工作或中國經驗的美國護士時，胡美這回真的暴跳如雷。[79]

胡美相信，遠在紐海文的人並不了解問題的癥結和形勢的嚴峻，如胡美所言，「這類事情不會發生在美國。」胡美致函秘書：「我們若能正視眼前處境，因時制宜，在中國教育界應享有重要地位。轉變態度，改善做法，乃是當務之急。這是無可避免的。」[80]胡美又被要求向哈克勒斯募款以維持醫學院的運作，但他拒絕了。「我的答覆是，對我而言，這是個道德問題。我不能再向哈克勒斯募款來拯救長沙的醫學院，除非我認為這是對中國最有益的事。」[81]胡美越來越把心思放在一九二二年提出、但遭理事會否決的合併提案上。雅禮協會若是終止，受益的當然是中國。來自理事會的電報使胡美按兵不動：「理事會仍反對醫學院、文學院撤離湖南長沙。」[82]胡美被指為想法悲觀，但他說自己有很好的理由，因為「外國人固然有安定作用，但看在民族主義者的眼裡，他們形同擅闖者——激發民怨，掀起滔天劇變。」[83]如果光是這人在那兒就會讓人怨恨，那他除了離開，別無他途。

胡美於一九二六年返回美國，一方面是為了養病，另一方面是為了能當面與理事會爭辯。開了一連串的會之後，胡美在六月提出辭呈，因為「我對教育和行政管理方面諸多議題與理事會相左，日益明顯。」他希望辭職之舉有助於理事會採取積極的行動，趕緊為雅禮的學校選出一位中國校長。[84]胡美的辭呈被接受了。翌年一月，胡美提出最後警告，在給秘書的信裡說道：真正的考驗在於「教會的教育是否能以合作和有建設性的方法走在民族運動之前。」[85]

一九二六年底，學潮運動到了顛峰，蔣介石領導國民革命軍北伐，期使統一中國，長沙成為左派的大本營。學生的要求不可能達成，威脅到雅禮教育結構的統整，教職員投票決定關閉學校。一九二七年一月，美國副領事范宣德（John Carter Vincent）下令撤離所有美國僑民。[86]省長允諾撥給甫從美國回來的胡美一節私用的火車車廂，但卻發現整列火車都塞滿了軍隊；胡美一家最後是擠在郵袋之間，坐著行李車廂離開長沙。[87]

雅禮的教職員和董事會不可能因為他們的前任校長受到這小小的羞辱而感到遺憾。胡美問了太多的問題，危及雅禮順暢運作的設想。胡美承認中國民族主義的力量，強調美國人需要扮演更有益的角色，他不認為中國無助，中國需要繼續提昇其道德觀。胡美的計畫被他的教員「視為受到盲目理想主義的激勵，而為情緒所支配的產物。」[88]這暗示胡美感情用事、陳義過高，以致混淆議題。雅禮的一群教員在給紐海文董事會的信函裡說道：「胡美醫生精力過人，熱情洋溢，富有魅力，但他無法直接執行政策。」[89]他們無法理解，直接執行的也看人從什麼角度來看待；換言之，中國人仍然拒絕用西方人看待自己的角度來看待西方人。

第七章

青天白日下，遍染滿地紅

鮑羅廷 Mikhail Markovich Borodin

「當我請教他一些名人佚事之類的事實時，他先是嘴角微微上揚，繼之咧嘴開懷大笑，聳聳肩膀。他說：『我生在冰雪之中，卻活在烈日之下——是吧？』事實有什麼好的呢？」[1]如此含蓄的答覆並不令人意外。鮑羅廷（Mikhail Markovich Borodin），之前名叫格魯森堡（Grusenberg），化名伯格（Berg），有時又自稱基瑞爾（Kirill），是一位職業革命家。

一八八四年，鮑羅廷生在一個俄裔猶太人家庭，在拉脫維亞（Latvia）長大，十幾歲就加入「猶太社會民主同盟」（Jewish Social Democracy Bund），不到二十歲就成為布爾什維克（Bolshevik）的一員。鮑羅廷在一九〇五年的俄國革命時便小有名氣，但革命失敗之後，一紙逮捕令讓鮑羅廷遠走美國。他在印第安那州瓦柏拉依梭大學（Valparaiso University）讀過一段時間，娶了立陶宛移民之女為妻，住在芝加哥西區，還設了一所專收移民子女的小學校。鮑羅廷對城市工人的瞭解就是在芝加哥貧民區裡孕育的，嘗試激進的新聞寫作。鮑羅廷於一九一七年革命成功之後回俄國，一九一八年列寧派他傳訊息給美國工人。此後幾年，鮑羅廷先後奉派前往西班牙、蘇格蘭（在此地還鋃鐺入獄六個月）、荷蘭、墨西哥，執行「共產國際」（Comintern）交付的任務。[2]

這個共產國際即「第三國際」（Third Communist International），是列寧於一九一九年成立的，其宗旨在於促進世界革命的降臨。被共產國際視為敵人的有資本主義和帝國主義勢力，以及可能模糊工人革命意識的漸進主義、非共產主義勞工組織。共產國際的方法是在既有工會組織之中培植共產黨的核心細胞，在軍隊裡廣泛宣傳，煽誘農民暴動，持續不斷支持所有被殖民之受壓迫人民。到了一九二一年，在歐洲各地發動革命的希望已告幻滅，共產國際變成一個越來越嚴格、紀律森嚴的組織。同時，歐洲革命紛遭壓制，蘇維埃（Soviet）領袖失望之餘，轉而把革命的希望寄託在中東和亞洲地區：共產國際採取「貧農專政」（the dictatorship of the poor peasantry）的形式，在前資本主義地區實踐蘇維埃革命，也同意只要堅持反帝國主義，共產黨就應該支持「民族革命運動」（national revolutionary movement）。[3]

共產國際的這些決議與中國息息相關。孫文受軍閥逼迫，僅能勉強指揮廣州一帶的國民黨。儘管列寧嘲諷孫文「稱得上是獨一無二、不折不扣的天真爛漫」，但列寧的左右手依然意識到孫文的黨，日後可能發展成為一股反帝、反封建的潛在力量。於是列寧設想出一套環環相扣的三方策略：派遣共產國際代表前往中國組織共產黨，這項任務於一九二一年展開；蘇聯政府宣布放棄沙皇時代自中國掠奪的種種特權，與北京政府建立外交關係；最後，由外交人員和共產國際代表接近孫文，力勸孫文接納共產黨人加入國民黨，並接受蘇聯的援助。[4]

一如列寧所料，孫文這時為了鞏固勢力而四處奔走，尋求外國援助，欣然附和了俄國人的提議。孫文同意共產黨員以個人身份加入國民黨，並於一九二三年派他身邊年輕的參謀長蔣介石，帶著給列寧、契切林（Chicherin）、托洛斯基（Trotsky）的介紹信到莫斯科。孫文告訴俄國的外交官：「我派他前往莫斯科，目的是與當地友人討論如何協助我在這個國家所推動的工作。」蔣介石受到盛情款待，他也密集考察蘇聯的軍事技能。俄國人則是派鮑羅廷前往廣州。他此行的確切任務隱而未明，引介給孫文時，稱鮑羅廷是「我黨資格最老的黨員之一，參加俄國革命運動多年，」可視之為「蘇聯政府永久的全權代表」，而在他的指導下「局勢會比以前進展更快速。」[5]這些話都很含糊，正與他此行的隱密相合：鮑羅廷於一九二三年抵達廣州，對外宣稱的身分是「羅斯塔新聞社」（Rosta News Agency）特派員。

鮑羅廷與孫文一開始就相處融洽，幾天之後兩人就連袂出遊，促膝深談。鮑羅廷估計，至少要五年的時間才能在廣東建立革命根據地，於是他便和孫文協同重組國民黨，定期從海參崴（Vladivostok）運送軍火到廣州。鮑羅廷促孫文實行激進政策：宣布一天八小時工作制及最低工資制，農地重分配。孫文不敢採納最後一項建議，但同意成立農會。孫文為表示對鮑羅廷的器重，特命他為國民黨改組委員會的顧問。國民黨改組之後仍稱為國民黨，並於一九二四年一月召開第一次全國黨代表大會，通過「打倒帝國主義」和「聯合農工」[6]的口號，足見鮑羅廷對這次大會影響之深。

鮑羅廷巧妙運用孫文的好大喜功，國民黨新黨綱裡為這位中國領導人安排了龐大權力，而他自己卻隱身幕後。孫文則相信，新的同盟有利於鞏固他的地位；國民黨需要蘇聯的技術和軍事援助。孫文甚至把鮑羅廷比喻為「拉斐特」（Lafayette）（譯按），並向友人保證他能取蘇聯體制之精華，棄其糟粕。[7]所以，孫文採「民主集中制」（democratic centralism），嚴格貫徹黨紀，鮑羅廷解釋，應把國民黨的組織改造成金字塔結構，自基層的區黨到權力核心的「中央執行委員會」是一條鞭。孫文也保留了他所訴求的口號：「民族主義、民權主義、民生主義」，這是孫文琢磨十餘年，為中國政治發展所建構的含糊公式。[8]

鮑羅廷的任務既微妙又複雜。他必須把國民黨改造成一個足以統一中國、打倒帝國主義強權的組織，但他又必須厚植共產黨的力量（諷刺的是，這項任務後來才日趨明顯），國民黨的民族主義革命萬一成功的話，共產黨最後能將之轉化成社會主義革命。鮑羅廷腹背受敵：有些中國共產黨黨員認為和由資產階級控制的政黨結盟，不啻與虎謀皮；而國民黨內的保守派覺得共產黨員是危險的同盟，應在他們還不成氣候時予以粉碎。鮑羅廷還得勸阻孫文，不要倉促北伐，以免弄巧成拙。他還要緩和共產黨中的鷹派，切勿躁進，而與國民黨有間隙。在一九二四、一九二五年間，鮑羅廷遊走於鋼索之上，他羅斯塔新聞社特派員身份很快被拆穿，但他能說服大多數人，蘇聯是誠心誠意的。廣州有份報紙在一九二四年九月報導了鮑羅廷：「假如今天這位蘇聯在廣州的高貴代表向孫總統建議，在本地或中國其他地方實施『布爾什維克主義』（Bolshevism），他的政府將會在二十四小時之內將他召回國。」[9]

鮑羅廷跟中國人打交道，最大的優勢之一是他的個人魅力，他有本領展現出誠懇和溫

譯按：Marie-Joseph La Fayette 是法國貴族。一七七五至一七八三年間於美國獨立戰爭期間擔任美國陸軍上將，協助華盛頓作戰。

鮑羅廷（Mikhail Borodin）在武漢發表激勵士氣的演說，一九二七年。

和的形象。有位記者形容：「他與我想像的模樣相去甚遠。站在我眼前的這個人身材高大，體態勻稱，年約五十歲。他講話速度緩慢，嗓音低沉、和諧。他的一雙眼睛深邃、炯炯有神，彷彿是屬於夢想家、發明家，而非不顧一切的宗教狂熱者、復仇者或破壞者所能有，這雙眼睛令他削瘦、滿面皺紋的臉龐熠熠生輝。他那遲緩、沉重的舉止，不修邊幅的裝束，以及英式短髭，讓我想到一路往上爬的英國勞工領袖，但他又有豐富的政治歷練。」[10]還有人記得鮑羅廷為人「親切厚道，心思縝密，過目不忘」，像個大實業家或工程師，倒不像個革命家。[11]就連廣州神學院（Canton Christian College）院長香雅各（James Henry）博士也認為鮑羅廷的「個性討人喜歡，誠懇真摯，令人印象深刻，讓人有如沐春風之感……我問他是否喜歡中國人。他對我的提問驚訝萬分，思索片刻之後說，他從不考慮這個問題。」鮑羅廷拒絕香雅各博士的邀請，以共產主義為題向學生發表演講，鮑羅廷的理由是他一般不願以這個特殊的論題作為演講內容：「共產主義是一門哲學，一種理想，對中國仍遙不可及，」鮑羅廷告訴香雅各博士說。「中國落後時代百年，摩天大樓和黃包車之間的差距——多麼不同。」[12]

鮑羅廷外表彬彬有禮，但其實是強悍幹練之人，小心鞏固自己的地位。一九二四年七月，孫文任命鮑羅廷為國民黨中央政治委員會的高等顧問。鮑羅廷也被任命為國民黨農民工作的顧問，國民黨農民部的幹部多為共產黨人——其中包括毛澤東，當時毛澤東強烈支持國共合作，主持「農民運動講習所」（Peasant Movement Training Institution）。[13]鮑羅廷好騎馬、下棋，在廣州很快就成了名人。鮑羅廷和妻子范妮（Fanny）、兩個兒子住在一幢寬敞、光線幽暗的兩層樓房，鄰近廣州校場，面對國民黨中央執行委員會總部。鮑羅廷一家人住在樓上，房間很冷，傢俱陳舊。鮑羅廷的秘書、翻譯則住在樓下。他們每天為鮑羅廷彙整中、外報紙的報導，將剪報仔細分門別類歸檔，而與國民黨中央執行委員會的會議記錄放置一起。鮑羅廷還指派四名俄籍顧問專門研究廣東的工人和農民運動。這些人儼然是鮑羅廷的「智囊團」，不過他們在政治上不是全都靠得住。其中有些人之所以被送來廣州，是因為他們在家鄉表現出「極端的批判精神」，所以讓他們親身體會內戰來改造自己。[14]

鮑羅廷家的訪客川流不息，包括蔣介石、周恩來和譚延闓（胡美的老友，現已是國民黨內的權貴）。當鮑羅廷的瘧疾發作時，黨的會議就在他的病榻旁舉行。范妮則充當機要秘書，在老房子裡翻箱倒篋，從鮑羅廷滿坑滿谷的檔案中尋找他需要的文件。若鮑羅廷覺得某些文件不宜曝光時，就會向范妮打暗號，她便假裝四處尋找，然後說文件一時找不到。除了范妮之外，鮑羅廷還有個心腹，此人就是張太雷，時任中國共產黨中央委員會候補委員。鮑羅廷的秘書回憶說：「鮑、張兩人形影不離，他們倆甚至同住一房。鮑羅廷絕對信任張太雷的翻譯，一定要他陪同出席國民黨中央執行委員會會議。」[15]

他們的生活算得上很舒服，不過入境也只得調整自己的無產階級意識。蘇聯使團的一位軍官回憶說：「我們偶而得坐黃包車，這總讓我們這些在華的蘇聯顧問感到不安。剛開始我們會予以婉拒；但我們的矜持對黃包車伕沒半點好處，我們才同意讓他們拉一小段路，我們沒讓他們拉快一點，還比平時多付了五倍的車資。」坐在轎子晃悠令人愉悅：「雖然坐在這種交通工具上予人有種荒謬、懷舊和貶降人格之感，讓人聯想到巴比倫（Babylon）和希巴女王（Queen of Sheba），但是坐起來不費勁、不搖晃、不吵鬧地騰空前行，確實給人一股魔幻之感。」[16]

鮑羅廷有時必須前往他的另一個勢力範圍視察——廣州城外的黃埔軍校。黃埔軍校創辦於一九二四年春天，由蔣介石出任校長，周恩來任政治部副主任，其宗旨是要培養國民黨軍隊亟需的青年軍官。由蘇聯軍事顧問負責調教的黃埔軍校幹部，於一九二五年出師大捷，擊潰地方軍閥。以黃埔軍官為骨幹的軍隊，日後成為蔣介石北伐的勁旅，並在蔣與共產黨人決裂之後拱衛蔣的權力。

蘇聯軍事顧問團團長布留徹（Vasili Blyukher）將軍的重要性堪與鮑羅廷相當。他年方三十五歲，在一九二四年派駐中國之前，曾領導紅軍在烏拉山脈（Urals）和西伯利亞（Siberia）建戰功。布留徹將軍在中國工作時化名為「嘉倫」（Galin），他領導一個由四十名俄國軍官組成的顧問團，個個都是沙場老將、共產黨員，不過其中不乏像鮑羅廷的幕僚般，是被派來中國接受考驗的。[17]嘉倫將軍的軍事專業一定能鞏固鮑羅廷在國民黨內的地位，似乎也印證了俄國人的動機純正。嘉倫將軍的盛名也讓廣州的俄國人沾光：嘉倫將軍年輕俊俏，說話簡潔，曾有工人背景，坐著視察座車在廣州街頭疾馳，警衛荷槍實彈，站在車子的踏板上，可謂人人皆知。蔣介石記憶中的嘉倫將軍對西方人毫不留情，說他是「俄國將領中最為傑出而最合情理的一位良友」，並說與嘉倫的「作別」是「我生平印象最深刻的一次別辭。」[18]在訓練時，嘉倫的軍紀嚴明，一絲不苟，是位嚴格的教官。嘉倫將軍陪同軍校學員初試身手，時時強調他在俄國發展出來的基本戰術：運動、奇襲、速進、包圍。在嘉倫將軍的領導之下，黃埔軍人已成為華南地區的一支鐵衛。[19]

俄國介入廣州政務的重要性越來越清楚。有人注意到一九二五年俄國駐廣州軍官、文職人員的人數，說「每個地方，即便是政治和軍事機器之中微不足道的小齒輪，蘇聯的影響力也是無所不在的。」他還說，鮑羅廷「這位第三國際派駐廣州的特使，是這個陰謀網絡幕後的邪惡人物……他出手闊綽，散發軍火和金錢。」[20]國民黨內的保守派人士亦有同感：「鮑羅廷和嘉倫將軍名為顧問，實則獨攬軍政大權。」他們大聲疾呼，力促解除鮑羅廷的權力。[21]

鮑羅廷的影響力雖然大增，但在這波交易之中受益最大的還是孫文。孫文充分利用這群政治、軍事顧問的專業技能。如今國民黨已是紀律嚴謹的政治組織，而黨的軍事基礎亦迅速擴張：一九二四年五月，黃埔軍官指揮的部隊只有官兵九百六十人，一九二五年一月，增為一千五百人，一九二五年十一月則多達三萬人。孫文這人向來不尚侈言空談，一九二五年，孫文罹患癌症彌留之際，表示：「有了黃埔軍校，我可以安心去了。」[22]

孫文去世之後，蔣介石旋即控制了國民黨，而在他鞏固自己在廣州的勢力時，鮑羅廷還是有用處。蔣介石需要蘇聯的軍事援助，所以他必須讓黨內的批判消音，鮑羅廷擔任政治顧問是孫文的安排：「〔孫文〕指示我：『鮑羅廷的意見就是我的意見；凡是涉及政治問題，必須採納他的建議。』……蘇聯同志珍惜與我黨的友好關係……你們怎能說是鮑羅廷一人專制？」[23]鮑羅廷則是繼續扮演先前的角色，與蔣介石攜手合作，在中國人的心中形塑孫文的形象。孫文辭世之後，享有他生前未曾有過的地位：他的著作廣為流傳，備受推崇；他的遺體獲得妥善保存，陵寢亦在籌建，遺像掛在國民黨政府的每一幢建築物之中，口號在演講中被廣為援引。孫文的臨終遺言「致蘇聯遺書」（譯按），極可能是出自鮑羅廷的手筆，亦被廣為宣傳；孫文在遺書中盛讚「不朽的列寧」，深信俄國與中國將可「攜手並進，取得勝利。」[24]一九二四至一九二五年間，廣州工人為抗議港英政府舉行大罷工，

譯按：根據李玉貞，《孫逸仙與共產國際》（台北：中央研究院近史所，民國八十五年十月）一書的記載，俄羅斯現代史料中心所存之「致蘇聯遺書」之原件係以英文撰寫。

發動抵制英貨，似乎印證了鮑羅廷的政策：工人的運動體現了新勞工組織的巨大能量，以及中國人反帝國主義的堅定決心。

然而，鮑羅廷卻無法與蔣介石建立先前同孫文般的私人情誼。蔣介石個性比孫文冷酷，講實際，很清楚中國共產黨代表的危險，決計把他們壓在底下，為其所用。但諷刺的是，控制共產黨員的正是鮑羅廷：蔣介石靠著黨紀森嚴的國民黨組織，以及在黃埔軍官之間挑撥離間，建立了共產黨人難以挑戰的地位。鮑羅廷深知局勢凶險，繼續降低中國共產黨人的革命熱情，並告訴中國共產黨的總書記陳獨秀，他的黨此時此刻必須給「國民黨當苦力。」[25]

蔣介石等到一九二六年春鮑羅廷離開廣州（嘉倫將軍不久前也返回俄國），才發動突襲，逮捕大批中國共產黨員，解除他們在國民黨內的職務，還軟禁俄籍顧問。鮑羅廷起初打算採取強硬的反擊措施，這也是自然的反應，不過冷靜思考之後，還是按兵不動。蔣介石壓制了部分黨內右派份子，要鮑羅廷回廣州，他答應了。顯然鮑羅廷很想回廣州。他當時在北京委婉地告訴採訪他的人：「中國的未來或在廣州。廣州是個大實驗，現在處於成敗的關鍵階段。傳言太過誇張，其實廣州沒什麼值得大驚小怪。廣州不是赤色之都；它正在經歷政治、經濟和社會進步之前的陣痛，其他國家在百年前已經走過這個階段。我認為這是值得奮鬥的目標，況且成功在望。所以，我決定留下來，盡力貢獻。」[26]

蔣介石與鮑羅廷達成妥協：國民黨內的共產黨人從此之後必須登記在冊，不得在國民黨內成立秘密組織，不得批評孫文，不得在任何執委會之中佔有逾三分之一的席位。鮑羅廷同意這些條件，續任國民黨顧問。許多中國共產黨人對於新的協議內容有所警覺，怕他們無法組織起來。鮑羅廷看似信心滿滿，而俄國官方的回應也否認政變一事，堅稱中國的形勢一片大好。[27]

到了一九二六年夏天，蔣介石被任命為國民黨軍總司令，獨攬黨內大權，準備發動蓄勢已久的北伐。鮑羅廷等俄國顧問擔心軍事失利會讓多年心血毀於一旦，所以強烈反對蔣介石的北伐。他們的意見遭到否決，鮑羅廷表面屈從，著手深入研究太平天國之亂，為北伐獻策。鮑羅廷的結論是，太平天國敗在同時與滿清、西方帝國主義和資產階級為敵；假如國民黨軍克復上海這個西方列強與中國工業的據點，將會重蹈太平天國的覆轍。但是武漢地處內陸，無此憂慮，國民黨應該拿下這個無產階級力量強大的工業重鎮。

但蔣介石剛愎自用、獨斷獨行，鮑羅廷和中共領導人這時的疑慮，可由蘇聯顧問在四月就已起草的報告窺知一二：

> 我們認為蔣介石是個性格獨特的特殊人物，他貪圖榮譽和權力，渴望成為中國的英雄，尤其特出。蔣介石說他不僅代表中國國民革命，同時還代表世界革命。不消說，

他對於革命的理解程度又是另當別論……。他一意孤行，脫離群眾。無論如何，為了爭取榮耀，達到他的目的，他有時也會利用群眾，利用中國共產黨，利用我們。28

蔣介石的軍隊在一九二六年底的輝煌戰果暫時平息了這類批評。多虧了訓練有素，後勤補給得宜，分化敵對軍閥，又成功結合農民的支持，國民黨的軍隊不到幾個月的工夫，就推進到長江流域，先後攻克長沙、南昌、武漢。然而，豐碩的戰果也為軍隊訓練帶來新的問題：國、共兩黨的宣傳有效激發了群眾對北伐的擁護，農民、工人紛紛響應這支新軍，本來是單純的軍事行動，如今卻有革命初級階段的色彩。關鍵的問題在於如何處理釋放出的革命力量。包括毛澤東在內的許多共產黨人嚮往農民的自發性抗爭，打倒地主：「他們舉起那粗黑的手，加在士紳頭上了。他們用繩子綑綁了劣紳，給他戴上高帽子，牽著遊鄉。」毛澤東看出地方上勢必發生暴力，為之喝采叫好：「革命不是請客吃飯，不是作文章，不是繪畫繡花，不能那麼雅緻，那麼從容不迫，文質彬彬，那樣溫良恭儉讓。革命是暴動，是一個階級推翻一個階級的暴烈行動。」對中國共產黨而言，農民的自發行動是一大挑戰，毛澤東看得很清楚：「一切革命的黨派、革命的同志，都將在他們面前受他們的檢驗而決定棄取。站在他們的前頭領導他們呢？還是站在他們的後頭指手畫腳批評他們呢？還是站在他們的對面反對他們呢？每個中國人對於這三項都有選擇的自由，不過時局將強迫你迅速選擇罷了。」[29]

不過，毛澤東的觀點屬於少數，而鮑羅廷做出了選擇：他指示共產黨人留下來配合國民黨，幫國民黨統一中國，打倒帝國主義。鮑羅廷認為，若是他支持暴動的農民，放任他們推翻了社會結構，切斷了國民黨支持者的金脈，那他的目標就無法實現了。他是國民黨的顧問，而不是農民共產黨的。最妥當的做法是完全聽史達林的話，不惜一切代價走正統路線。鮑羅廷就是這麼做，否認任何問題的存在來解決問題。一九二六年十二月拍發給中共的指示說道：「土地尚未是個問題，因為目前農民的問題包括有減租減息，自由結社，武裝自衛，反抗土豪劣紳，以及反抗苛捐雜稅。為了引導農民離開基於這些需求而進行的真正鬥爭，轉而讓他們把全副的心力集中在解決土地這單一課題之上，這不啻是終止了鬥爭。」[30]換言之，溫和乃是鬥爭，但暴力卻不是，於是鮑羅廷嚴格約束了走暴力路線的共產黨人。鮑羅廷走的是一條微妙的道路。

在一九二六年十二月的會議上，鮑羅廷與蔣介石就革命口號達成共識：「農工群眾是國民革命的主要力量。」「消滅一切反革命集團。」[31]但是這潛藏其中的和諧，還有口號本身終究會變得了無意義。鮑羅廷、共產黨的領導幹部、國民黨內的激進派全都聚在武漢，希望把武漢改造成下一階段北伐的大本營；蔣介石和親信則是駐在南昌，欲順長江東下攻克上海。鮑羅廷勃然大怒，在一九二七年一月，公開抨擊蔣介石，痛斥他只是個窮兵黷武的軍人。鮑羅廷之所以大為光火，或許是因為一月初中國群眾湧進、接管漢口英租界的事件，證明了無產階級的力量已蓄勢待發，足以與帝國主義相抗衡。二月，武漢的激進派一致表決驅逐國民黨內「所有老邁、昏聵、平庸、腐敗的份子」，重整組織，藉以削弱蔣介石的權力。[32]

蔣介石轉而找與鮑羅廷不睦的俄國顧問的支持，更重要的是，他突然試探西方列強，若他拋開共產黨的牽絆，締建獨立政權的反應。蔣介石的私人保鑣柯恩（Morris Cohen）——此人因慣用兩把左輪手槍而以「雙槍馬坤」（Two-gun Cohen）名號行世——於一九二七年二月拜會駐廣州的美國總領事，告訴美國總領事說蔣、鮑有「嚴重歧見」，結果導致兩人之間「多少滋生了難以彌補的裂痕。」總領事表示柯恩稱「若列強欲排除俄國在華勢力，則現在就應直接與蔣將軍接觸。他確信蔣痛恨俄國人，蔣之所以與鮑羅廷合作，無非是想要取得俄國援助的軍需物資，這是廣州軍隊奏捷所不可或缺的要素。」[33]

西方列強無意捲入，而無論蔣介石或鮑羅廷都認為沒到攤牌的關頭，所以整個一九二七年春天，雙方還繼續維持合作。上海工人發動大罷工，自當地軍閥手中奪佔上海交給蔣介石；罷工工人甚至還遵從共產國際的指示，掩埋軍火，解散糾察員，以免蔣介石有所疑懼。蔣介石控制上海之後，突然下重手攻擊。四月十二日，蔣介石的部隊在上海城內大肆搜捕、槍殺共產黨人和工會領袖。[34]

上海生變讓史達林大為震驚，他在幾天前才說道：「我們聽說蔣介石想再次打擊我們。我知道他在向我們玩弄陰謀詭計，但倒楣的會是他。我們將會把他當檸檬來擠，然後就丟掉。」[35]不過，史達林經不起承認犯錯，尤其是托洛斯基和其他在俄國批評他的人均在質疑，何以中國工人尚未組成「蘇維埃」，何以沒有鼓動農民革命。史達林為了壓制批評，堅持上海事件正是證明了他所主導之共產國際路線的正確性。這一切顯示國民黨內的右派已曝露出他們封建和買辦利益代表的真面目。不過反帝國主義之民族主義革命的第一階段已告完成，史達林說，現在是共產黨人與代表小資產階級的國民黨內激進派重新結盟的時候了。史達林告訴托洛斯基，「只有瞎子才會否認左翼國民黨在革命鬥爭中的角色，否認他們在反抗中國之封建殘餘和帝國主義的角色。」[36]中國共產黨現應捨棄蔣介石，而與蔣的左傾政敵汪精衛和馮玉祥結盟。馮玉祥素有「紅色將軍」之稱，曾去過莫斯科並與鮑羅廷會晤。於是人在武漢的鮑羅廷著手籌組新同盟，達成新協議。同時，由於武漢的國民黨員仰賴當地軍閥的支持和財政挹注，這意味著鮑羅廷必須再次運用影響力約束農民、工人。

起初也看不出鮑羅廷對這項新任務有何憂心。他住在富麗堂皇的大宅邸裡，房間寬敞，有錦緞窗簾，昂貴家俱，還配有中央暖氣。他的幕僚有英國人、美國人及俄國人，人數眾多，聰明幹練，精力過人。西方列強代表在失去租界區之後怒氣難消，鮑羅廷前往拜會，保證會把武漢的經濟生活重新導入正軌。鮑羅廷繼續與馮玉祥等軍閥協商，試圖說服他們與共

蔣介石（右）與「紅色將軍」馮玉祥，一九二七年夏。

產黨結盟，完成第二階段的北伐。鮑羅廷對汪精衛以及留在武漢的左翼國民黨員執禮相待，不斷抨擊農民「過火」的行動，即便這些農民遭到他名義上的「盟友」逮捕、槍決。[37]鮑羅廷讀劉易士（Sinclair Lewis）的《埃爾墨・甘特利》（*Elmer Gantry*），對書中內容心有戚戚，維持下棋的習慣。他的舉止氣定神閒，冷靜自如。武漢有位記者寫道：「他對每件事都興致勃勃，他以耐性、幽默、縝密的態度來處理每一件事。就這點而言，他不像那種典型的革命家——從欣賞美景到綁鞋帶都不忘階級鬥爭、毫無情趣的狂熱之徒。鮑羅廷具備列寧那種疏離的人格特質，從人事的大方向來明察秋毫。」[38]曾有「廣州王」之稱的鮑羅廷，管起「赤色武漢」來也能得心應手。

但鮑羅廷了解局勢正在惡化。這多虧了他容許工人與農民組織被破解，每天都有激進份子被處決。鮑羅廷有瘧疾在身，從馬背摔下來造成左臂粉碎性骨折；他恪遵史達林的指示，結果在自己陣營裡挑起各種反對，而他卻無能處理。許多中國共產黨人都質疑鮑羅廷的領導權威，甚至有些剛到武漢的共產國際代表也是如此。一直謠傳激進的國民黨員正計畫甩掉共產黨人，圖謀與蔣介石重修舊好。共產黨人在他們勢力最大的武漢也公開受到攻擊。有些街頭的海報用意無非是要混淆視聽，讓商人不安。有一幅海報寫著：「工人團體將於今早到外國銀行立崗站哨，取消對外國雇員的糧食供應。令洋人走狗即刻辭職。他們的目的何在？問問鮑羅廷先生！他最知道。」[39]還有人用粗鄙的話語攻擊鮑羅廷，令共產主義者淪為笑柄。有一份海報凜然宣佈：「婦女聯合會建議，在五月一日勞動節舉行裸體大遊行，藉以促進自由原則。」但有報紙拿這當笑柄，昭告全國：「凡欲參加裸體遊行者，須檢查身體。膚如雪，乳如峰者，才符合資格。」[40]

滿城揶揄之聲，行刑槍隊橫行，在這城市難以點燃革命火苗，到了七月，鮑羅廷深感絕望。[41]六月一日，史達林的最新指示電傳至武漢，也無法緩和局勢。電文指示中國共產黨沒收土豪劣紳的土地，但放過軍閥盟友的田產；打擊立場搖擺的將領，組織一支五萬之眾的工農新軍；在國民黨中央執行委員會中注入激進新血；設立革命法庭審訊反動軍官。史達林的指示意在提高革命層次，如果共產黨擁有優勢軍力，並獲得左派國民黨的無條件支持，或許還能奏效。但以武漢的局勢，史達林的指示是空話。中國共產黨領導人陳獨秀嚴厲抨擊：「這簡直是在尿桶裡洗澡。」[42]共產國際代表羅易（M. N. Roy）抵達武漢，向左翼國民黨領袖汪精衛出示史達林電文的副本，促其採取激進行動。結果是一場浩劫。羅易希望汪精衛受共產黨人的力量與願景所鼓舞，但是事與願違，汪精衛受此刺激，反而大發雷霆，詰責共產黨違背雙方協議，著手與蔣介石重修舊好，彌合國民黨內的嫌隙。鮑羅廷暴跳如雷，請史達林召回羅易，但傷害已經造成。[43]鮑羅廷的希望也在六月底破滅，「紅色將軍」馮玉祥與蔣介石達成共識，同意並肩作戰。

把蔣、馮協定的消息向鮑羅廷證實的丹麥籍記者，獲准夜訪鮑羅廷。採訪近尾聲，丹麥記者向這位沮喪的革命份子問道，當初是什麼動機讓他前來中國？又是甚麼原因讓他在政策實現無望的情況下，繼續留在中國？

鮑羅廷往後仰，身陷扶手椅中，立在一旁的燈光，灑落在他身上那件寬鬆的熱帶套裝上，他那蒼白、刻畫著濃濃陰影皺紋的臉龐，尤其是下顎之處，深邃的雙眸以及稀疏的黑髮。鮑羅廷紋風不動，沉思良久，緩緩摸著短髭，最後用低沉、壓抑的語調說道：「我前來中國是為理想而奮鬥。解放東方人民，實現世界革命的夢想將我帶來此地。但中國本身，歷史悠久，人口眾多，社會問題龐雜，無限的可能性，全都令我驚愕萬分，也將我淹沒其間，我的世界革命思想逐漸褪色。在中國進行革命，為自由而奮鬥成為目的本身，不再只是達成目的的手段。我的使命是掌握形勢，推動巨輪前進，隨著時間的游移，巨輪也推著我一道前進。我自己成了這龐然機器裡的齒輪。」44

這是鮑羅廷的真心話，看得出他真有自知之明。中國左右了鮑羅廷，讓他認清這世上的事情是他和史達林無法一手控制的。中國革命有它自己的動能，雖然國、共兩黨均受惠於鮑羅廷的組織長才，但兩黨最後也都離棄了他。國民黨人自國共合作中看到被顛覆之虞，中國共產黨人則是因恪遵莫斯科的指示，眼睜睜看著無數的優秀黨員橫死。在未來幾年裡頭，共產國際的代表雖仍然活躍，但已無法讓中國共產黨乖乖聽話了。

鮑羅廷在陽光下的日子已告結束。七月初，他組了車隊，打算率領隨員幕僚越過戈壁回俄國。一九二七年七月二十七日，鮑羅廷離開武漢。在北歸的途中，鮑羅廷與幾位將領晤談，想再盡些心力，替風雨飄零的共產黨尋找盟友。但鮑羅廷的心思已經不在這上頭了，他告訴一位旅伴：「如果還有中國將領奔赴莫斯科，高喊『世界革命萬歲』，最好是把他們交給秘密警察。他們要的只是槍桿子。」鮑羅廷的旅伴反駁說，他們剛剛見的那個將軍似乎很友善，真心熱愛俄國，鮑羅廷回說：「他還很年輕。他們年輕時，個個是好人。」45

鮑羅廷在中國的任務失敗，也斷送了他革命家的前途，回到俄國之後，先後做過英語教師和莫斯科一家小報的主編。在中國，錯不在鮑羅廷，他只不過唯史達林的指示是從，史達林的失策在於他錯估了鮑羅廷能同時操縱國、共兩黨為俄國謀利。史達林這人是不會認錯的，所以只好讓鮑羅廷來受過。

事情急轉直下，鮑羅廷也不會太驚訝。他從和蔣介石、汪精衛打交道的經驗得知，深知歷史的弔詭就在於它會一再重演。誠如馬克思在〈路易．波拿巴的霧月十八〉（*The Eighteenth Brumaire of Louis Bonaparte*）的文章中說道：「黑格爾在什麼地方說過，歷史上最重要的大事和人物都會出現兩次。他忘記說：第一次是悲劇，第二次是笑劇。……人們創造自己的歷史，但他們並不是隨意創造，並不是在他們自己選定的條件下創造，而是在碰到的、既定的、從過去承繼而來的條件下創造。前人的傳統像夢魘一樣，在活人的腦海縈繞。」[46]

鮑羅廷離開武漢之前，顯然這段陰鬱的話還在他的腦中閃現。有個記者鍥而不捨，要鮑羅廷總結自己在中國革命的經驗，他回答：「為了革命信仰，四年的奮鬥犧牲已付諸東流。歷史總是一再重演。它起先是以悲劇的面貌出現；第二次則是悲喜劇。革命力量已推至長江流域。人跳進這濁流中，浮起時是滿腔的破碎希望。」[47]

第八章

治水急先鋒，救人活菩薩

托德 Oliver J. Todd
白求恩 Norman Bethune

一八六六年，丁韙良在華北凝視滾滾黃河，高聲大喊：「洶湧混濁的波濤，將思緒帶向未來。滾滾黃河無視當地人蟻蜉之力，還有待西方工程師以科學方法來馴服。」[1] 過了六十九年之後，黃河桀驁依舊，但來自美國密西根的工程師托德（Oliver. J. Todd）卻苦思如何降服這條河：「中國的需求很清楚，眼前她必須向我們取經，吸收足以制服中國這兩條不馴大河的工程知識和技術。如何保護身家免受蹂躪的問題，牽涉範圍十分廣泛，超越國界的限制。」[2]

這項任務龐大，讓托德不由心喜，因為他這個土木工程師幾乎是以神秘的態度來看待自己的專業，認為「幹我們這一行的人，必須有高人一等的道德、肉體和精神耐力，勇敢面對、克服一切恐懼，解決一切迷惑。」[3]第一次世界大戰時，托德在法國擔任工兵上尉，戰後，他在一九一九年與約翰·雷普利·傅里曼（John Ripley Freeman）一同前往中國。傅里曼是水壩和水力發電方面的專家，中國政府請他來擔任整治黃河水患的顧問，他仔細研究中國人歷來治理洪水的記載，漸漸相信「在運用水利科學和技術為人民謀福祉方面，世界上沒有哪個國家可與中國相比。」[4]傅里曼打算疏濬、緊縮黃河、長江河道，以加快流速，還擬了一個很有野心的開墾計畫。這兩個計畫皆因地方財政窘困和地方官員的保守心態而告吹，傅里曼失望之餘回到美國。但托德留了下來，要實現傅里曼的宏圖大計，可謂千頭萬緒，但他決心一一克服。

洪水飢荒不單行，肆虐農民永不去，在一九二〇、三〇年代屢屢發作。百姓死於澇饉者無數，百萬良民淪為乞丐，災民拆房作薪，典當還債。西方政府雖憂慮中國政經局勢的動盪，卻不願大筆投資，賑濟災荒，然而西方傳教士、國際紅十字會，以及許多像托德這樣的人卻亟欲迎接挑戰。他們所規劃的方案包括錢糧的調配，組建農村合作社，設立實驗農場、互助社，催生植樹造林、興建水利設施、修築道路計畫。一九二一年，「中國國際賑災委員會」（China International Famine Relief Commission）在上海成立，就是為了協調上述工作。5

托德的第一項重要工作是在山東，監督約三萬五千民工修築一條長五百哩的泥土路用以賑災。工程正是如火如荼之時，黃河在利津附近的堤防段沖出了一道六千呎寬的缺口，附近農村頓成水鄉澤國，五百多個村莊受害，二十五萬人無家可歸。這次災變讓托德第一次有機會整治這條河流，他這一生自此讓他心往神馳、膽戰心寒。在托德眼裡，這條「中國之悲」（China's Sorrow）還頗有靈性，他被黃河「恣意形塑地形地貌的力量」所懾服，決心要它俯首稱臣，令之「順從人意，在固定的河道奔流。」托德很清楚，這條長兩千七百哩的大河夾帶的龐大淤積，是由直徑不到千分之一吋的沙粒，以每秒八呎的速度向前奔流，這些沙粒佔河水重量的十分之一，點滴沉積，河床便緩緩堆高，直到水面高於人們辛苦修築的堤防，淹沒百姓家園，摧殘其生計。6

托德認為，只有西方工程師才有能力馴服黃河，並向「順從刻苦的民族」知曉「這所謂自然災害」的來龍去脈。新科技必須滌蕩舊有的迷信。托德寫道：「我承認，身為工程師的我，真心希望所有的雨神都被罷黜，被遺忘，移走豎立在河岸的銅牛，在修築工程中取消向龍王曲意逢迎的劇碼，取而代之的是對水利工程科學的頂禮膜拜。」7

當地一位中國將軍提議，在蜿蜒的河道中安置巨型鐵爪，攪動淤沙，藉水流之力將之沖刷入海，但托德予以否決，一九二二年十二月，他著手實行自己的方案。托德認為，應重新開挖已被開墾為良田的河彎，使這條浩浩巨流回到原始的河道。托德的描述不只是一篇工程文獻，更像是一首普羅米修斯（Prometheus）的凱歌：

這項治河工程的特點是用木作支架來修建填石堤壩，其工程技術近似於一九〇七年橫跨科羅拉多河（Colorado River）下游的克拉克大壩（Clarke dam）。這項工程大量採用奧勒岡（Oregon）松木和圓木樁，並調來一部美製打樁機投入工程。以四根圓木樁為一排架，每根圓木樁之間相距十呎，插入二十五或三十呎深。這個堤壩為了防水之故，共堆了三十萬袋泥土，十萬個五乘八呎大的蘆席，讓河水挾帶的淤泥在堤壩前方的大塘內沉澱。春季枯水期就搭設橋架，同時，利用四百艘舢板自上游一百二十哩處的採礦場轉運五萬立方碼的石材。四月下旬和五月初，在橋架上鋪設一條狹窄的標準軌道，使工人能同時推出卸下兩線的石材車。[8]

共有八千餘人參與這項工程；肩挑手推，徒手搬運了一百萬立方碼的泥土；四十呎寬的新堤乃是由巨石填造而成。這項工程如期完竣，費用不到中國人預估的一半，現代科技與傳統勞力並行不悖。

現在，工程師在中國的角色釐清了。誠如托德所說：「他起草的方案和工程計畫只能在中國就地取材，而中國擁有龐大的勞動力——若由幹練、經驗豐富的人來調配，中國可源源不絕供應高素質的勞動力。」[9]論經驗豐富，無人能出托德其右——托德嘴上常掛著「全能的上帝」，而他的友人也半開玩笑、半認真地這麼說托德；喜歡直言不諱的人乾脆就稱他「全能的托德」（Almighty Todd）。[10]

托德的專業能力既獲證明，他也就炙手可熱了。一九二五年長江潰堤，托德奉命前往鄂南的石首圍堵洪水；一九二六年又被召回魯西治理黃河。托德在山東向美國讀者解釋了外國工程師對中國人可能有什麼貢獻：其一，以豐富經驗做出的判斷；其二，周詳計畫之後，迅速付之實踐；其三，調配人力、資金的效率，「絕不容許勒索賄賂。」托德繼續解釋外國人享有的獨特優勢。中國因內部各軍閥派系惡鬥而分裂，「隸屬於非政治性國際組織的外國工程師，可比任何中國人更方便從事民間的工作。他們幾乎無法在交戰區工作，也絕對沒有力量對抗要求徵用其工程設備、人力、物資，以及手拉車、船隻的命令。在這方面，受命於國際組織的外國工程師，享有本地人所沒有的某些豁免權。」[11]

一九二七年，托德有機會印證此一說法。當時「湖北河道管理委員會」徵召托德前往漢口，協助保衛這座城市免受長江水患之擾。雖然蔣介石與左翼國民黨人、左翼國民黨人與共產黨員、共產黨員與當地軍閥之間的關係漸趨緊繃，但築堤的工程仍順利展開。其間一度於五月，在剛組成的「築堤工人工會」策動之下，工人要求調高工資，而使托德的工程計畫有中斷之虞。托德的資金有限，無法調高工資。他便去尋求鮑羅廷的合作，透過他人引薦之後，於五月二十四日與鮑羅廷晤面。托德後來回憶這次晤面的情形：「我開門見山的提了築堤之事，當地工人所製造的困擾，徵詢他是否能約束工人，他們以中斷由政府支持的重大工程來要脅。鮑羅廷說，工資多寡視生活花費而定，假使糧食價格攀升，工資也應隨之調高。我向鮑羅廷保證，我們的資金確實有限，預算是根據開工前兩個月當時的工資為核算基準，我還說工程師必須受期限協議所保護，並提醒他大多數美國工會都遵守這種期限協議。鮑羅廷說他會考慮，也了解工程不能停滯，他一定會調查此事。鮑羅廷給我一個印象，他了解這項工程的迫切性，不會任由它橫遭中斷。」[12]工潮果然平息，這項工程於三週後竣工。

托德無視於政治的紛擾，繼續與中國的江河搏鬥。有時托德也會心志動搖，就如他在一九二五年，鬱鬱說到「在人民心中，內戰與政治上爾虞我詐，似乎要比像治水這種單調工作要重要得多。」[13]不過，托德在一九三六和一九三七年又著手新的工程。日軍於一九三八年大舉入侵，迫使托德離開中國，同年，蔣介石想盡辦法阻擾日軍進逼，竟然炸燬黃河河堤。想當然爾，戰爭結束之後，托德勢必當奉「聯合國善後救濟總署」（United Nations Relief and Rehabilitation Administration）之召，重返中國，收拾人為破壞的殘局。

「於是，在一九四五年十二月，我抵達上海著手展開有生以來最艱困的工程，」托德寫道。「基於身為工程師與黃河交手多年的經驗，我毫不猶豫便接下這棘手工作……。從各方面看來，這是聯合國善後救濟總署擘畫的傑出計畫；究其工程規模之大、意義之深、風險之高，堪稱工程之最。」[14]

托德指揮二十萬名勞工，得到國民政府的大力支持，在開封附近引黃河改道，使之北注，流回先前的河道，共產黨也同意加深河道。雙方各懷鬼胎，時有交戰，工程常有停擺之虞。共產黨人不喜歡這項工程，因為他們必須設法安置住在舊河床上的住戶；國民黨也討厭這項工程，因為它妨礙軍隊移師東北；裝備被炸燬，天候惡劣，工程時常延宕，士氣低落。但這項工程還是在一九四七年竣工了。托德以寥寥數語解釋了他成功的原因：「近二十年來，我因各項工程在各地進行，與中國人共事，我已從他們身上學會如何睜隻眼、閉隻眼，以其人之道還治其身。」[15]

托德說的各項工程並不全是整治洪水。托德從一九一九年到中國之後，「坐火車、沿海或內陸河流的汽船、汽車、黃包車、輕便馬車、騾車、騎騾、滑竿、舢板、腳踏車，甚至徒步，遊歷一年，約行二萬五千哩。」[16]托德這趟遊歷和他的另一夢想有關——在中國修築公路網絡，他視之為中國富強不可或缺的環節，這其實是與賑濟災民的工作息息相關，否則他雇來的工人會挨餓。「在中國尚未變成我們心目中的鄰居之前，這是一項必要工程——生活水準已經高到能像我們國家一樣，對世界做出最大的貢獻。試圖從中國『內部』來大幅提高生活水準，絕非小事。」[17]

這項任務把托德從中、蒙邊境帶往中、越交界。托德為了實現目標，能帶領百萬勞工，打造出一條標準的現代公路，他穿梭遊說駐防北平周圍的吳佩孚，綏遠的馮玉祥，山西的閻錫山等各大軍閥。

就算托德有國際組織撐腰，還有幹練的西方同僚和年輕篤誠的中國助手襄贊，這也絕非易事。一九二七年底，托德從雲南趕赴貴州，在中國西南莽莽群山之間跋涉了三個禮拜，他不禁自問：「人為何該住在這艱辛之地？」托德這趟行程大都沿著小徑迤邐蜿蜒，絕壁嶙峋，水流湍急，山峰陡峭。如果他們非得住在這些地方，為何不尋思改善？托德在途中寫道：「中國常讓我感到訝異，中國人錯失了許多機會。難道是幾世紀以來的定軌扼殺了他們的知覺，甚至連去哪裡找新的食物來源也無動於衷？」[18]但也不能說中國沒進步。托德在貴州省城貴陽外的幾哩處，看到一輛七人座的美製汽車，這是貴州第一輛美製汽車。中國工程師完成了托德在去年草擬的計畫，如今已有一條新的碎石子路貫穿貴陽。這條路沒通到哪兒，築路只為了方便學生上學和軍隊調動，而汽車車體則是被拆解，零組件透過竹製擔架和人力肩挑背馱，登山涉嶺費了五十天才送抵貴陽的。但這是勝利的開端。貴州省長周西成身穿白色制服，腰掛鑲金配劍，親率萬人軍隊迎接車子，樂隊指揮帶領管樂隊精神抖擻地高奏「紅白藍三色旗」（The Red, White and Blue）和「家鄉老友」（Swanee River）。[19]（編按：「家鄉老友」是十九世紀美國作曲家佛斯特所譜。）

公路就這樣一段一段修成。這些路雖無法符合西方標準，但路面硬實，排水良好，坡度均在七度以下。根據設計的要求，這些公路必須要能跑汽車，以及傳統笨重的兩輪運貨馬車——其巨型木輪還不至於讓珍貴的路面碎裂。卡車雖然還很少見，但托德還是期盼有朝一日，能見到卡車奔馳在公路上，為偏遠地區的百姓運輸糧食；同時，官員、商人的私家車也能利用公路提高行政效率、貨暢其流。托德深知，欲達到此一目標，必須要佐以縝密周全的計畫：「為了提高這個國家的總體福祉，須採取具建設性的具體行動，以及實行有利於保存這個國家豐富的自然、人力資源的計畫。武裝衝突無濟於事。中國的人力資源若能透過文官的完備計畫而轉化為建設性的力量，將是這個國家的強大力量和希望。」[20]然而，內戰越演越烈，托德無法修路治水，只好待在北平寓所，研發能自荷蘭薄荷中提煉高級香油的機器：「我在中國沒玩橋牌、打高爾夫球，而是以此為嗜好，我們需要各式癖好來打發時間。」[21]

托德在中國生活二十一載，從未感到惋惜：「我從事的這項工作有何永恆的價值？那就是造福人群。我們修的道路雖然還沒鋪設柏油，但很有水準，假以時日待條件成熟，便可以鋪灑碎石子……。我們所從事的多數水利工程都是永久性的。鄰近蒙古邊界，無法無

上圖：執行「黃河計畫」的托德（O. J. Todd），一九二三年。
下圖：貴州省長周西成站在他的新汽車旁，托德對著左旁的周省長微笑。

天的土匪摧毀了一些建設，但這些都是個案。俟政府穩定，我們籌備中的大型計畫的局部工程便可開始動工。近年來，賑災委員會（Famine Commission）的業務已很有進展，已有越來越多山腳下的土地被改造成可耕地。……一九四六至四七年的『黃河計畫』（The Yellow River Project）證明十分成功，自竣工以來都經得起洪水的考驗。」[22]

托德也為他的獨立自主感到自豪：「我的職業是民間工程師，我絕不捲入軍方事務，雖然必須顧及政治關係，但我謹遵中立之道。」托德覺得他的同僚亦是如此。「我的洋人同僚除了為中國樹立良好的技術典範之外，對於中國的改革興趣缺缺。他們不是社會或政治改革者，其間若有懷抱這類想法的人，也屬鳳毛麟角。」托德的同事多為中國人，他們大多在中國學校學過美國的工程知識。托德雖然用的是英文來指導他們，在各大型工程計畫中扮演監督的角色，他頗為滿意「他影響了這些人的職業選擇。這些人越來越勇於冒險，更具備國際觀。」[23]對當時的人而言，托德是個「令人信任的人，是這個世界意志堅強的代表人物，他轉動巨輪，推展必要的工作……。這位皮膚紅潤、眼眸澄澈的美國工程師，讓人十分放心。」[24]

要評價托德的功績並不容易。他的成就四處分散——他修的道路通常位於窮鄉僻壤、人跡罕至之地，是令人讚嘆的傑作，托德在防洪灌溉工程方面的功績亦不分軒輊。但是，托德急於幫助中國人，卻無法贏得他們的大力支持，他未能建立現代化的基本交通網絡，也未能大規模引介西方國家的工程科學。這背後的原因有很多。一部分是因為缺乏資金人力。舉例來說，一九三五年，托德亟望籌建一支由二十名洋工程師和一百名中國工程師組成的工程團隊，預計花五十萬美元對中國整體的防汛問題作初步的調查。但這筆資金就是籌不到。另外就是他在中國的這段期間，派系敵對，劍拔弩張，中國四分五裂，政治的積怨往往成了協力合作的絆腳石，連中國最需要的工作也遭殃。此外還有一個原因。看在想要據地為王的人眼裡，托德的工作被視為威脅：通訊網絡的改善意味著中央控制力的強化，鐵公路既能輸送糧食，也能載運進犯的軍隊。

不過，任憑托德說破了嘴，別人還是當他是西方列強的代表，這是他成功最大的阻礙。只要西方列強對中國事務這麼有影響力，西方人便談不上真正保持中立。胡美辛苦了半天才領悟到這點。托德雖沒吃足苦頭，但他早在一九二四年初便寫道：「試著了解這個偉大國度是何模樣，以及了解它在西方國家的保護協助下，能變成什麼模樣。」[25]中國人或許歡迎協助，但是外國的保護就不必了。因為保護就會張牙舞爪。就在托德請鮑羅廷協助於漢口附近抗洪的那個月，共產國際的另一位代表即寫道：「國民政府所在地的漢口，其實已是個圍城了。巡洋艦、驅逐艦、砲艦軍容壯盛，傲然挑戰中國人欲以自己的方式治理這個國家的權利。英、美、法海軍士兵在國民政府首府的街上趾高氣昂。國民政府對此受辱忿忿不平。」這或許是反帝國主義的那套修辭，但也有幾分實情；國民政府、共產黨人和軍閥都操弄反帝國主義的情緒，作為國家統一的宣傳策略。[26]無論托德需不需要西方列強的艦砲，他都是在其陰影下做事。

托德深信他的工作將使「中美兩國長期受惠。」[27]兩國互惠是他的理想。但中國人不放心，有個記者在一九三六年提及「中國堅持『自我解放』，即便這意味著解放的步伐緩慢，這標誌南京政府與西方專家近來的關係特質。」[28]懷抱強烈民族意識的中國人，不得不疑慮美國人在暹邏賣汽車，開發西藏的市場，以及底特律很想在中國成立「密西根中國」（Michigan in China）計畫，訓練中國的工程師。托德寫道：「美國汽車引進中國，飛馳在這些公路上。美國採礦機器也會隨著上百種美國商品，被引進中國。」[29]但它們並不是中國人費力獲得的東西。

＊　＊　＊

一九三八年十二月，加拿大醫生白求恩（Norman Bethune）正在華北日佔領區後方的根據地為中國共產黨軍隊服務。白求恩工作了一整夜，在冷冽澄明的破曉時分，整理自己對疾病和死亡的思緒：

壞疽是既狡猾又令人害怕的夥伴。那個人還活著嗎？是的，他還活著。理論上，他還有一口氣。給他注射靜脈食鹽水。也許他體內的無數微小細胞還有記憶。它們或許還記得滾燙的帶鹽海水，還記得它們祖先的家，它們的第一份食物。有了百萬年的記憶，它們就能記得各地的潮汐、大洋，以及海洋和太陽下孕育的生命。這使它們疲憊地仰起小小的頭，狠狠啜飲一口，奮力掙扎意欲重生。它們或許能如願以償。

還有這一位。他是否還能在另一個豐收的季節，沿著騾子旁的那條路，興高采烈地呼喊飛奔？不，那個人已經無法狂奔了。只剩一條腿如何跑得動？日後他還能做些什麼呢？啊，他就只能坐在一旁，眼睜睜瞧著其他的孩子在奔跑。他會作何感想？他會想你、我心裡在想些什麼。憐憫又無濟於事呢？別同情他。同情只會抵銷他的犧牲價值。他是為了捍衛中國而作出犧牲的。幫忙他，幫他抬離手術台。用你的胳臂抱起他。啊，他身輕如小孩！是的，你的小孩，我的小孩。30

此時此刻，四十八歲的白求恩對死亡已知之甚詳了。第一次世界大戰期間，白求恩在加拿大軍隊裡任擔架兵，在作戰時身負重傷。白求恩在加拿大、歐洲攻讀醫學之後，曾度過一段放浪形骸、揮霍無度的日子，最後落腳底特律執業行醫，卻發現自己染上肺結核。白求恩是沒指望了；他在療養院病房的牆上，把自己畫成被死亡天使（Angel of Death）

緊緊抱在懷裡，他還在旁邊寫道：「我這一小幕已結束，無聊的劇碼行將落幕。」[31]白求恩估計，假若他什麼也不做，任由疾病惡化，他大概會在一九三二年死掉。白求恩在給前妻的信中寫說：「冥想成了行動的某種獨特的形式，這裡沒有哪個人能逃得了改變、發現、對自己更瞭解的，這都是強迫冥想的結果。」[32]對白求恩而言，瞭解自己讓他想要活下去。他堅持要當實驗白老鼠，試用剛研發、為肺結核病患施行壓縮療法的所謂「人工氣胸」（artificial pneumothorax）。這種療法奏效了，大病初癒的白求恩來到麥吉爾大學（McGill University）醫學院，成為胸腔外科手術的專家。

白求恩對自己的瞭解讓他重生；而他在醫學專業領域的發現深深改變了他的人生方向。他開始質疑醫學專業的倫理；經濟大蕭條期間，無數窮人死於惡疾或營養不良，但醫生卻越來越有錢。白求恩忖思：「富人有富人的肺結核，窮人有窮人的肺結核。富人能康復，窮人就得死。顯然經濟學與病理學之間有緊密的關聯。」[33]白求恩義診濟貧，開始研究醫療社會化系統，公開為窮人疾呼，學著欣賞俄國革命的成就：「創造不是彬彬有禮的行動，也絕不可能是如此。創造是粗野的、充滿暴力的、是革命的。」[34]一九三六年，「援助西班牙民主委員會」（Committee to Aid Spanish Democracy）邀白求恩率領一支加拿大醫療團前往馬德里，協助保皇黨（Loyalists）抵抗佛朗哥（Franco）將軍。此番邀請令白求恩既大惑不解又怦然心動。「去西班牙嗎？上個星期我還得決定要不要給我的孩子動手術。現在，我又得決定去不去西班牙。我太意外了，有點受寵若驚，又有些不知所措。我是合適的人選嗎？我已有萬全的準備嗎？昨天的答案似乎是為今天的問題而設的。那明天又會出現什麼新的問題呢？時代迫使我們做出痛苦、無法反悔的抉擇！」[35]

白求恩於一九三六年十一月抵達馬德里。他在那裡待了幾個月，組織流動輸血隊，好在前線附近為傷兵輸血，並成立血庫以備輸血之需。白求恩再次親眼目睹了數百名士兵捐軀沙場，難民橫屍街頭。西方民主國家袖手旁觀，任由法西斯軍隊步步進逼，白求恩對此越來越氣憤。一九三七年，白求恩回加拿大募款，並加入了共產黨。這時報紙全是有關中國的消息。他不能視而不見。「我絕不活在一個燒殺擄掠、貪污索賄而我又無力與之對抗的世界。我絕不消極或疏怠而饒恕貪婪成性的人發動戰爭的罪行……。西班牙和中國屬於同一場戰爭。我要去中國，我覺得那裡最需要我；那是我最能發揮作用的地方。」[36]一九三八年一月，白求恩人在漢口，拜會國民黨的官員；三月初，抵達晉西，醫治軍閥閻錫山的傷兵：他沒看到重症傷員，後來才知道，傷重的人早就死了。三月底，白求恩隨同共產黨的補給小隊橫渡黃河抵達延安。

延安是毛澤東的根據地，中國共產黨運動的重鎮。共產黨經過一九二七年的重挫，黨員不是潛伏城市從事地下工作，就是轉進窮鄉僻壤的農村，創建臨時的「蘇維埃」（Soviet）政府。在三〇年代初，毛澤東在贛南成立這類政府組織，但蔣介石在德國軍事顧問協助下，不斷對毛的江西根據地發動圍剿，迫使共產黨員往西北「長征」。也就是在長征途中，毛澤東於一九三五年初取得黨的領導權，之後在延安重組了分散各地、士氣低迷的共產黨軍隊。[37]

毛澤東為了提振士氣，高聲疾呼「團結抗日」口號，撼動人心。蔣介石也發覺他越來越難以在日本威脅中國的生存之際，還把支持他的人耗在剿共上頭，於是在一九三七年中，再次與共產黨結成「統一戰線」（United Front）。這次「統一戰線」雖不若二〇年代初那時團結，不過起碼還能維持表面的和諧。蔣介石形同承認了共產黨的陝甘寧邊區政府存在的事實，並同意共產黨人在晉察冀東北方的日軍佔領區發動游擊作戰。就共產黨而言，他們仍對剿共心有餘悸，也希望與根據地內的富農維持友善關係，所以採行較溫和的減租減息政策，而不是強行推動土地重分配，並建立了民主政府的制度。就是這種「延安共產主義」（Yenan Communism）吸引若干西方人千里迢迢奔赴陝西。他們發現共產黨人寬容異己、樂觀進取、鬥志高昂、腳踏實地，他們鉅細靡遺地報導他們的見聞，吸引了西方讀者的目光。[38]

白求恩如眾人一般雀躍不已，他親眼看到共產黨和國民黨統治區判若雲泥：「在漢口，我只聞到迷惘、躊躇的氣息，目睹官僚顢頇無能。在延安，行政機關信心滿滿、意志堅定。在沿途的城鎮，我已習慣於當地的半封建主義（semifeudalism）景象——藏污納垢的寓所，污穢不堪的街道，衣衫襤褸的行人。但在延安，在這歷史悠遠的建築之間，街道一塵不染，熙來攘往的人群個個都知道往哪兒去。」[39]白求恩與毛澤東曾有過一次長談，毛澤東對西班牙內戰中保皇黨的政、軍領導人知之甚詳，令白求恩很折服，毛澤東也對白求恩有意在根據地內成立流動醫院表示大力支持。白求恩發覺，毛澤東堅信中國人有抵抗日本侵略的決心，而且中國人必定會贏得最後的勝利，不論這要耗費多少時日。白求恩在與毛澤東長談之後寫道：「他是個巨人！他是當世的一代偉人。」[40]

白求恩在延安只停留了三個星期，是為了調集物資和遴選醫療小組的成員，然後前往加入在晉、冀山區暗中活動的聶榮臻部隊。白求恩正式被任命為「晉察冀軍區醫療顧問」，還看了他的第一批共產黨傷員：「傷員身上長滿蝨子。他們全都只有一套軍服，沒別的軍服可替換。積累了九個月戰鬥的征塵，渾身上下污穢不堪。他們的繃帶奇缺，不得不經常換洗，最後竟像一條骯髒的破布。有三名傷員，其中一位因凍傷生壞疽而須截斷雙腿，身上赤條條，沒衣服可穿，只好用床單遮身。他們吃的是小米粥，如此而已。所有傷員全都貧血或營養不良。其中多數人因敗血症或飢餓而緩緩死亡。還有許多人得了肺結核。」[41]中國的境況比西班牙還糟，但白求恩心裡卻有一股清楚的振奮之情，這才是他人生的歸宿。「我處於戰爭核心中的核心。此時此刻，我才能真正體驗在這場苦戰中所散發的莫名、亢奮的滋味。」[42]

這是場游擊戰：一小撮共產黨部隊，與當地的農民合作無間，飄忽不定，騷擾駐華北

毛澤東（右）在延安，一九四二年。

日軍。他們填平日軍挖的戰壕，切斷電話線路和電力系統，破壞鐵軌，炸燬橋樑。將日軍予以孤立分散，各個包圍、殲滅，他們用擄獲自日軍的武器來武裝新的游擊力量；有時，共產黨軍隊甚至還出動營級以上的軍力，襲擊日軍的補給隊或碉堡。日軍還沒恢復戰力，游擊隊早已逃入山區，民兵則各自回村莊。暗助游擊隊的村莊裡，地道縱橫交錯、密如蛛網，而且隨著戰事日漸膠著而更為綿密，地道可用來儲備糧食、武器，甚至窩藏游擊隊員。起初，日軍對游擊隊的攻擊反應不過來；但隨著游擊隊的襲擊越來越密集——日軍在某些地區甚至得派八十名士兵防衛一哩長的鐵路線——日軍決定發動猛烈的報復：日軍燒光村莊，槍殺村民或強行將村民遷至「安全」地區。但日軍的策略適得其反，共產黨的正規部隊也是意識形態的先鋒隊伍，他們創辦學校，灌輸村民政治教育，日本人的兇殘只會讓村民更加信奉、而非懷疑共產黨所宣傳的理念。43

白求恩就是在這種詭譎、艱苦、殘暴的戰爭裡發展醫療體系。他的手下只有五名中國醫生，沒有其他技術純熟的助手，而他們要照顧的對象則是遍布在幾百平方哩山區內的逾十萬名正規和非正規部隊。白求恩的解決之道是畢其功於一役：他清理、重新佈置根據地既有的「醫院」（這些醫院通常是長期荒廢的寺廟，沒有任何醫療設備）；他教導勤務兵醫院衛生的基本原理和戰場上的急救；教導村民如何製作夾板、擔架、包紮繃帶；為護理、醫療學校撰寫教材；白求恩苦口婆心、不厭其煩說服地方百姓捐血給亟需緊急動手術的傷員，後來還組織了一支自願捐血團。亢奮激情雖逝，取而代之的是單純、濃郁的滿足感：「我雖然身心疲憊，但從來沒有如此愉快過。我感到心滿意足。我做我想做之事。我是多麼充實啊！我每一刻做的都是重要的工作。別人需要我。而且還表示出對我的需要——這滿足了我小資產階級的虛榮。」[44]

等到根據地醫療體系的運作上軌道之後，白求恩就深入戰區，實現他流動野戰醫院的計畫。在白求恩生命的盡頭，即一九三八年十月至一九三九年十一月這段時間，他總是跟著不斷移動的共產黨軍隊，攻擊日軍的據點和通訊設施，又在日軍發動反擊之前，逃逸無蹤。

白求恩的新口號是「醫生：到傷員的身邊去，不要等傷員來找你。」[45]為了實現這個目標，白求恩設立小型醫療團隊，一切細節都規劃得鉅細靡遺。白求恩和勤務兵以馬代步，由兩匹騾子馱著可同時診療百人所需的醫療用品，還配備了手術室、護理站、麻醉室：夾板、繃帶、手術器材、消毒劑、麻醉劑。手術室多半靠近戰地，通常設置在距離陣地三哩內的地方，但求能遮風避雨即可；可想而知，醫療設備自然十分簡陋，但這已經比之前要好很多了。一旦麻醉劑用罄——這種情形也很常見——也只好就這麼動手術。假若日軍接近流動醫院，而當地部隊又無法阻止日軍前進，白求恩等人在十分鐘之內便能收拾一切器材，安然撤退。行動不便的傷員則藏身當地村落。[46]

工作沒個盡頭。白求恩一天經常工作十八小時，嚴格督促下屬，堅持在艱難的環境中維持最高的醫療技術水準。當八路軍三五九旅在山西東北山區、廣靈通往靈丘的路上攻擊來犯的日軍，白求恩匿跡距前線七十五哩處，在四十小時之內竟然施行了七十一次大大小小的手術。一九三九年三月初，白求恩於六十九小時內一口氣診治了一百一十五名傷患。[47]白求恩有回得空，以一種冷峻、抒情的筆觸寫下他的體驗：

沾滿血跡的骯髒繃帶黏住皮膚。小心，整條大腿都溼透了。輕輕抬起大腿。天啊，這像極了一個袋子，一條長長、鬆軟軟的紅色長統襪。什麼樣的長統襪？聖誕節常見的那種長統襪。那根強健的骨頭哪兒去了？咦，碎成一片片了。用你的手指把它們夾出來；這些碎骨白如狗牙，既尖銳、又凹凸不平。現在，摸一摸、探一探，看看還有沒有碎骨？是的，這裡還有，撿乾淨了嗎？是的，喔，不，這裡還有一片。肌肉麻痺了嗎？捏捏看。不錯，肌肉已經麻痺了。把這塊壞死的肌肉割除。如何能痊癒呢？曾經是強健、現在卻慘遭撕裂、血肉糢糊一片的肌肉，如何能再度恢復它們引以為傲的緊繃韌性？拉緊、放鬆、拉緊、放鬆。多麼有趣啊！手術做完了，手術成功了。我們此刻也精疲力竭了。我們自己現在又該怎麼辦？[48]

在一九三九年這一年，白求恩操勞過度，一步步走向死亡。白求恩的傳說在華北的村落、山區傳頌；他的名字成為鼓舞民心士氣的戰鬥口號；隨著延安共產黨政府強化在陝西的組織，擴大控制新近動員而來的農民，白求恩得到廣大軍民的愛戴和擁護，但他的工作負荷亦隨之加重。白求恩年紀只有四十九歲，但他外表已如七十老翁：白髮蒼蒼，肌肉鬆弛，牙齒脫落。他時常感到暈眩，一隻耳朵也聽不到。如果他真有沮喪鬱悶之時，也會埋藏起來。白求恩偶而也會流露緬懷往日時光、思念知交故舊的情愫。他在寫回加拿大的一封信中就問道：「還寫書嗎？還演奏音樂嗎？你跳舞、喝啤酒、看電影嗎？躺在鋪著潔淨床單的軟榻上是什麼滋味？姑娘們仍喜歡被愛嗎？」49

十月，白求恩有機會回加拿大、美國去募款，採購急需的醫療用品。但他放棄了這次良機，反而深入冀西，日軍在此發起新一波的猛烈攻勢。十一月初，日軍大舉朝白求恩的部隊挺進，白求恩緊急撤退，但是慌亂中割傷了手指，之後兵慌馬亂，也忘了治療手指，結果傷口嚴重感染。白求恩健康惡化，但他仍繼續為人動手術。他的胳臂腫了起來，自己診斷的結果是染上敗血症。白求恩給聶榮臻將軍寫了一封短信，這其實也是白求恩的遺言：「我生了重病，難逃一死。」白求恩把他的兩雙手套和英國製的皮鞋贈給聶榮臻；把馬靴、褲子送給當地指揮官。手術器材則分送給朝夕與共的中國醫生。他的助手各分得一條毛毯。白求恩最後說：「最後這兩年，是我一生之中最重要、最有意義的時光。有時不免感到孤寂，但我卻從我最敬愛的同志當中得到無比的成就感。我已無力多說……對於您和所有同

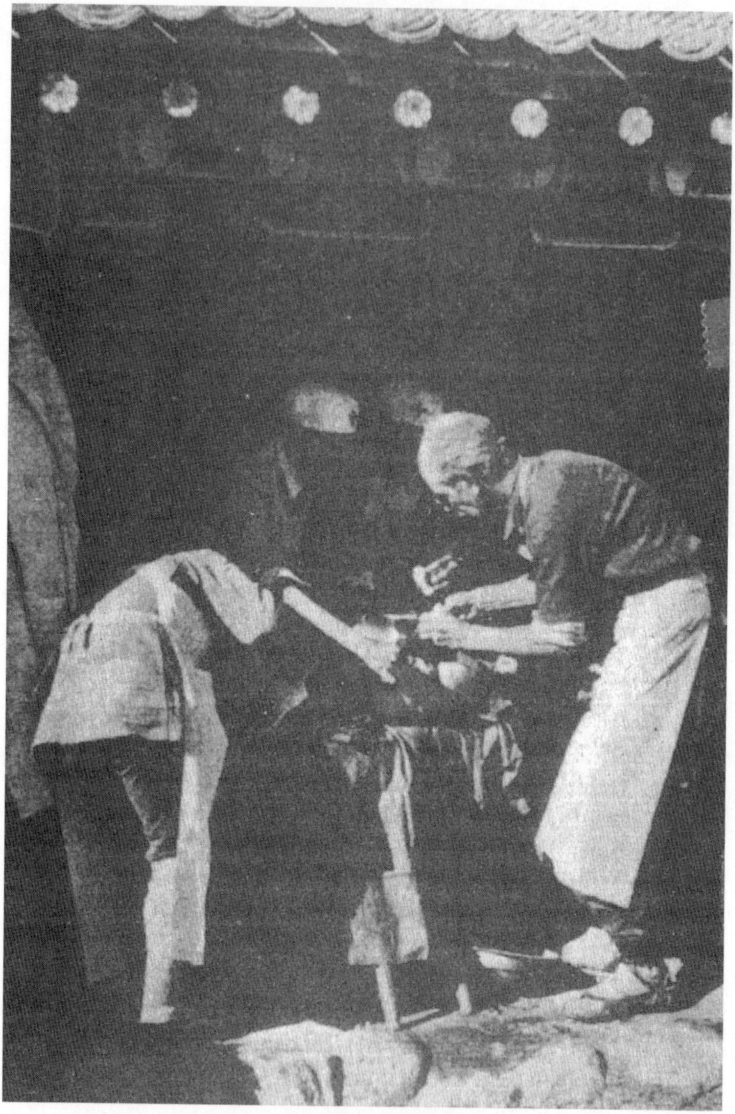

白求恩（Norman Bethune）在游擊基地為中國共產黨戰士動手術，一九三九年。

志們，我心懷感激。」[50]十一月十三日，破曉時分，白求恩撒手人寰。

白求恩是個情感豐沛、脾氣急躁、才華洋溢的人。他嚴於律己，從不輕易就範他人強行加諸於自身的束縛。他從信仰共產主義的同志身上獲得巨大的能量，但他大概難以成為一個傑出的共產黨員，即使他對資本主義敵人認識得夠清楚。這可從他在中國的冬天自問的問題窺視端倪，當時空氣中瀰漫著陣陣血腥和麻醉劑的氣味：

> 人類的敵人長得什麼模樣？難道他們的額頭上有烙印標記，讓人一眼就認出來而紛紛走避，視之為洪水猛獸？不會的。反之，他們備受尊重。他們廣為推崇。他們稱呼他人、也自稱先生。多麼詼諧的稱謂啊！先生！他們是國之干城，教會的支柱，社會的棟樑。他們家財萬貫，不吝支持個人、公共的慈善事業。他們對公益團體慷慨解囊。在私人生活領域，他們舉止和藹、體貼。他們恪遵法律，他們的法律，有恆產者的法律。不過，我們還是可以從一個跡象來看穿這些先生。一旦他們的利潤恐有減少之虞，他們就會獸性大發而狂吠嘶吼。他們就會如野蠻人般冷酷，像瘋子般猖狂，像劊子手般毫無惻隱之心。設若人類要能不斷進步，就必須翦除這種人。只要讓他們還有一口氣在，這世界就永無寧日。在人類社會中，容許這種人存在的組織也必須一併廢止。讓這個世界傷痕累累的，就是這種人。[51]

白求恩的經歷使他有權憧憬一個沒有傷害的世界，雖然他並未具體關心如何去建構這樣的世界。中國人對此或許心中已有定見，且理由充分。而同時，這世界有太多的傷痛，縱然千百個白求恩也無濟於事，況且還有世世代代的孩子還在排隊等著受傷。自然，他不指望能親眼目睹這樣的世界降臨人間；他的工作才展開，死亡便如影隨形。白求恩生活的方式，他離棄生命的態度，說明他到中國不只是去救那些傷兵——這些人要不是有他就會死去，也不只是站在反抗法西斯主義或資本主義世界的最前線。他來中國是為了替他那一世代的人贖罪，滌淨他們的冷酷、無動於衷和追名逐利，他認為這已經敗壞了他們的文明。他的精湛醫術是進入中國社會的通行證，若無這張通行證，他會被摒棄在外。白求恩和其他的洋顧問一樣，都是在利用中國人遂行自己的目的，到頭來反被中國人所利用。不過，白求恩和其他洋人不同的是，他利用中國人而獲致有意義的死法。

在山西的茅舍裡，白求恩曾怒斥製造傷痛的奸徒，但他在這裡也寫道：「人體多麼無瑕；器官多麼精巧；其運動精準無誤；動作多麼馴服；引以為傲，十分強健。一旦人體被撕裂開來，卻又顯得猙獰恐怖。生命星火點滴耗弱，終至靈光的最後閃爍。生命之火的熄滅，一如殘燭燃盡。寂靜又輕柔。它以熄滅表達抗議，所以也是逆來順受。它曾吶喊過，然後便緘默了。」

第九章

助國府抗日，缺憾還天地

陳納德 Claire Lee Chennault
史迪威 Joseph Stilwell
魏德邁 Albert Wedemeyer

陳納德（Claire Lee Chennault）酷愛飛機：「我打從一開始便迷上了飛機——地平線繞著機鼻翻騰旋轉，天地如萬花筒般滾動，倒立飛行時牢牢扣住安全帶的感覺，手腳在操控操縱桿、方向舵、節流閥時的絕佳協調，使得人機渾然一體，融合成一種人定勝天的器具。」[1]他只有在獨自翱翔天際，或是在路易斯安那州老家周圍的橡樹林和沼澤地狩獵、垂釣，才會感到自在。陳納德獨來獨往，性喜冒險，脾氣暴躁，教育程度不高，桀驁不馴；一九三七年春天，他選擇加入美國陸軍航空隊（United States Army Air Corps）作為人生的志業。陳納德格外重視戰鬥機的作用，大肆抨擊沒有護航的轟炸戰術，而讓他的頂頭上司左右為難。他的意見難獲重視，他對於緊密編隊飛行和飛行特技的傑出見解，也不再為各級長官賞識。陳納德被內定為應退伍人員。中國航空委員會（Chinese Aeronautical Commission）提供陳納德一紙為期三個月的合約，聘他考察中國空軍的概況，月薪一千美元，外加額外津貼，他便欣然接受這紙合約，年僅四十七歲即自美國空軍退伍。

初步調查結果委實令人沮喪。陳納德發現，中國空軍大體是由義大利顧問在一九三〇年代所培訓，飛機和飛行員嚴重短缺，飛行水準低落。名義上待命的飛機有五百架，但不到五分之一可以完全正常操作。陳納德在完成報告之後已準備打道回府，動身前與實際主導航空委員會的「委員長夫人短暫晤面，她比我想的還年輕二十歲，說了一口富有南方慵懶腔調的英語。這次的會面讓我情緒翻騰，久久難以平復。自從那天起，我完全拜服。那一夜我在日記寫道，『她將永遠是我的公主。』」[2]自此陳納德一心效忠蔣夫人，而且及於她的家人和蔣介石；而陳納德的效忠，也為他換來在美國難以奢望的財富和影響力。

一九三七年七月七日，中、日兩軍在北平近郊蘆溝橋（Marco Polo Bridge）發生衝突，陳納德還沒完成調查報告。之前，雙方已發生過多起這類事件，但這次衝突掀起全面大戰。日軍攻佔北平，八月中旬揮師上海。在亞洲推行「道德與中立」（morality and neutrality）政策的美國，一方面對中國深表同情，一方面又繼續向日本出口鋼鐵和石油。但是，陳納德的反應就很激烈：「我立即向委員長發電報，表明願以他覺得適當的身份為中國效勞。」

蔣委員長接受陳納德的自動請纓，派他前往南昌訓練戰鬥機群。[3]

陳納德終於遇到他的伯樂，而日本人的連戰皆捷也給了他嶄露頭角的機會。陳納德說到他的角色的轉變：「蔣夫人突然發覺，中國空軍軍官沒人知道如何籌畫、組織大小規模的轟炸任務。她邀我接手這項工作。」[4]但是資源匱乏，陳納德亦難為無米之炊。沒經驗的中國飛行員時常錯估轟炸路線，誤炸了中國的軍隊或平民百姓。中國飛行員的失誤實在慘不忍睹。陳納德記述了某航空隊自轟炸上海後返航的情形：「第一位飛行員衝過頭，墜毀在稻田之中。第二位飛行員一頭栽到地面，化成一團熊熊火焰。第三位飛行員安全降落，但第四位飛行員卻撞上正在火速趕往墜毀飛機滅火的消防車。十一架飛機之中有五架毀於著陸之時，四名飛行員罹難。」一九三七年十月，陳納德的結論是，中國空軍已到了「智窮力盡」的地步，中國的飛行員只是「狩獵場裡一串串前仆後繼的鴨子。」[5]

一九三七年底，蔣介石的權力岌岌可危。他手下最精銳的部隊在上海、南京保衛戰頑強抵抗，但遭殲滅，被迫遷都重慶。蔣介石被阻絕在先前所坐擁的華東城市、港口的金權紐帶之外。蔣介石就只能靠守舊的地方軍閥支持；在軍事上，蔣介石不過是這群軍閥聯盟的共主，而不是擁有實權的最高指揮官。日本人透過扶植幾個傀儡政權，控制工業重鎮的東北，以及華北、華中地區。沿海運輸線被切斷之後，蔣介石就只能仰賴空中或經由緬甸的陸路來取得後勤補給。在蔣介石的北方有中國共產黨盤據延安，名義上雖與蔣結成「統一戰線」，但實則別有居心。陳納德並不因前景黯淡而萌生退意，他仍以蔣委員長為馬首是瞻，對美國政府警告其國人勿捲入中、日戰爭當耳邊風，仍隨蔣介石避走大後方。

陳納德在雲南昆明設立基地，在此地為了他所謂「以美國模式打造嶄新的中國空軍這個似乎是不可能的任務」戮力兩年。陳納德的參謀均為美國空軍的後備軍官。「傑出的飛行員，喧嚷的牢騷客，以及危險人物一干人等圍著撲克牌桌，」陳納德如此形容他們，還說訓練學校裡永無寧日：「由滿腦子漿糊的美國人訓練食古不化的中國人飛行，極有可能激化兩大衝突文明蘊含的矛盾因子，而導致爆發令人神經緊張的摩擦。」[6] 陳納德要求中國飛行員重新接受基本的飛行訓練，為中國人監造足夠的機場跑道，並在各機場跑道設置空襲的警報系統。

然而，中國人仍沒有足夠的飛機和飛行員，以防衛日軍轟炸重慶，或轟炸日軍機場和部隊集結地區作為報復。因此，蔣介石派陳納德返美，徵募志願飛行員並採購新型戰鬥機。這時美國國內的輿論開始嚴厲譴責日本，陳納德受到財政部長摩根索（Morgenthau）和國務卿赫爾（Cordell Hull）盛情接待。一九四一年四月，美國政府通過一筆五千萬美元的貸款給中國，五月又批准了類似給英國的租借協定，使中國取得一百架的P-40戰鬥機。簽訂契約效命於「美國志願隊」（American Volunteer Group）而前往中國的美國軍官，美國政府雖將他們歸類為「非現役狀態」，但服役的年資照算。[7]

美國陸軍和海軍航空兵總計有一百零一名軍人同意前往中國服役，接受陳納德的指揮；他們每個月的薪餉高達七百五十美元，差旅費另計，一年一個月的帶薪休假，每擊落一架日本飛機還可得到五百美元的獎金。他們的契約一年一聘。華爾在一世紀之前，面臨同樣危急的處境，在上海召募傭兵，之後還沒有過西方軍官帶領西方士兵為中國人作戰。中國人擔心難以節制這群人，所以陳納德在合約裡詳細規定，他們若有「違抗命令，習慣吸毒或酗酒，因病無法執行任務，逃避勤務，洩漏軍機，查明屬實者，一律解雇。」[8]

這群當年被稱之為「飛虎隊」（Flying Tigers）的隊員，他們是身處陌生國度裡的美國探險家，難免自我膨脹。他們把中國人視為小孩，前來「打量這群橫渡重洋而來的英勇陌生人，駕駛著不可思議的機器遨遊天際。」他們可以確定這群小孩並未懷有慣常的怨恨。有位飛虎隊的中隊長認為，中國人「愛戴我們這些高大、杏眼的野蠻人。儘管我們駕駛吉普車橫衝直撞，衝進昆明街上的商家，撞翻了手推車、黃包車，他們還是愛戴我們；甚至當有苦力用竹竿兩肩挑起蜂蜜桶卻翻倒在地，我們大加嘲笑，中國人還是愛戴我們。」[9]陳納德是他們心目中的英雄；這位中年的失敗者有重聽，但「表情嚴峻，目光銳利，五十一歲的硬漢，終身冒險矢志不渝，然而一生橫逆不斷。」這群飛行員「身材高大，說話無精打采」，傳言他們是「偉大的美國冒險家，他們可以為花生米（編按：指蔣介石）或美金而英勇奮戰，只要能為陳納德、只要能駕駛他們心愛的P-40戰鬥機而戰。」對於他們，「這好比現代版的大衛（David）殺死巨人哥利亞（Goliath）的遠古傳說。然而，在中國的這群飛行員之中，還有少數的美國青年，還是戰場、人生的新手，」他們駕駛「補丁斑斑、彈痕累累的戰鬥機為中國捐軀。」[10]

不過這種素樸的純真一度還帶來輝煌的戰果。日軍於一九四一年十二月七日偷襲珍珠港，這時飛虎隊才剛開始集訓。然而，不到半年，飛虎隊就駕駛日益老舊的P-40戰鬥機，展現陳納德傳授的雙機夾擊戰術，在緬甸、華南的上空擊落近三百架的日本飛機，本身僅折損五十架飛機和九名飛行員。[11]

這是陳納德的戰爭。他打他會打的仗，而且打得漂亮。事實很清楚——陳納德是個戰術家、協調者、指揮官。就這麼簡單。單憑幾架飛機、幾位飛行員，他就重創了日本人。從空中救中國。蔣介石面對幾乎難以克服的經濟凋蔽、軍事失利的窘境，不得不訴諸於這樣的論調。

陳納德的悲劇，在於他以飛行員的單純心思，無視於波詭雲譎的中國處境。他雖然認為由他來指揮幾個英勇戰士就可打贏這場戰爭，但這場戰爭已有所變化了。羅斯福總統任命史迪威（Joseph Joseph Stilwell）擔任蔣委員長的參謀長兼中緬印戰區美軍總司令，並於一九四二年三月抵達重慶。陳納德頓時成了史迪威的部屬。同年四月，日軍切斷滇緬公路，陳納德只能指望史迪威自印度空運為數不多的補給和零件到中國。七月，「美國志願隊」被「中國空軍特遣隊」取而代之，仍由已擢升為現役准將的陳納德指揮，但隸屬於以印度為基地的美國空軍第十航空隊。陳納德原編制飛虎隊員之中只有五人同意忍辱編入這支新部隊——其餘隊員不是休假返國，就是回原單位。[12]

陳納德不顧日軍重創緬甸的中、英部隊，揮師席捲大半東南亞，隔絕中國與西方盟國的陸路交通，仍然竭力宣揚空優觀念。陳納德告訴史迪威，只要撥給他一百架新式戰鬥機、三十架B-25中程轟炸機，他就能擊落為數龐大的日本飛機，摧毀日本大量的軍事、海軍設施，阻擾日軍在海上和中國內陸河道的運輸，瓦解日本空軍的作戰士氣。[13]史迪威並不反對空戰的效用，但覺得陳納德過度簡化行動計畫所必須顧及的後勤補給問題。況且當務之急應先拱衛所謂「駝峰」（the Hump）這條中、印之間山脈的空運補給線。史迪威最關心的是確保英、中兩國能在一九四三年春天對日軍發動聯合大反攻，重新開啟滇緬公路這條補給線。陳納德和史迪威兩人的計畫根本不同調：若陳納德欲藉駝峰來強化他的空軍戰力，那史迪威便無法強化中國陸軍的戰力以反攻緬甸；若史迪威集中資源，強化中國軍隊的戰力，就無法分配足夠的燃料、零配件或彈藥給陳納德。

蔣介石馬上就對珍珠港事件有所反應。日軍偷襲當天，他就倡議美、中、英及大英國協的國家、荷蘭、蘇聯成立大聯盟，共同對日作戰，捍衛太平洋。但他聯合作戰的構想終歸束諸高閣。因為能做出重大決策的人不在重慶，而是在倫敦、華盛頓。何況，倫敦、華盛頓的戰略優先順序與蔣委員長的並不相同。對邱吉爾（Churchill）而言，歐洲才是舞台的中心，他費盡心力才使羅斯福總統同意他的見解：「我告訴總統，美國高估了中國對這場全面戰爭的可能貢獻……我說我當然願對中國人伸出援手，殷勤以待，我欽佩、喜歡這個民族，對於他們永無止境的苛政深表同情，但他勢必難以期待我會接受我覺得完全違背常理的價值標準。」因而決定英軍或美軍不應大規模插手中國地區。[14]

蔣介石一心只想打敗日本人，意識到他在履行聯合作戰時所竭力扮演的角色已沒戲唱了。他轉而以鞏固自己的權力為重，準備與勢必在戰後兵戎相見的華北共產黨決一死戰——「統一戰線」已名存實亡了。往後幾年間，蔣介石謹守中國傳統聖訓「以夷制夷」，利用美國人來打日本人，而蔣介石則盡可能保留實力。

這個想法自然與脾氣倔強的參謀長史迪威的觀點相悖；他問的問題讓中國最高統帥難堪，要蔣介石重組地面部隊，但這會攪亂了蔣介石千方百計構築的同盟架構，還暗示共產黨人或許是可發揮作用的同盟者；史迪威還語帶挖苦，向蔣介石提及此事。所幸，蔣介石善於玩弄「以夷制夷，坐收漁翁之利」的把戲。陳納德毫不掩飾他對蔣的欽佩，他向蔣介石獻策，短期就可替中國打贏這場戰爭，不需中國人付出代價，而且他也不必逼使蔣委員長進行任何政策調整。

蔣介石表明他欣賞陳納德的想法，而陳納德也藉機提出更多的要求。陳納德在一九四二年底給羅斯福總統的信裡，力陳只要有一百零五架戰鬥機和四十二架轟炸機，便能「癱瘓日本的空軍戰力」，進一步「摧毀日本」。他按部就班，先是消滅在華的日本空軍，然後切斷日本位於西南太平洋的補給線，接著再派遣由華東升空的轟炸機瓦解日本的重工業。陳納德以勝利的口吻總結：「屆時，在華的中國軍隊，在太平洋上的美國海軍便可暢行無阻，如入無人之境，麥克阿瑟（MacArthur）將軍也可自澳大利亞的大本營進攻，完成所有這些目標又不用付出高昂代價……。我整個計畫很簡單，很久以前就想出來了。」

我花了五年的時間建立空中預警網絡和無線電指揮系統，無非就是為此計畫一戰。我深信必定成功。」[15]羅斯福跟蔣介石一樣，不願把龐大資源投注在中國戰區上，但他日漸賞識陳納德的策略，羅斯福總統親信的私人顧問威爾基（Wendell Willkie）、霍普金斯（Harry Hopkins）、居里（Lauchlin Currie）以及美國駐華大使高思（Clarence Gauss）等人亦深表認同。史迪威現在就只能靠陸軍部長史汀生（Henry Stimson）和參謀首長聯席會議（Joint Chiefs of Staff）主席馬歇爾（George Marshall）將軍的支持了。[16]

史迪威的壓力越來越大。一九四三年一月初，蔣介石表示他不贊成是年春天在緬甸發動攻勢。史迪威說道：「英國佬運氣真好，這正中他們下懷。現在，英國人罷手了，中國人也會罷手，只有天煞的美國人還要繼續作戰。陳納德嚷嚷不休，讓我們進退兩難；他大肆吹噓自己的能耐，現在他們打算讓他放手一搏。」[17]馬歇爾告訴史迪威，國內輿論以及總統個人觀感所形成的壓力，意味著勢必要給陳納德一個機會，實現他的主張。用史迪威的說法，他勉為其難，「坐坐冷板凳」。二月，史迪威銜命成立一支獨立的空軍部隊——第十四航空隊，歸由陳納德指揮。兩人之間的關係持續惡化，到了四月底，羅斯福總統將史、陳二人召回華盛頓述職。

陳納德此行令人印象深刻。根據他的回憶，在陳述完他的計畫之後，羅斯福總統「砰的一拳捶在桌上，得意地笑說：『只要你能擊沉他們一百萬噸的軍艦，我們就能讓他們毫無喘息的餘地。』」[18]史迪威鬱鬱說道：「除了我之外，沒有人願意從事組建地面部隊這種單調刻板的任務。陳納德承諾要在六個月內將日軍自中國驅離，何不給他足夠的資源去兌現他的諾言呢？這可是通往勝利的捷徑啊！」[19]

史迪威雖然再三警告：「只要企圖轟炸日本，就會引來日軍對地面狂轟猛炸的報復。……要是果真如此，我們必定會一敗塗地。」[20]，但他卻沒有說明自己的想法。史迪威的直言不諱，讓在場的政客、將領大表意外。出席了幾次會議的魏德邁（Albert Wedemeyer）將軍，聽到史迪威「認為陳納德並不服從他。他指控陳納德有意違抗他的命令，結合中國官員、將領、地方軍閥圖謀不軌」的話大感吃驚。史迪威還把「中國總統貶為苦力階級，認為他傲慢自大、不可靠，完全無法與他相處。」[21]陳納德描述有次開會，史迪威大肆詆毀中國領導階層的素質低劣，羅斯福總統突然插話——

他問說：「你覺得委員長這個人如何？」

史迪威大聲咆哮：「他這個人意見反覆，狡猾而不可靠的老無賴，所說之話，全不能算數——」

羅斯福總統打斷史迪威的話，轉身問坐在角落的我：「陳納德，你的看法如何？」

我回答說：「總統閣下，我覺得委員長是當今世上數一數二最偉大的軍事和政治領袖，他從未對我食言。」[22]

史迪威和陳納德依然各說各話、沒有交集，但陳納德已取得授權放手一搏，史迪威只能安份點。

陳納德從飛虎隊成軍以來，就在企盼如此良機。他現在當了中國空軍參謀長，能直達天聽，可不受節制，完全落實他的理論，史迪威雖無法對他加以掣肘，但還是牢騷滿腹：「強化中國軍隊的戰力是次要的。假若空軍取得所有資源，我們將陷入泥淖而孤立無援。但他們卻期待我們傾全力保護這群一古腦空想的傢伙，而他們自己則在譁眾取寵。」[23]陳納德的問題在於，他在如此簡單的原則下提出如此多的需索，不得不去兌現做不到的事。陳納德的幕僚艾索普（Joseph Alsop）告知霍普金斯，中國領導人認為「若不馬上採取某種大行動來提振中國軍民的士氣，後果將不堪設想，」並警告中國有可能撐不住。[24]日本飛行員已學會了陳納德先前用來對付他們的招數，以假空襲來誘使敵機升空，或聲東擊西、打了就跑、以多欺寡的戰術來消耗陳納德珍貴的油料，陳納德的軍隊不僅無法取得他保證的驚人戰果，反而被日本人耍。一九四三年夏天，十四航空隊受到重創。陳納德將這次失利歸咎於史迪威扣住後勤補給，要求美國政府提供更多的飛機、油料和彈藥。[25]

陳納德是絕不會懷疑蔣介石或許是在利用他，向美國政府盡量榨取無償援助，另一方面又能保存自己的實力。他從不認為中國人用空戰來消耗日本人的時間；他認為空戰就是戰爭，而他自己則是舉足輕重的顧問。陳納德堅信他是在領導中國人：「正面對決」，套用他的話說，且「不拘細微末節，大處著眼，在重大問題上堅定立場。這須曠日費時、挖空心思，許多美國人不願將時間和精力浪費在中國人身上，但我終究認為這是值得嘗試，因為它能讓我成就一番事業。」[26]他一直認為中國人是精明幹練的大自然之子。「中國人或許不了解內燃機運作的原理，」陳納德寫道，「但他們能一眼就看穿人，摸清人的行為動機。他們琢磨人性已有幾千年的歷史，且精通此道。」[27]

蔣介石食髓知味，在一九四三年十二月獅子大開口，要求美國政府提供十億美元貸款，大量增加飛越喜瑪拉雅山脈的空運物資，全部清償美國在中國新建B-29轟炸機機場的費用。財政部長摩根索抗議：「他們簡直是一群惡棍，用槍頂住我們的腦門。」羅斯福、史汀生、馬歇爾、摩根索等人經過多方討論之後，否決了蔣介石貸款的要求。[28]

參謀首長聯席會議開始冷眼看待陳納德。馬歇爾將軍注意到，陳納德或許稱得上是戰術天才，但「他完全不懂後勤作業是什麼，多年來，他受僱於中國政府，領中國政府的薪餉，因而受到蔣委員長不良的影響。」[29]一九四四年二月，陳納德要求統一指揮所有空軍部隊，加強對中國的援助，阿諾德（Arnold）將軍冷冷寫道：「這又是陳納德一廂情願的想法和觀點，並未與司令部協調。」[30]陸軍部長史汀生覺得陳納德「無力抵擋日本人，」[31]自從一九四四年以來，局勢惡化，日軍的攻擊益發猛烈。

陳納德急忙致書羅斯福總統，他的飛行員聽命行事，他可以「公允地說，我在東方的人單憑手中的資源已經創造了奇蹟。」[32]但這些奇蹟對華盛頓而言已無意義了。陳納德的空軍基地面臨嚴峻的補給難題。嚴重的通貨膨脹削弱了國民政府的資源，大量物資被中飽私囊。通往華東的道路只有少數可用，不足十分之一的卡車可以正常操作。更嚴重的傷害是，第十四航空隊對日本新一波的攻勢，確實造成了史迪威所預言的結果。自一九三八年以來，日軍首度對中國發動大規模的聯合反攻，控制了湘—桂以及粵—漢—平鐵路線，「摧毀了陳納德行動的陸上基地。」第十四航空隊因未能偵測日軍的進攻，或者也未能符合陳納德誇大宣稱而行動，史迪威與陳納德兩人間的摩擦升高為公開為敵。兩人關係越來越壞，史迪威得到一個結論：陳納德以下犯上，理應撤職。[33]

對於羅斯福、邱吉爾、史達林以及他們底下的幕僚而言，中國永遠只是個邊陲戰區。一九四四年中葉一連串事件的發展，更使中國的戰略地位滑落。艾森豪（Dwight D. Eisenhower）將軍領導的盟軍於法國的諾曼第（Normandy）登陸，美國在太平洋進行的「跳島」（island-hopping）作戰連番皆捷，馬歇爾告訴史迪威：「決策已定……在中國和東南亞的軍事行動只是為了支援中太平洋、西南太平洋的戰事。不必在亞洲大陸對日本發動大規模的戰役，便能擊敗日本，哪怕循此方式確實能擊敗日本。」[34]此外，參謀首長聯席會議在給羅斯福總統的特別備忘錄裡明言：「我們在擁有空中武力優勢的對德、對日戰區的經驗顯示，單憑空軍是無法阻擋訓練有素、有意決一死戰的地面部隊的運動。」[35]

這有效結束了陳納德的勢力，諷刺的是，史迪威於一九四四年十月奉召返國，比陳納德還早了一步。陳納德始終信賴蔣介石，與羅斯福總統仍有私人的書信往返，羅斯福總統在信裡誠摯盛讚陳納德是一位積極主動、充滿想像力的幕僚，其傑出的公關技巧，使他勇於創新的形象長存人心。[36]然而，把陳納德視為絆腳石的是軍事將領，而不是政治人物。阿諾德將軍直言不諱，告訴史迪威的繼任者魏德邁將軍：

陳納德將軍單憑微薄的資源在中國進行防衛性的空戰已有一段時日了。應該把這種杯水車薪的補給，以及因此只能採取游擊戰的作戰型態，扭轉為正面對決、進攻性的現代化空戰。我堅決認為，欲改變你的戰區的空戰型態，以運用現代化的作戰思想、戰術和技術，最迅速、最有效的方法就是撤換司令官。我對於你同意及早自中國戰區調回陳納德將軍深表感激。他應該把握現在對老弱軍官所提供免繳所得稅的優惠退役條件。[37]

陳納德的手下在老舊的P-40戰鬥機裡雖安然無事，但這些英雄好漢在這新世界裡是不重要的。這個新世界是屬於李梅（Curtis LeMay）將軍的，他採取低空夜襲的戰術，以為數龐大的B-29轟炸機群向人口稠密的日本城市投擲爆破彈、燃燒彈；這新世界裡輝煌的一役是在一九四四年三月締造的，三百三十四架B-29轟炸機自關島（Guam）、塞班島（Saipan）起飛，對東京十五點八平方哩之地狂轟猛炸，炸死了八萬三千七百九十三人，根據第二十航空隊公關軍官的描述，這次的空襲可謂「蔚為奇觀」。自空襲返航途中，B-29轟炸機機尾砲手注意到，東京一片火海、熊熊火光在一百五十哩外猶可見。[38]陳納德並未參與這次行動。像史崔特邁爾（Stratemeyer）將軍這類冷靜幹練的策劃者是更合適的人選。

中國給了陳納德一個嶄新的機會，而他確實也全力以赴。他與中國的情感糾葛濃烈。但這是一種商業協定，是一種見不得光的契約，履行之後即遭遺忘，對中國人是如此，對美國人也是。陳納德不再有用了。他在聞悉奉召返國的消息之後寫道：「我帶著悽楚的心情飛回昆明，口中充滿苦澀滋味，我想起過去那段猙獰歲月，地平線上也透射出第一道燦爛耀眼的勝利光芒。我想到那數千名美國飛行員現在只能心灰意懶、百無聊賴地留在中國和印度，而有個將軍卻因此肩膀上佩掛著三顆星。我想到史崔特邁爾將軍的幕僚全都晉升，這令我感到噁心。」[39]

＊　＊　＊

史迪威在一九四二年時並無意前往中國。他對這個國家瞭若指掌。一九二〇至一九二三年間，當時還是低階軍官的史迪威中文已能朗朗上口，一九二六至一九二九年間，駐紮天津，一九三五至一九三九年間，於北平擔任美國駐華大使館武官。親眼目睹三〇年代末國民政府軍隊的表現，他強烈懷疑中國宣稱日本人之所以能擊敗他們，乃是因為他們缺乏現代化的武器裝備。相反地，史迪威深信，中國人「犯了基本的軍事錯誤：忽略戰略和戰術的基本原理；不當使用支援性的武器；漠視軍事情報的作用；沒有能力採行健全的指揮和幕僚作業程序；未能建立通訊網絡；無法使車輛、武器維持堪用狀態。」[40]

日本偷襲珍珠港時，史迪威是一位五十八歲的陸軍少將，指揮一支軍團駐守在加州蒙特瑞（Monterey），期盼能從一帆風順但未能璀璨亮眼的軍旅生涯中退役。戰端一起，退役之議自然是癡心妄想，但當他奉召前往華盛頓時，史迪威還認為是去協助策劃盟軍在北非的作戰行動。當史迪威得知有可能被調去中國擔任蔣介石的中國戰區最高統帥部參謀長時，他在日記裡寫下這段話：「我？不，敬謝不敏。他們記憶中的我是個可以任意虐待的小上校。他們看見我一腳踩在泥淖之中，與苦力在一起，和士兵一同擠火車。」[41]

中國人對於他們所委請協助的高級軍官，人選的資格條件頗為怪異：「這名軍官不須是遠東問題的專家；反之，他（蔣介石）認為，此人若熟知軍閥割據時代的中國軍隊，容易把軍閥時代的軍隊與現在的中國國軍混為一談，殊無裨益。」[42]中國人反倒提議，他們需要的是唯唯諾諾的好先生，不致提出令人困窘的問題。美國陸軍部和財政部則是審慎處理這條但書。先前，中國人已提出種種不實際的援助：要求援助可能壓毀中國道路的重型卡車，中國軍隊還不會使用的半自動步槍，可能會從中國橋樑掉落的十三噸裝甲車，以及沒有人會駕駛的美國海軍俯衝式轟炸機，中國人的要求數量是美國總數的三分之一。看在美國專家的眼裡，這顯示中國人似乎只想要最大型、最精良的武器裝備，但從這也看出中國人還無法掌握機械化戰爭的複雜性。[43]他們還獅子大開口，要求立即兌現一九四一年美國政府承諾的貸款，這讓財政部長摩根索暴跳如雷，詛咒中國人「乾脆去跳長江。」[44]

中國人當然有理由懷疑美國人是否真心履行對他們的承諾：羅斯福總統在一九四〇年大選時，就曾說過，「各位父母，我向各位保證。我先前講過這樣的話，但我願再次強調：你們的孩子不會被送到國外去打仗。」[45]大體而言，美國的貸款和外交援助相當吝嗇。

珍珠港事件之後，美國亟需聯合中國抵抗日本，但又想密切注意中國局勢的進展。諷刺的是，史迪威用來推託他並非合適人選的藉口——曾以低階軍官的身分住在中國，只與尋常百姓為伍——成了美國官員屬意史迪威任職中國的條件。對美國官員而言，這些歷練使史迪威稱得上是個中國通。一九四二年一月中旬，史迪威奉命出席在陸軍部長史汀生家中召開的會議。「我人到的時候，發現我是唯一獲邀的客人。亨利與我就中國問題交換了一個半小時的意見……。他認為就各個層面來看，我是個合適的人選，能力足以控制局面。他認為中國人會接受美國指揮官。我告訴他，我深表懷疑，但他並不同意。他問我覺得如何，我告以我會服從派令。他說：『命運之神的手指，已多次指向你。』」[46]

史汀生對史迪威的印象深刻，盛讚史迪威「才思敏捷、心思縝密」，薦舉他任職中國。史迪威奉命晉見馬歇爾將軍，他推斷他任職中國的使命是「協調、穩定、管理滇緬公路，結合不同派系，掌握指揮權，指派他們各類任務。不計代價。」[47]一月底大致底定。史迪威接獲陸軍部的命令，「強化美國給予中國政府用於作戰之援助的有效性，協助改善中國軍隊的作戰實力。」[48]

史迪威對此派令既不高興，也不驚訝，他覺得「這只是把『用山羊來替代燒焦的祭品』的搪塞老把戲，套用在我身上。」隨後史迪威前往白宮拜會。羅斯福覺得史迪威「精明幹練、足智多謀，十分了解中國人，中文流利，絕不假公濟私。」但史迪威可不做此想，他在日記裡寫道：「羅斯福為人和藹，但並沒有給我好印象。他滔滔不絕講了一堆廢話。我實在聽夠了，我打斷他的話題，問他有沒有什麼口信要轉達給蔣介石。他顯然沒有心理準備，又東拉西扯講了五分鐘。最後，他才想到說——『告訴他，我們會堅持到底，直到中國收復所有的失土。』」羅斯福的顧問霍普金斯直言告訴史迪威，「我相信你是去指揮軍隊的。事實上，即便是蔣介石授予你中國軍隊的指揮權，我也不會感到意外。」[49]

的確沒有人清楚知道史迪威的職責，也不知他的權限究竟有多大。一九四二年三月，史迪威率領倉卒成軍的參謀抵達重慶，官拜中國戰區參謀長、美軍駐印度緬甸中國的總司令、羅斯福總統駐華的軍事代表、對華租借物資管理統制官。如陳納德所說：「史迪威在華的使命，無疑是戰爭期間所賦予職業軍人最艱難的外交任務。」史迪威的來到是由一位美國軍官透露給蔣委員長的秘書的，當時至少有四個中國下人躲在帷幕後竊聽，這實在不是個好兆頭。[50]

起初，事情的進展似乎一帆風順。史迪威受到蔣介石的盛情款待，並與陳納德晤面：「與陳納德一席會談。此人不錯。也見過一群飛行員，他們真的很優秀。」[51]在重慶初步召開的會議上，蔣介石授予史迪威第五軍、第六軍的指揮權，以遏止日軍兵臨緬甸。史迪威心懷感佩之意，概略陳述蔣介石的談話：「他的談話很有見識。他做出重大決定——前所未有地讓外國人指揮中國軍隊。指揮這些軍隊的結果既讓我功成名就，也能使我身敗名裂。全看未來而定。」[52]陳納德描述了「蔣夫人與史迪威首次會談之後是如何興高采烈。她挽著史迪威和我的胳膊，領我們來到會議室外的陽台。就在我們手挽手來回踱步於陽台時，她告訴我們，她心情相當愉快，中國終於有了兩位美國軍事領導的鼎力相助。她還說，期盼我和史迪威通力合作，並對我們領導之下中美聯合作戰的成果寄予無限厚望。」

然而，這和諧沒維持多久。史迪威於三月抵達緬甸，不久日軍即攻克仰光（Rangoon），他發覺他雖握有中國第五、六軍的指揮權，但並無法讓兩軍確實服從他的命令：「我不能槍斃他們，」他在日記裡寫道；「我不能撤換他們；但言辭勸說又起不了作用。結局可想而知，我是別人幹壞事時的傀儡，最後還得由我當代罪羔羊。」史迪威確信，蔣介石暗中干預他的指揮調度：「他就是不能不插手：他離前線一千六百哩，情報殘缺不全，戰術概念荒謬，下命令做這個，做那個，沒完沒了。他以為他懂人心；事實上，他以為自己無所不知，但命令又搖擺不定，行動時一有變化，他的心意也隨之改變。」

史迪威惱怒挫折之餘，飛回重慶，於四月一日謁見蔣介石，請求撤銷他的指揮權。史迪威提及，「這是一次十分坦率的晤談，炸彈炸得震天價響。我直言不諱，軍長、師長根本不服從指揮，而我也沒有足夠的權威迫使他們服從命令。」蔣介石對此表示關切，並同意他會讓第五、六軍的中國高階將領明白，史迪威是他們的指揮官，要對史迪威有信心。史迪威平息怒氣，認為他的率直方式大有斬獲：「我只想告訴他真相，然後做我自己的事，」陳納德心裡想的跟他五年前來華所得到的結論相呼應。但他又說：「若做不到像陳納德這般的地步，也死有餘辜：我顯然是沒有能力與圍在他身邊的一大群寄生蟲、馬屁精競爭。」史迪威也坦承「持平說來，無論如何，要想期待他們把攸關全局的戰場上的軍隊，交由他們並不了解、對他也缺乏信心的天煞的外國人來指揮，實在有些強人所難。」[54]

史迪威回緬甸之後，很快就知道他的強硬立場換來的成果微乎其微。不僅各國部隊之間的策略不一——英國人想撤，中國人想守，而史迪威想反攻——中國高階將領之間也各行其是、雜亂無章，一再違抗史迪威的命令。史迪威認為他要撤職查辦一名中國將領，以收殺雞儆猴之效，但蔣介石又不同意。四月中旬，鎮守通往滇緬公路要津城市臘戍（Lashio）的中國軍隊潰不成軍，敗走山區。派去增援的部隊未接獲命令就擅自撤退。史迪威計畫固守臘戍，但中國第六軍軍長竟下令調集他最精銳之師回中國；事前史迪威對於這次撤退行動一無所悉。幾天之後，第五軍也開始撤退，史迪威還是不知道。日軍於四月二十九日攻陷臘戍。史迪威仍想在緬甸北部的密支那（Myitkyina）固守陣地，但這座城市還是在五月八日淪陷，史迪威只好行軍穿越叢林，於五月十五日抵達印度。史迪威沒有因吃敗仗而受譴責。蔣夫人聲明她的丈夫仍然「完全信任」史迪威，而羅斯福表示「非常滿意史迪威對整體局勢的處置。」[55]

素來以「醋酸喬」（Vinegar Joe）綽號聞名的史迪威，無意逃避責任：「我們狠狠吃了敗仗，飽嚐屈辱。我們應該找出打敗仗的原因，洗雪前恥！」史迪威在倥傯行軍間寫下的日記，內容甚至更刺耳，這顯示史迪威心裡很清楚為何失敗：「當地居民的敵意；沒有空中援助；日軍主動出擊；裝備落後……彈藥不足……運輸系統不足……缺乏後勤補給計畫；醫療設施簡陋；將領愚蠢膽怯；蔣介石介入；英國人管理鐵路一塌糊塗；通訊設備陳舊；英國人的失敗主義態度；難以防禦的戰術位置；勝利必然無望。」[56]

史迪威吃了緬甸的敗仗之後，對中國人的態度轉而強硬。陳納德一昧想強化空軍戰力，史迪威則是堅持三個原則：首先，必須即刻反攻緬甸，控制滇緬公路，重新開啟通往中國的供輸路線。其次，除非中國人制定相應的政策，艱苦作戰以換取美國的援助，否則即取消對中國的接濟。再者，中國軍隊必須徹底改造。

史迪威的每一項原則都與當時美國人的想法相呼應：邱吉爾之前注意到，美國的參謀首長竟然會認為「重新打通滇緬公路是贏得全面勝利不可或缺的要件。」摩根索在評估給中國的巨額貸款時說：「我樂於給他們貸款，只要我們找出某種可餵飽他們、使他們繼續作戰的方法，但我不願把三億美元丟在路上，然後說：『好傢伙，這錢是你們的。』」美國大使的話更是言簡意賅：史迪威手中沒有「誘使中國人大舉進攻的籌碼。」[57]來自美國各方軍官的報告亦顯示，中國軍隊龐雜，難以調度，缺乏戰力。一九四二年春，中國軍隊總計有三百八十一萬九千人，分屬三百一十六個師。在這些軍隊（估計約有一百萬支槍）之中，據信約有三十個師是完全效忠蔣介石個人；其餘部隊分屬於十二個戰區的指揮官，而他們儼然是獨立王國，以軍事同盟的方式與蔣介石結合。因為他們的個人勢力取決所屬軍隊的實力，所以指揮官多不願甘冒折損軍隊的風險而長期與日軍作戰。

史迪威欲裁減中國師級單位的數量，只選擇某些軍隊重新分配軍火、裝備，罷黜無能的高階指揮官，但他沒能認清這計畫不是單純的軍事改革，它會碰觸到蔣介石權力結構的核心，說不定導致他失勢，因為蔣介石的地位全仰賴個人忠誠與拉幫結派之間的微妙平衡。史迪威深信自己是對的，而蔣介石錯了，他越來越火，在日記裡談及：「有美國做他的靠山、支持他，這個小笨蛋卻讓他一生中不可多得的良機平白溜走。中國政府權力結構的運作是以恐懼和偏袒為基礎，權力是掌握在不學無術、獨斷專行、冥頑不靈的人手裡……，唯有外在的衝擊——或是敵人的行動，或是某些立竿見影的新觀念——才能改變中國。」[58]

史迪威越來越鄙視蔣介石，反映了他內心的強烈挫折感，一九四二年夏、秋兩季，史迪威透過各種管道不斷上呈備忘錄，俾以「改善中國軍隊的作戰能力」；而蔣介石連是否收到這些備忘錄都懶得承認，更遑論會針對這些備忘錄採取行動。七月，史迪威試想：「這裡的人認同納粹。相同類型的政府，相同類型的觀念，相同類型的罪行。」到了八月，史迪威說蔣介石這人會「突然得出結論，以與他過去經驗相一致；他一意孤行、拒絕討論。

他沒有與人討論的習慣，事實上，因為圍在他身邊的人都是唯唯諾諾的。沒有人敢告訴他令人不快的真相，因為他已經瘋了。」到了九月，史迪威開始一律以「花生米」（Peanut）稱呼蔣介石，這原是在使用無線電通訊時稱呼蔣介石的代號。史迪威給人在加州的妻子寫道：「花生米出城去，於是整個政府機器的運作停擺了。一個人獨自養狗是個偉大的慣例，但一個人壟斷政府又是另外一回事。若我克盡職守、完成使命，然後回到卡墨爾（Carmel），我可能像是八十歲的老人，妳可能必須用輪椅推著我共度餘生。」史迪威在一份標題為「花生米獨裁者的困境」私人文件的結尾處，提出一個簡單的問題：「為什麼這個小笨蛋不了解他的唯一希望是這三十個師的計畫，將之改造成一支獨立、有效率、裝備精良和訓練有素的勁旅？」59

隨著史迪威對蔣介石的評價大幅滑落，蔣對美國的態度也日趨強硬。當駐守在印度和其他地區所有可用的美國飛機不再飛往中國，卻於一九四二年轉往非洲去協助英軍抵抗隆美爾（Rommel），蔣介石聞訊勃然大怒。他更是對盟軍拒絕將中國軍官納入他們的聯合參謀總部（Combined Chiefs of Staff）大發雷霆。隨著緬甸失守、滇緬公路遭封鎖，美國因而取回原本要運給中國的某些重要軍需物資，蔣介石更為憤恨不平。由於浙江人協助杜立德（Doolittle）所屬飛行員在空襲東京之後迫降浙江，日軍大舉出兵浙江進行野蠻報復，更讓蔣介石氣餒。六月底，蔣介石經由史迪威轉交一份清單給羅斯福總統，列出持續中國戰區戰事的三項最起碼要求：「一、美國出兵三個師，於八、九月之間抵達印度，協同中國軍隊恢復中、緬的交通運輸線。二、自八月起，中國戰區的空軍應保持五百架飛機的戰力……三、自八月起，每月對中國的空運（越過駝峰）五千噸。」列出要求清單的目的，誠如蔣夫人坦率所言，就是為了得到「盟國是否認為中國戰區必須存在的肯定或否定答覆，從而願意給予援助。」60

蔣介石又暗示國民政府統治區內親日的情緒高漲，以突顯他的論點：若無密集援助，中國只好單獨與日本媾和，而讓美國在太平洋地區形同獨力作戰。然而，這正是史迪威和馬歇爾所力陳的論點相左：除非中國能對等表明願意通力合作，否則美國不願繼續提供大量的財政和物資援助。雙方爭執的結果是妥協：美國出兵印度，但只派出一個師，而不是蔣要求的三個師；至於每個月五百架飛機和五千噸的空運，則不預設最後期限。羅斯福總統顯然對於蔣介石的強硬立場印象深刻，覺得史迪威治絲益棼。已有在戰後將中國列入「強國」想法的羅斯福，反對中國應有償取得美國援助的論調。史迪威寫道：「好吧，好吧。這是我們的立場。我們愚蠢地宣揚『英勇抵抗──五年的奮戰』云云，我們已經給足了蔣介石本錢──他現在可以對我們說：『抱歉，我們已經盡力了：若沒有援助，我們無以為繼。』」61

史迪威自然大為光火，但他還是繼續在印度的蘭迦（Ramgarh）、雲南訓練中國軍隊（或許有朝一日會變成他所期盼的三十個精銳之師）。史迪威也試圖與陳納德通力合作，陳納德曾疾呼必須強化中國空軍的戰力，現在領導甫成軍之中國空軍特遣隊（China Air

Task Force）。無論如何，羅斯福還是在一九四三年三月給了馬歇爾一封措辭強烈的信，表達了他的看法，「史迪威對待蔣委員長的方式錯了，蔣是中國人，畢竟無法用我們所擬之辦法相待……。他是行政首長兼大元帥，豈可用對待摩洛哥（Morocco）蘇丹（Sultan）之辦法，對他疾言厲色或要脅。」[62]這封信有若干片段轉到史迪威手裡，始明白羅斯福對他已頗有微詞。

史迪威對中國的不滿不再僅侷限於日記；他透過馬歇爾將軍轉呈給羅斯福總統的電文裡寫道：

> 重慶的命令無法貫徹到這個地區（雲南省）。我們的存在只會危及到此地猖獗的走私行為，你可預期即將展開一場對我個人人身攻擊的運動。我因不願向走私者供應軍需品而遭到大肆詆毀。重慶的宣傳攻勢不斷出現在美國國內，逐漸妨礙了我的工作進展。美國公共輿論得到的完全是假的印象。一般而言，軍隊身陷絕境，營養不良，沒有薪餉，未經訓練，社會地位低落，貪污索賄成風。我們可以把他們拉出臭水坑，但不斷讓步已使蔣委員長深信，只要他堅持，我們就會屈服。[63]

史迪威認為，陳納德升高空襲會招致日軍對國民政府治下的中國機場瘋狂報復；而像史迪威所描述的這種軍隊必敗無疑。

僵局依然無法化解。史迪威和陳納德各自都希望能得到經由駝峰空運而來的軍需物資的八分之五。陳納德開始展開他的建設軍用機場的計畫，史迪威則一心囤積軍用物資以備軍事訓練之需。幕僚提醒史迪威，若不協助陳納德，勢必增加重慶方面反史迪威的政治壓力，但他還是拒絕保證每月供應陳納德至少一千五百噸物資。陳納德相信史迪威千方百計扯他後腿，因為「既然譏笑（空軍）新式武器已在史迪威之流的軍事將領間蔚為風尚，那他耳濡目染這樣的觀點就不足為奇了。史迪威對步兵的偏愛，尤勝於我偏愛空軍。史迪威只能接受飛機作為私人交通工具之途，後來他也同意當他的軍隊因後勤計畫不周延而陷入險境時，用飛機載運急需的後勤補給。」[64]

史、陳兩人之間的爭論，復因由駝峰空運的物資，多半撥給中國政府而益形複雜：例如，一九四二至一九四三年間有逾八個月的時間，經由駝峰空運的物資，其中有百分之九是中國政府根據美國租借法案的配額而發行的紙幣，飛越喜瑪拉雅山脈以拯救凋蔽的經濟。陳納德的飛行員偶爾會把這些紙幣，連同供應給史迪威幕僚的非必要性辦公器具，倒在叢林之中，以騰出空間載運彈藥、零件、香菸和威士忌。[65]

情緒漸趨高昂。一九四三年三月，在史迪威六十歲生日那天，他為不在身邊的妻子吟詠題為「春之歌」的抒情詩：

浪漫重慶迎新春，
獨步綺麗林蔭間。
月色沁涼日光煦，
花香撲鼻令人醉。
（淤泥、糞土、濃粥覆蓋大街小巷，或者垃圾臭氣襲人、瀰漫整座山丘，或者山谷的豬糞味薰天，均不值得一提。）[66]

史迪威懷著這樣的心情，於四月飛往美國，與陳納德爭論。結果陳納德的看法獲採納，史迪威更為光火，於一九四三年夏天返回中國。史迪威告訴妻子：「又回到糞堆，蔣依然如故——還是一條貪婪、心胸狹窄、忘恩負義的小響尾蛇。」[67]

一九四三年夏、秋兩季的大部分時間，無論如何，史迪威不得不承認「響尾蛇的脾氣和緩多了。」[68]蔣夫人稱呼史迪威「喬叔叔」。他寫的若干備忘錄被閱讀、討論，第二次緬甸戰役的計畫也在醞釀之中。蒙巴頓（Louis Mountbatten）勛爵膺任東南亞戰區盟軍最高統帥，減輕了史迪威的負擔。當然，衝突還是免不了：史迪威建議調派華北共產黨軍隊牽制日軍的攻勢，阻擋日軍攻擊陳納德活動日益頻繁的機場，蔣介石冷淡以對這個建議，卻埋下了導火線，後來告訴來訪的羅斯福特使，希望調回史迪威。[69]史迪威圖謀罷黜蔣介石，由他接管中國軍隊的謠言也甚囂塵上。但這些謠言終歸是空穴來風，這段期間，大致上風平浪靜。史迪威覺得他應傾力而為；其餘就看中國人要怎麼辦。他告訴馬歇爾、史汀生：「有關第一批三十個師的一切事務已經就緒。準備工作既已展開，我不便再催促了。訓練隊伍與軍隊已在雲南就位，有些單位已開始訓練。總統下令每月飛越駝峰空運的首批四千七百噸物資，排擠了雲南部隊作戰時亟需的武器、彈藥……單位重整的協議並未付諸執行，結果會導致裁減戰力強的師。……道路修護進行順利。卡車車況堪慮，……我可以做的還有什麼？」[70]

向來沉默寡言的史迪威萬萬沒料到，他竟然會獲邀陪同蔣介石出席一九四三年十一月召開的開羅會議，英、美、中三國將在這次會議上確定即將展開的緬甸戰役的最後細節。開羅會議的成果令人振奮：同意日本竊佔的所有中國土地歸還給中國，盟軍將發動水陸兩棲作戰，跨越孟加拉灣（Bay of Bengal）支援中國打緬甸戰役。在戰後的國際社會，蔣介石領導的中國將躋升「四強」之列。蔣介石於十一月二十六日離開開羅返回中國時，蔣夫人致函羅斯福：「蔣委員長再次盼我轉達他對您為中國所做、以及即將做的一切，致上最誠摯的謝意。當他今天下午與您道別時，竟然找不到適切的辭彙傳達他對您的情感和感覺，以及表示他對於您的友誼的萬分感激。」[71]

然而，羅斯福不像蔣介石想的，那麼在意對中國的承諾。會後羅斯福與邱吉爾到德黑蘭（Teheran）與史達林會晤，這次會談的重心自然在對德作戰的問題上。史達林與邱吉爾對中國的能耐不無懷疑，希望盟軍通力合作，大舉橫渡海峽攻打德國佔領的法國。緬甸戰役可以緩一緩，邱吉爾說：「深入沼澤叢林與日軍作戰，不啻跳入大海與鯊魚搏鬥。」[72]如果中國果真是名符其實的四強之一，就讓他們自己來證明。史達林還說，待德國戰敗，俄國人便可向東夾擊日本。羅斯福前往開羅之前，並未與國務卿赫爾會商，他看過的各方軍事報告顯示，日本將敗於太平洋而不是中國，而他接受這些軍事報告的分析，已不再把中國的局勢視為當務之急。所以，至少在一年內，盟軍將不在緬甸地區聯合採取軍事行動。羅斯福請史迪威轉告蔣介石，計畫生變。

史迪威心裡當然會納悶，他在某次晤談時，試圖拼湊出羅斯福設想中的中國計畫。史迪威問道：「美國的政策是否就是要『扶持中國』？」羅斯福總統答說：「是的，就是要扶持中國。」假若日本擊敗蔣介石呢？「那我們會尋找替代的個人或集團實現我們的計畫。」史迪威又加重語氣問道：「我們需要對華的政治政策指導方針。」總統回答：「是的，如我所說的，中國有求於我們，需要我們許多幫助。」[73]史迪威至少紀錄了這次的對話。

馬歇爾將軍深知史迪威的處境艱難，希望擢升他，去另一個戰區領軍。史迪威生性執拗，婉拒了這項提議（或許他也想親眼看到蔣介石的狼狽不堪）。史迪威返回重慶，發覺蔣介石已開口向美方提出十億美元貸款的要求，欲以一記「犧牲打」恢復生機。這筆貸款的要求最後被羅斯福否決。兩年來，史迪威等人一直認定羅斯福面對中國壓力就會讓步，這次終於一反常態了。不過蔣介石也實在是得寸進尺，他堅持這筆十億美元貸款的匯率是

魏德邁（Albert Wedemeyer）將軍（左）為陳納德（Claire Lee Chennault）授勳，一九四五年，春，重慶。不久之後，陳納德即奉召返國。

史迪威（Joseph Stilwell）將軍徒步跋涉於緬甸叢林，一九四四年，春。史迪威寫信告訴妻子：「叢林是避難之所，我脫離了一堆糞土與子弟兵為伍。」

二十比一，不過美國人曉得，黑市的美元匯率大約是二四〇比一，而且還在不斷攀升之中。同時，蔣介石還要求美國負擔在中國建造新機場的全部費用。[74]

史迪威還是受夠了種種優柔寡斷、詭計多端、虛偽狡詐、巧取豪奪。開羅會議及之後的事態，讓史迪威精疲力竭；用他的話說，「這次淺嚐國際政治經驗讓我更加確信，我駕駛垃圾車……穿梭在這等人士之間，居然還甘之如飴。要甲板水手拿草耙——尤其他還是個軍艦的甲板水手——實在讓人不明究理。」[75]史迪威的辦法是遁入緬甸叢林之中，領導在印度訓練的中國軍隊，以及部分美軍，聯合英軍共同發動有限的地面攻勢反擊日軍。

史迪威遠離中國和盟軍參謀總部，在叢林中與士兵為伍，獲得了片刻寧靜。史迪威於一九四四年一月寫信告訴妻子：「叢林是避難之所，我脫離了一堆糞土與子弟兵為伍……我們定量飲食或吃中國人熬的粥，餐風露宿、跋山涉水，渾身溼透、泥濘不堪，但我們睡得酣暢，食物嚐起來美味可口，只因我們時常飢腸轆轆。」[76]頭戴老舊的野戰帽，足蹬軍鞋，肩背帆布袋，身穿皺巴巴的軍服，陸軍中將史迪威彷彿只是一名普通士兵。有人形容史迪威，「眉毛不整，眼鏡歪斜，走起路來晃來晃去，十分逗趣。他活像個沿街叫賣、運氣不佳的菜販。」[77]英國的史立姆（William Slim）將軍則是「印象深刻，我迭次造訪史迪威的司令部，總覺得司令部的簡陋擺設是惺惺作態……他樂於展現粗獷的生活作風，好比他拿掉軍階徽章和佩飾，刻意形塑他強悍、桀驁不馴、淡泊、驍勇善戰的將軍形象。」[78]史迪威涉足泥濘的緬甸，直到春夏交迭，印度、中國任何重大決策的風吹草動，都會引起史迪威的注意。

史迪威為何要留在緬甸？「因為這是在他的戰區裡最簡單的軍事冒險行動，」陳納德屬下飛行員答說，因為史迪威「的的確確是個勇敢的人，不過他打的是一場錯誤的戰爭。」[79]陳納德心有戚戚焉：「身為步兵戰術的虔誠信徒，史迪威的目光焦點總是集中在先是擊潰敵人、然後再推進的單純目標上。對於師長而言，這固然是一種理想氣質，但這不是幹練的戰區司令應有的見解。人們經常形容史迪威是『陸軍之中最佳的四星營長』，這話雖然刻薄，但也不無幾分道理。」[80]

事情沒那麼簡單。先不管史迪威的正式職銜，他的任務在於提供作戰意見給蔣介石。史迪威早就認為，唯有重啟滇緬公路的運輸線，大刀闊斧整頓軍隊的人事、組織，積極強化地面部隊的訓練，中國才有希望。所以，當蔣介石與羅斯福捨史迪威的策略，而採陳納德所提耗資低廉、但大有斬獲的政策時，史迪威心中的不平可想而知。史迪威亦深信陳納德的計畫必敗無疑，而他自己的計畫會被陳納德的失敗所牽累。史迪威在開羅會議之後的對策相當簡單，那就是讓蔣介石和陳納德作繭自縛。這當然不是高階將領應有的作為，但史迪威固執己見，一旦下定決心就會蠻幹到底。一九四四年七月，史迪威在給妻子的信裡說：「中國整體局勢前景黯淡。我樂於前往華盛頓大吼大叫，『我早就告訴過你們』，我以為他們應該都懂。這是我去年五月強調的重點，但我實在孤掌難鳴，空軍弟兄們以為單憑理應被我丟進垃圾桶的飛機，就能把日本人攆出中國。他們一意孤行，現在出紕漏了，又有誰能出面收拾？這又是一個可憐的悔不當初。應當扛起責任的人想必又能推諉批評和責任。假如這場危機能逼花生米下台，又不致於使整艘船觸礁沉沒，倒也值得。但這只是一種奢望。」[81]

危機有很多面。光是在緬甸，蔣介石親自下令，牴觸了史迪威的指揮，一九四二年的緬甸戰役就是如此。史迪威直陳過失，蔣介石便會溫言地說：「我希望我們不要帶給我們的友人和部隊不必要的傷害和失敗」——換言之，蔣介石不願見到效忠他個人的部隊和將領在軍事行動中蒙受損失。其次，羅斯福對蔣介石的態度漸趨強硬，強行派一支美國觀察團前往共產黨的根據地延安，並詰問蔣介石為何拒絕派軍渡薩爾溫江（Salween）進入緬甸，協助自北方推進的史迪威部隊。一九四四年四月，美方發出最後通牒：若不調派雲南部隊，將中斷租借法案的援助。最後，新的證據顯示，蔣介石扣下正在抵擋日軍進攻的部隊急需的後勤補給，有些指揮官根本無意接戰，就放棄了重要的戰略據點。[82]

如果這讓史迪威心裡有一種幸災樂禍的滿足，那麼這滿足感也已被五月在薩爾溫江的孤軍作戰所沖淡。在薩爾溫江一役，由史迪威督軍、費心訓練一年多的雲南部隊，完全拒絕種種建議，付出了慘痛的代價。有位美國上校親眼目睹薩爾溫江一役開打，提出報告：「由於敵軍採取守勢，我軍戰力擁有優勢，美國聯絡官力主採小部隊輪番猛攻，大部隊包抄以切斷日軍後方退路的作戰策略。然而，部隊接到的命令卻是直接進攻敵軍據點……枉費幾天的時間，付出慘重的傷亡……對敵軍碉堡發動一波又一波的自殺式衝鋒。協調作戰時的支援和掩護的火力奇缺……大部分的傷亡，因士兵欲突破或爬過機關槍的交叉火網地帶而造成。軍隊的攻擊除了展現視死如歸的勇氣外，實在是一種盲目的犧牲……鄰近或增援部隊眼睜睜地看著成班成排的士兵孤軍衝鋒仆倒，這樣的悲劇在陣地裡反覆上演。」[83]唯一的正面結果是，許多中國軍官終於看出他們所拒絕接受的建議有何價值：「美、中軍官一同目睹傷亡慘重的事實，這主要歸咎於違背了適當的戰術和技術原則，都認為必須改善部隊的訓練，」另一位美軍上校報告說：「這批中國軍官還見到，有些部隊遵從美軍的訓練準則，以較小的代價奪取、佔領重要目標。這無疑證明了美軍聯絡隊（American Liaison Team）觀念正確。」[84]不過這是一場所費不貲的教訓，也沒有理由假設這個教訓能傳到不在場者的耳朵裡。

基於局勢的發展，馬歇爾於一九四四年七月一日發了一封電報給史迪威，問他是否願意考慮「復權，且自己實際控制在中國地區的中國軍隊指揮權。」史迪威冷冷答覆，「在中國想要拯救某些東西的希望仍十分渺茫，不過行動必須迅速徹底，蔣委員長必須完全授權給某個指揮官。」史迪威的覆電於七月三日發出，參謀首長聯席會議於七月四日呈交給羅斯福總統一封海軍上將李海（William Leahy）署名的推薦書：「依我們之見，時機已經成熟，中國所餘之權力資源宜委由一人指揮。此人必須有能力以有效的方法抗衡日軍。在中國政府或軍隊裡，無人有此能耐協調中國軍隊迎戰日軍的威脅。戰爭期間，唯有一人能指揮中國軍隊以有效的方法擊潰日軍。此人就是史迪威將軍。」參謀首長聯席會議還敦請羅斯福「附上這封推薦書致函蔣委員長，力勸他讓史迪威將軍指揮中國的軍隊，」並「暫時擢升史迪威將軍為上將銜，這不僅承認他克服了內外阻力與極為不利之地形、氣候的因素，親率他一手訓練的部隊英勇作戰的功勳，同時也能賦予他在中國擔任新職之後必要的威望。」[85]

七月八日，史迪威在日記裡寫道：「羅斯福給蔣介石、馬歇爾給我的電報已收到。他們不斷向蔣介石談及我。羅斯福告訴蔣介石授予我全權，升我為上將。」[86]翌日，史迪威把首肯的覆電傳給馬歇爾，雖然事到臨頭，但他仍不禁挖苦道：「這項任命若真能實現，我會全力以赴。我對總統與閣下對我的信任，深感榮幸。我向總統和閣下您保證，我會一本初衷，避免引起不必要的不快，繼續奮戰。我全然了解，我不能辜負閣下對我的信任，我深感這對鄉下人來說，可料到是個難以承受的重擔。」[87]史迪威被正式授階為上將，當世具有上將頭銜者僅馬歇爾、麥克阿瑟、艾森豪、阿諾德寥寥幾位將領。

於是，舞台就架設好了，這是所有來華圖謀權力的洋顧問裡頭最有野心、最傲慢的嘗試。這不全是史迪威的想法；他的總統、他國家的高階將領都是這麼想的。只要稍知中國歷史、政治的人都會了解，中國人絕不會讓洋人在中國的土地上指揮他們的軍隊，這麼做只會導致蔣介石的下台。但對史迪威而言，陳納德弄得灰頭土臉，而他一手調教的中國部隊在緬甸表現出色，讓他不由心喜；對參謀首長聯席會議而言，歐戰、太平洋戰爭節節獲勝，他們深感自豪，因此，這似乎是便捷、合乎邏輯的做法。

蔣介石進退維谷，並不讓人意外。他承認「樂見」羅斯福的「有效建議」，但也指出「中國軍隊和中國國內政局不像其他國家那麼單純。況且，局勢詭譎多變，也不同於在緬北指揮少數部隊作戰那樣容易。」此案宜緩進，且「須要有段過渡時期，使史迪威將軍能絕對控制中國的軍隊，不受阻礙。」[88]羅斯福對蔣介石的回應表示滿意，並同意蔣介石敦請派任「一名深具影響力的個人代表」前往中國。然而，合適人選要花些時間來找，羅斯福也計畫去檀香山與麥克阿瑟陸軍上將、尼米茲（Nimitz）海軍上將商議太平洋戰爭的戰略；所以雙方到了八月底才同意赫爾利（Patrick Hurley）將軍是總統特使的絕佳人選，赫爾利隨即啟程前往重慶。

赫爾利到重慶時，史迪威人還駐守緬甸，指揮圍攻日軍重兵戍守的密支那。日軍對中國的報復攻勢不曾稍歇。八月八日，日軍攻陷衡陽。次日，史迪威獲悉中國若干將領顯然欲策動政變倒蔣，而在日記裡概略記載：「好個犯罪！」話雖如此，史迪威依然三令五申，嚴禁下屬干涉中國內政，所以當陳納德要求空運物資補給不為蔣介石歡喜的中國將領時，史迪威卻警告說：「採取妥協遷就的時機已經過去了。類似這種免費禮物勢必會延宕重大決策，而使惡棍從中牟利。牌已攤在桌上，只是還沒有結果。一旦明朗化之後，就讓他們去乾著急。」[89]在蔣介石這方面，他擬定派任史迪威的三個「前提條件」：除非共產黨的軍隊同意接受重慶方面的命令，否則史迪威不能指揮共產黨的軍隊；清楚釐清史迪威的功能和權限；由蔣介石本人控制租借法案的物資分配權力。美方顯然不可能接受最後一項條件，所以雙方討價還價，又耽擱不少時日。

赫爾利於九月六日抵達重慶，於九月七日與史迪威連袂謁見蔣介石。時值中國軍隊在薩爾溫江、衡陽戰線全面潰敗，但蔣介石的情緒似乎頗為平靜。蔣介石告訴赫爾利，他打算「把中國戰場上所有軍隊的指揮權交給史迪威，並給予史迪威將軍享有這指揮權必須的完全信任。」[90]

史迪威顯然沒有懷疑蔣介石的話，他回辦公室籌畫細部工作，這將是中國有史以來最具權勢的洋顧問。史迪威在給赫爾利的備忘錄中提到他的頭銜應該是「中國軍隊野戰總司令」。蔣介石應對外明確宣布「所有的中國武裝部隊，包括空軍與地面部隊在內，均歸史迪威將軍指揮」；此外，「史迪威必須擁有履行責任的權威，這包括與中國法律並行不悖的獎懲以及撤職、任命將官的權力。」史迪威還草擬了軍中傳閱的電報，一等蔣介石發布他的新職時，就傳送給中國各個戰區、各集團軍司令參閱：

> 我懇請你們全力支持這項使命。你們當中或許有人會問：「這個洋人在這裡幹甚麼？」我請你們不要用這種眼光看待我。我在中國度過好幾個年頭。足跡遍歷中國各個角落，尊敬中國人，尊重中國人的性格，我親眼目睹中國士兵浴血奮戰。我總是與中國士兵並肩作戰，支持中國老百姓。我期盼你們相信我是中國真正的朋友。承蒙蔣

委員長厚愛，特命我統帥中國軍隊。這讓我倍覺榮幸，我也深知才疏學淺，難以勝任如此重責大任。我為求克盡職責，需仰仗諸位鼎力相助與通力合作。[91]

赫爾利也被同樣奇幻世界所眩惑，為蔣介石草擬給史迪威的指示：

你可即刻重組、調動中華民國的地面部隊與空中部隊，並擬定中國戰區內所有盟軍的反攻計畫，奪回仍為日軍佔領的中國領土。為求實現此一任務，你可不受司令官的管轄，亦不受各省、各戰區範圍的限制，有權組建、裝備新部隊，遣散舊單位，調動人員，調動單位……。你可立刻草擬計畫以改善中華民國地面、空中部隊官兵的生活條件，使之起碼能與大後方的百姓等同。[92]

蔣介石並無反應，史迪威耐心漸失。史迪威於九月中旬巡視桂林，相信桂林即將淪陷，日軍便可直驅昆明，切斷中國最後的補給線。史迪威於十五日回重慶，與蔣介石「談了一個半小時的廢話。」「全是尋常人皆曉的蠢道理，白痴透頂的戰術、戰略概念。他根本扶不起。」[93]當晚，史迪威即發了一份沮喪的長篇報告給馬歇爾，談及蔣介石正打算調回他薩爾溫江的部隊。「我現在確信，他認為華南的浩劫不重要，相信日軍絕不會在華南地區造成他的困擾，還妄想可以躲在薩爾溫江之後偏安一時，靜候美國人了結這場戰爭。」[94]十六日，史迪威與宋子文有過一番「開門見山的晤談」。史迪威在摘記裡表明，除非擁有行動自由，否則他本人不想要指揮權；假使他無法擁有行動自由，屆時他只好去職讓賢：「繼任之人是誰尚難定論，但我都會向他寄予同情，因為此人須有能耐集合四分五裂、士氣低落的殘兵敗將，把這支裝備落後、素質低落的兵將湊成一支可抵禦一流軍事強權的勁旅。我希望蔣委員長能了解，我並非覬覦這個職位；我試圖告訴中國人，如何能抬頭挺胸，重拾他們的尊嚴，但兩年以來，我不斷遭人敷衍、漠視，飽受欺瞞，像皮球一般被踢來踢去。」[95]

史迪威給馬歇爾的信輾轉送到人在魁北克與邱吉爾會談的羅斯福。羅斯福馬上寫了一封措辭強硬的信給蔣介石：「最近幾個月，我反覆敦促您採取果敢行動，以遏制逼臨中國和您的災難……。我確信，您唯一能阻止日軍在中國遂行目標的辦法，就是立即強化您在薩爾溫江部隊的戰力，下令他們反攻，同時讓史迪威將軍不受約束，指揮您的所有部隊。我請求您採取這樣的措施，這將有助於增強我們決策時的決心，促使美國繼續努力維持、增加對您的援助。」[96]這是羅斯福向蔣介石傳達的最後通牒：蔣介石必須重啟薩爾溫江的戰爭，讓史迪威號令部隊，否則立即中止美援。

史迪威於九月十九日接獲這封信，他親自攜帶此信前赴蔣介石的官邸。當晚，史迪威在日記裡寫道：

在生命的日曆裡，這一天值得用紅色標誌。最終、最終，羅斯福還是坦率直言，講了許多話，句句都像爆竹炸開。「要不趕緊，那就算了。」這是最震天響地的一根爆竹。我把這包紅辣椒交給「花生米」，然後舒了一口氣坐下來。這支魚叉正中這小流氓的太陽穴，刺個正著。它打個正著，他臉色轉為鐵青，啞口不語，兩眼直視，只是悠悠對我說，「我知道了。」然後，坐著默不作聲，一隻腳搖搖晃晃……

我返回住所，隔江對岸一片通明，重慶萬家燈火。97

蔣介石絕不能原諒史迪威以如此羞辱的方式將這樣一封露骨的信交給他。蔣介石在給羅斯福的覆信裡說道，他同意由美軍軍官出任總司令，但此人絕不能是史迪威。史迪威必須下台，因為他「無心與我合作，只是一味認為他是前來對我發號施令。」羅斯福答以：「自我提議之後，中國戰場上的地面軍事形勢急劇惡化，現在我傾向認為，美國政府不宜承擔責任派遣美軍軍官指揮您在中國的所有地面部隊。」

羅斯福的答覆既是妥協，也有示警的意味。但對蔣介石卻起不了任何作用，因為他甫從人在華盛頓的連襟孔祥熙處得知，霍普金斯預料羅斯福即將召回史迪威。蔣介石就是根據這則未明的訊息堅持他的立場。在給羅斯福一封長信裡，蔣介石痛斥史迪威須為去年中國的所有軍事失利負責，堅持他身為「中國國家元首和最高統帥有權……請您召回我已不再信任的軍官。」羅斯福冷冷答道，有關緬甸地區的所有重大決策，都是由他本人、邱吉爾以及聯合參謀總部做出的，史迪威根本無法置喙。但是他同意召回史迪威。中緬印戰區將一分為二。至於在華總司令一職，他擬派魏德邁（Albert Wedemeyer）將軍繼任，若是蔣同意魏德邁出任他的參謀長。美國軍官「在目前的局勢之下，都不應承擔統帥之職，指揮在華的中國部隊作戰。」[98]

調派命令於十月十九日送抵史迪威手裡。他知道這總會來的。一如他對妻子所說：「看來他們終究還是把我攆走了，花生米已搬開絆腳石。羅斯福顯然有意讓我徹底垮台。假若老笨蛋在這個問題上屈服，看來他的確是屈服了，花生米就可以為所欲為，如此一來便全盤皆輸了。我的意識還很清醒。我完成了我的使命。我無怨無悔，只可惜看到美國被蒙在鼓裡。」[99]這番話恐怕說得太白了。史迪威確有遺憾。他急欲洗刷在權力鬥爭中被玷汙的名聲。史迪威行將離開重慶之際，在筆記上信手寫道：「是否應發表聲明解釋奉召返國的原委？」「我能否獲准發表聲明？」[100]陸軍部禁止史迪威與媒體談論中國的局勢，他退而求其次，只好著書自道。一九四六年，史迪威與世長辭，在他的文件堆裡發現幾份初稿，但都起了個頭，就沒下文了。素來伶牙俐齒的史迪威，到頭來竟然也會不知從何說起。

* * *

史迪威於一九四三年初次見了魏德邁後表示，「這個年輕小伙子肯定會飛黃騰達。」[101]這個「年輕小伙子」的確有條件。一八九七年，魏德邁出生於內布拉斯加州（Nebraska）奧馬哈市（Omaha），一九一八年自西點軍校（West Point）畢業。第二次世界大戰期間，讓魏德邁的參謀長才得以發揮：一九四一年十二月，魏德邁還只是上校，到了一九四三年秋天，他已官拜少將，這種紀錄即使是在一步登天稀鬆平常的戰時也誠屬罕見。[102]

魏德邁自認為在承平時期的軍旅生涯中，「最有益於陶養專業能力的派任」，莫過於一九三六至一九三八年間在德國軍事學院（the Kriegsakademie）的進修。魏德邁在自傳裡寫道，正是在德國軍事學院這段期間，他——

> 時常接觸到宣傳布爾什維克包藏禍心的言論和資料。藉由這些宣傳品，我認清了共產黨人的目標、做法、策略的真相，這些過去在美國鮮為人知或遭人漠視，及至近來情形才為之改觀。我也能從迥異於同輩人的觀點觀察德國。我並非認可納粹政權或寬宥他們慘絕人寰的行徑，只是了解到希特勒的上台，乃導因於第一次世界大戰後對德國的不當處置；而希特勒之所以能煽惑德國人民，實歸因於德國人民在絕望的逆境之中，急於尋覓擺脫威瑪共和國後期經濟混亂、民生凋蔽的出路。無論世人如何譴責希特勒的手段，德國人民深深以為希特勒自困境的深淵拯救他們是個不爭的事實。[103]

魏德邁回美國後，聯邦調查局根據他的自述，曾訊問過他的親納粹立場，但是並無所獲。

魏德邁有善於運籌帷幄之名，他也懂得審慎的重要性，也能從一項任務中對整體目標有所掌握。魏德邁擷取前人的理論精華，融合他本人在納粹德國的親身領悟，建構了一套自己的「大戰略」（Grand Strategy），將之定義為：「動員資源遂行國家政策所欲達成之目標的藝術和科學。」[104]以魏德邁之見，美國若缺乏如此戰略，就彷彿「沒有羅盤，在茫茫無垠的大海上隨波逐流，只能靠星宿指引我們航向命定的香格里拉。」[105]

魏德邁既是運籌帷幄者，又是個大戰略家。史迪威奉召返國後，魏德邁在一九四四年十月受命接任史迪威在中國的指揮之職，驚覺他的前途實在堪慮。魏德邁寫道：「若時間倒流回到一年前，我或許還樂見有此良機解決中國戰區的問題，但如今我似乎已難挽狂瀾於既倒。我屢屢聽說中國是美國官員、軍人、外交官的墳墓；你對中國人真的無可奈何，他們就是難以合作，他們會把你和你的政府連同他們的政府，一起拖向進退失據的困境。許多優秀的軍官就是在中國葬送前途的。」有位副官舉昔日成功的軍事顧問為例，譬如中國的戈登、俄國的嘉倫將軍、德國的馮法肯豪森（Von Folkenhausen）（譯按），以緩和魏德邁心中的憂慮，可是魏德邁不這麼認為。[106]

參謀首長聯席會議給魏德邁指示看似清楚：「一、有關中國軍隊方面，你的主要任務是建立、協助蔣委員長採取軍事行動抗衡日軍。二、有關你所指揮的美國戰鬥部隊方面，你的主要任務是執行以中國為基地的空中軍事行動。除此之外，你應該繼續中國空中與地面部隊的作戰、訓練以及提供後勤補給。三、除非基於保護美國人的人身安全和財產的必要，否則你不得動用美國的資源介入內戰。」[107]換言之，蔣介石與共產黨人之間的戰爭是蔣個人的事；同時，有關「提升中國軍隊的作戰能力」一節亦隻字未提，也未論及魏德邁膺任司令之職以統帥中國軍隊一事。

但是魏德邁身為蔣介石的參謀長，不可能對此視而不見，又能克盡職責。他必須在日軍攻佔昆明這個重要的補給據點之前，就將之擋下來；必須評估日軍的總體軍事意圖，並提升中國軍隊的作戰能力。但是魏德邁告訴馬歇爾，「中國軍隊組織之渙散，計畫之雜亂無章，無從想像。」[108]魏德邁發現，陸軍、空軍、後勤單位、英國和其他國家的情報活動不是獨立作業，就是令出多門，所以魏德邁也必須提高盟軍指揮架構的內聚力。這個任務不簡單。就如魏德邁於一九四四年十二月向馬歇爾所作的報告：「我先前的電文陸續提到中國人的態度散漫。到現在仍是如此；但我現在相信，蔣委員長和底下的人已意識到局勢嚴峻，可他們力不從心、驚慌失措。他們缺乏從事現代戰爭必備的井然組織、有素訓練以及精良裝備。他們一味在政治上鉤心鬥角，虛張聲勢，質疑領導人的真誠與動機，心理上還沒做好因應局勢的準備。」[109]

魏德邁以史迪威為鑑，不在公開場合流露這樣的情緒。他一開始就臨深履薄、處事圓融，對蔣介石畢恭畢敬，對陳納德謙和以待。魏德邁從不把腐敗無能是軍隊戰力不佳的理由掛在嘴上，而把焦點放在各地方單位的疊床架屋，倉儲和運輸能力的闕如，計畫的疏漏，以及給予受高等教育的人免服兵役的制度——這些人本來是低階軍官的好料。魏德邁在評估中國軍隊的戰力，以及分析為何指揮官不願命令部隊長途行軍時，發現部隊其實是處於半飢餓狀態，指揮官心知長途行軍會出人命。沒吃飽的部隊經不起長時期的軍事行動，徵再多的兵來填補部隊傷員，對提振士氣也無濟於事。為了糾正這些缺失，魏德邁建議採用美國措施，用美國人：由美國供應部（American Service of Supply）軍官調派非必要動員的卡車和航空器協助分配糧食，同時設置由政府督導的機械化運輸系統，並由美國招募的人在每個運輸據點上負責運輸計畫。110

魏德邁一如先前的陳納德、史迪威，都找到自己的答案。而這答案也一樣簡單，而且也錯了。魏德邁想用西方世界的專業知識解決後勤補給與軍事訓練的問題，這在美國或德國或許行得通。但在中國，魏德邁躲不掉政治，他也不了解他的一言一行都有政治的意涵。魏德邁不可能知道——也從來沒人教過他——他想獲致的軍事效率可能會牴觸到蔣介石，瓦解他建立在妥協基礎之上的城堡，提拔新人，蔣介石的心腹就會失勢。魏德邁亦未能認

譯按：瑪法肯豪森為蔣介石重用的德國軍事顧問，曾參與圍剿紅軍的指揮作戰，抗日戰爭期間協助蔣擬定上海——南京地區作戰計畫，也曾隨蔣介石前往淞滬戰場部署作戰。

清蔣介石無意在美國擊敗日本之前，就把他自己的嫡系部隊投入戰場上。魏德邁對自己的專業知識信心極深，他不相信有此疏漏。一旦專業知識在中國派不上用場時，魏德邁也只得把美國「丟失」中國的責任歸咎於他的種種努力橫遭掣肘，他實在很難相信中國是被中國人自己丟掉的。[111]當然，那時戰爭已經結束了。只要戰爭繼續打下去，魏德邁會認清自己能力和理解力的侷限。

戰況並不樂觀。隨著日軍的攻勢益發凌厲，重慶也受威脅，中國政府的高官開始紛紛向魏德邁詢問，有無可能搭機到美國避難。「說來真是好笑也真是可悲，」魏德邁告訴馬歇爾，尋求庇護的人士之中竟有兩位現役的中國將領。[112]一九四五年一月，日軍對十四航空隊位於水城的基地發動攻勢。薛岳將軍敗走，機場遭日軍佔領；薛岳是個有自主意識的軍人，迭受蔣介石的忌憚，得不到蔣的軍火或軍需物資的支援。但此時，日軍對昆明的攻勢卻減緩。魏德邁心想，莫非傳聞日本人與蔣介石已達成某種「諒解」的流言是真的？魏德邁開門見山，直接問蔣介石，得到的答覆卻令人沮喪：「關於這點，蔣介石語焉不詳。沒有確切的跡象，無論是情緒或別的跡象，蔣介石既不否認、也不承認。他只是乾笑幾聲。」[113]

魏德邁獲悉他的計畫可能純粹因消極抵制而失敗，史迪威之前也是如此。一九四五年一月，薩爾溫江戰役打勝之後，魏德邁空運兩個師的國軍回中國，然後根據他防衛昆明的通盤戰略，請求調動駐防薩爾溫江的第五十三軍、雲南的第五軍、西安的第五十七軍。但這些部隊全都按兵不動。事後，魏德邁私下會晤蔣介石，雖然短短幾分鐘，但足以表明魏德邁的滿腔怒火：「我覺得要當好你的參謀長幾乎是不可能的事。我覺得心情惡劣，非常掛慮這件事。於是我請求與您私下晤談。時間緊迫，除非決策明確，不再出爾反爾（蔣決策的計畫），我不知道該如何面對這樣的局勢。我確實想為中國效勞。」[114]

於是魏德邁決意把資源放在「督導」駐防昆明周圍地區的部隊。這項督導工作範圍廣泛，其中包括：「（一）作戰，對此美國幾乎擁有指揮權；（二）訓練，全由美國人監督；（三）補給，美國人掌控每個環節。」[115]然而，草擬計畫遠比付諸實踐容易。魏德邁之前建議，美國政府每個月支付給精銳之師的中國士兵一美元薪餉；蔣介石說美國若把這筆錢直接交給他更好，他保證依一百對一的匯率，發給每位士兵一百元。但因為當時的匯率是五百對一，而且美元匯率每天都在升值，蔣的方案顯然不會被接受。魏德邁並不因挫折而氣餒；他已下定決心促進中國軍隊的現代化，而且他會這麼做。魏德邁告訴馬歇爾：「我與蔣委員長的相處之道是友善、率直、堅定的。我深信，他現在喜歡我、尊敬我。」魏德邁在自傳裡，回憶蔣介石個性「異常敏感，做事像女子全憑直覺……。我覺得，無論是訓練或經驗上，他都還沒準備好因應紛至沓來的問題。」[116]

魏德邁是從軍事上，而不是從中國政治來理解這「紛至沓來的問題」，所以他不曾懷疑美國人已「準備妥當」，能彌補蔣委員長的疏漏。魏德邁認為當務之急是在參謀部逐級設置優秀的聯絡官，每一團都配屬一名美軍顧問。首先，應組建三十六個「訓練有素、待遇優渥、指揮有方的精銳之師。」中國人必須學習察納美軍顧問的建言。誠如魏德邁於一九四五年二月十五日發布的作戰指示：「凡有中國指揮官拒絕接受美軍顧問的建議，即徹查該名軍官，或把美軍顧問調離該單位。」[117]約莫有四千名美國軍人分別安插在由二十五名軍官、五十名徵募而來的士兵組成的「戰鬥分隊」。美國聯絡官小組會努力提供有關當地環境、訓練、人事精準的統計數據，呈送給上級指揮官和中國戰區司令部。到了三月，美軍又分別開辦一所參謀學校和步兵學校，可是獨不見中國學員就讀。追究起缺席的原委時，中國將領和顏答覆，他們正在其他地區忙於整編，所以沒有多的軍官可以到新學校進修。不過，他們希望到了四月就可以抽調部分軍官。顯然中國人並不急於想要分享美軍的專業知識。[118]

在招募高級軍官參與培訓計畫期間，美國人亦試圖改善中國士兵的生活條件；套用一組美國觀察團的話，中國士兵「渾身是病，僅能勉強走路。有時還得用擔架抬著這些甚至無力走路的士兵。餓殍、奄奄一息之人棄於路旁的現象處處可見，重症的補充兵得在鄰近廁所的伙房自行煮飯。一條毛毯三個人用。屍體就停放在將死之人的身旁，數日乏人聞問。」[119]顯然美軍的建議不能只限於作戰層面，因為眼前的問題是戰力的先決條件。美軍的辦法是配發給每個士兵多種維他命膠囊，並搭配均衡飲食。麻煩的是，美國人供應的多種維他命膠囊常被中國軍官視為「毒物」而予以譴責。於是魏德邁只好草擬「食物供應方案」，由美籍聯絡官負責執行，層層督導，下至營級單位。蔣委員長完全同意美國人為他的部隊所擬的伙食計畫，這樣每個士兵每個月要花兩千元的伙食開銷。但蔣介石仍按舊例，每個月撥給每個士兵的伙食費只有六百元，額外的伙食依然沒有著落。所以美國人只好又設了六個「糧食採購委員會」，有十八萬五千名中國士兵的伙食直到一九四五年夏天仍由這個組織供應。[120]

這反映了美國介入中國事務的模式：隨著供應線的開啟，新的任務接踵而來，美國人的角色越發吃重，美國派駐中國的員額自然節節上升。到了一九四五年一月，總計有三萬三千名美國人派駐中國；六月，人數成長為五萬九千人，而且還不夠用。此時，中國的財政問題日益嚴峻。四月時，元與美元的兌率是五百對一，六月時美元升值為七百五十對一，到了夏末遽升為三千對一。投資炒作與盜用美援的行徑屢見不鮮，魏德邁回絕了蔣介石要求他發表公開聲明，向世人駁斥美援遭中飽私囊的指控。魏德邁反而設立專責機構處理租借物資的分配。[121]

魏德邁的總體戰略是反共，所以他把全副精力幾乎都放在協助中國國民黨上。一九四四年底，魏德邁僭越職權，向蔣介石提出種種由美軍參謀草擬擴大共產黨軍隊參與對日抗戰的議案，譬如在美國軍官指揮之下，武裝、重新編組共產黨部隊的三個軍團，或派遣數百名美軍專家前往延安協助提升中共部隊的戰力，但他並不鼓勵這些議案，也不積極將之實現。一九四五年初，有位「戰略情報局」（Office of Strategic Service，OSS）的上校直接與共產黨人交涉，武裝兩萬五千名共產黨游擊隊員，開辦爆破、通訊學校，提供十萬枝手槍給「人民自衛隊」，「當魏德邁基於戰略需要，可獲得中共六十五萬部隊和兩百五十萬人民自衛隊的全面合作。」但魏德邁本人堅決反對，下令「中國戰區的軍官未經總司令、美軍、中國戰區（即魏德邁本人）的特別授權，不得以任何方式援助中國各政黨、團體或個人，或者與之交涉、合作。這包括研議協助或動用美國資源，援助未經批准的政黨、團體或個人的任何企圖。還包括嚴禁給予地方的援助。」[122]

這項命令不僅針對與共產黨磋商的人士，亦指向如陳納德這類喜歡擅自與軍閥打交道的人，陳納德等人認為可以利用軍閥對日作戰，即使這些軍閥沒得到蔣介石的支持。魏德邁不似陳納德、史迪威喜歡大放厥辭，寫道：「在中國，蔣介石與其政府對共產黨人威脅的實情瞭若指掌，毋須我在政治、經濟、社會、心理各領域瞻前顧後或躊躇審顧地提出建設性措施的進言。美國在這偏遠但攸關重要的區域，站在反共的最前線。跟納粹比起來，共產主義是威脅自由的最大敵人，應該阻止它在中國取得勝利。」[123]這段文字見於魏德邁的自傳，是在共產黨人已牢牢佔據中國多年之後才問世。在戰時，魏德邁是以比較平和的用語闡釋他的目標。一九四五年七月，魏德邁告訴友人說：「我的所作所為，換作你，相信也會這麼做，就是試圖以正直的態度來導這齣戲。」[124]

然而，人人都爾虞我詐的時候，很難以正直的態度行事。一九四五年二月，克里米亞的雅爾達之會，羅斯福、邱吉爾秘密向史達林做出重大讓步：租借旅順港和大連，恢復俄國人對於滿州鐵路享有的「權利」，南庫頁島（Sakhalin）、千島群島（Kurile Islands）劃歸俄國，以交換史達林承諾於德國投降的兩、三個月後，與盟軍同一陣線出兵抗日。在中國，國民黨與共產黨各自對戰後的交戰已做好心理準備，而不是參加赫爾利苦心安排的聯合政府。美國外交官員突顯國民黨的孱弱、腐敗，以對比中國共產黨的韌性和蓬勃氣勢。這批美國外交官不同意魏德邁「低估中國共產黨未來的軍事實力」，而誤以為「蔣介石的中央政府在遭遇零星的抵抗之後便能彈壓中國境內的反叛勢力。」[125]

魏德邁計畫發動大規模的南下作戰，於一九四六年初集結兵力攻打廣州、香港，以在戰鬥中焠煉中國軍隊。德國戰敗之後，魏德邁原於一九四五年五月即設想，希望能得到巴頓將軍（General Patton）、辛普森將軍（General Simpson）以及杜魯史考特將軍（General Truscott）的襄助：巴頓將軍進駐華北，直搗北平。杜魯史考特將軍南下長江三角洲，推進上海。辛普森將軍則擔任魏德邁的副總司令。[126]像這類牽連廣泛的計畫，自然需要層峰的協商。為此，魏德邁特別飛赴華盛頓，爭取參謀首長聯席會議與總統對此一計畫安排的支持。參謀首長聯席會議大體認可魏德邁的計畫，但與總統晤談的結果卻令魏德邁不安。魏德邁後來描述了生病的總統顯然是沒了解共產黨人的威脅：

> 我單獨在總統辦公室內與羅斯福總統共進午餐，力圖與他商討中國戰區的諸多問題。幾個月未見總統，他的外貌令我大吃一驚。他的臉色蒼白，面容憔悴，下顎萎垂。他似乎一臉眩迷，我很難向他彙報資訊。我不得不三番兩次重複相同的意見，惟因他

似乎心不在焉……。我告訴總統，當前雖不必顧慮共產黨人，但我認為屆時戰爭結束，共產黨人勢必尋釁滋事。然而，總統似乎不了解我在說些甚麼。[127]

魏德邁接獲的指示並不是很有用。他得知美國的近程目標是集中中國力量抵禦日軍，遠程目標是協助締造「一個統一、民主進步、合作的中國。」目前不得武裝共產黨人，但若美國欲在中國沿海採取軍事行動，那又另當別論。至於美國所期盼的「統一的」中國，魏德邁奉指示，不必然由蔣介石領導。[128]

魏德邁回中國繼續籌備攻打廣州的長期計畫。但這時的局勢似乎出現轉折：日軍在四月的新一波攻勢遭到中國軍隊逐退，他們運用了美軍顧問傳授支援火網、打暗號、運輸的作戰技巧；第十四航空隊取得了制空權；美軍也在四月一日登陸日本沖繩島。但中國戰區依然被盟軍領袖視為邊陲，魏德邁無法得知馬歇爾、史汀生、新任總統杜魯門（Harry Truman）等人刻意延宕攸關遠東地區的重大決策，以待第一枚原子彈試爆的結果，史達林透過在美活動的間諜探知，美國即將首度進行原子彈試爆的機密，亦靜觀原子彈試爆的結果。[129]到了七月三十日，馬歇爾才要魏德邁著手他力促許久的工作——「日本投降之後迫切需要綜整各項計畫。」馬歇爾還說：「除了空戰之外，參謀首長聯席會議無意捲入中國戰場，不過曾認真考慮攻取各港口，以利國軍收復淪陷失土。」[130]這則訊息雖然透露戰爭可能即將結束，但魏德邁無法從中解讀明確資訊，作為他制定未來計畫的依據，只能繼續集中心力培訓中國軍隊攻取廣州，並鼓舞已開始萌生「枉費心力」之慨的美國全體官兵。七、八月初，中國軍隊穩步邁向軍事行動的第一階段，克復雷州半島上的巴雅德堡（Fort Bayard，即廣東湛江之西營）。交戰的戰況並不慘烈：「日軍決定撤退，其撤退的行動從容不迫、井井有條。中國軍隊不願、也沒有理由付出慘痛代價與日軍交鋒，只是小心尾隨在日軍之後。真有交火，充其量也只是發生在日軍殿後偵查隊的偵蒐行動。間或有幾排日軍固守陣地，遏制了中國團級、師級部隊幾天。」[131] 八月三日，中國部隊距巴雅德堡僅二十哩之遙，正準備在七年後首度打開重要港口據點，重建海上補給線。但大舉反攻還沒展開，戰爭即宣告終結。八月六日，一枚原子彈落到廣島。八月九日，另一枚原子彈命中長崎。八月十日，日本宣布暫時投降。八月十四日，阿諾德將軍大規模動員，以雷霆萬鈞之勢，派遣千架飛機轟炸日本本土。飛機尚未飛抵日本，日本天皇即宣布無條件投降。[132]

無論是美方或中方，都沒有對這樣的局勢擬定充分的計畫。魏德邁於八月一日提醒馬歇爾，「倘若和平於幾週內驟然降臨，我們會因為準備不周而措手不及。在美國方面，我們可以處理自己的人員、財產，可是我們的許多行動都必須與中國人配合，假使和平突然來臨，可以合理預期，屆時必然混亂失序。中國人至今仍未通盤擬定復原、防止傳染疾病的擴散，恢復公用事業，振興經濟，以及安頓大量難民的計畫。」他覺得美國人「或許免不了要像目前在國軍所起的作用一樣，再次充當中國官員的顧問。我確信你會同意，我們應當協助中國人重建最起碼的秩序和生活常態。」[133]

但甚麼是「最起碼的秩序和生活常態」？難道在這個時刻也要像延聘西方軍事顧問一樣，大量啟用西方的專家、文官才能重新建構「最起碼的秩序和生活常態」？俄國人絕不能認同：他們步步佔據東北，開始把當地的重工業設備運回蘇聯。中國共產黨人也不會同意：他們已走出陝北，協同四處分散的游擊隊，開始收繳日軍的武器彈藥。蔣介石亦不會認同：他得到趕來援助的美國空中運補飛機之助，意圖重新控制中國全境，不顧魏德邁的告誡，過度擴張交通運輸線，終於嚐到苦果。美國百姓也拒絕接受：他們催促在海外苦戰四年的子弟兵趕緊復員。而且，馬歇爾也不會認可：他反對軍事介入中國，而盡力促成可行的國共聯盟。

怪的是，或許連魏德邁本人也不盡然贊成。有一位飛虎隊的成員日後寫道：「當時若要遏制共產黨人應唾手可得。」[134]參議員麥卡錫（Joseph McCarthy）寫道，在一九四五年底，「蔣介石在形勢上處於有利的地位。他擁有三十九個美軍訓練的剽悍之師，握有精良的裝備，他的部隊士氣如虹……，局勢並不艱難……，重慶政府是我方的盟友。我們共同經歷了一場患難與共的長期戰爭。」[135]然而，在一九四五年八月五日，魏德邁卻向蔣介石上呈一份措辭極為強烈的報告，告訴蔣介石，這份報告內的「資料理應交給您。它的內容都經過謹慎求證，我相信報告中的可信資料有助於您和我自己處理棘手的問題。」這是魏德邁一直極力避免重蹈史迪威所使用過的策略：冷不防給蔣介石猝然一擊，逼他採取行動。

這份報告稱中國人徵兵的方式是「惡疾肆虐」，一種腐朽、荒謬的人肉市場，其犧牲者「骨瘦如柴，身體衰弱無力，他們唯一的價值就是把吃進肚子的飯變成肥料」，他們竟然被「賦予自由中國的公民所應該承擔最重要的功能！成了軍官的收入來源之一。」中國軍醫院成了重症新兵的葬身之地，可與德國布亨瓦德（Buchenwald）集中營相提並論。這份報告最後指陳，「每位來到這個國家的軍事觀察家」無不建議裁減中國軍隊的數量，組織一支短小精悍的勁旅。「然而，一旦士兵成為軍官的主要收入來源，決定了將領的政治權力和影響勢力，這些將領又如何能容忍他的軍隊遭到裁撤？……軍隊是贏得戰爭的工具。

難道中國政府不想打勝仗嗎？答案是：並不是沒有前提條件的。不能為了打勝，而把中國人的利害關係委由美軍來決定。不能為了打勝，引進民主體制，而可能制衡政府與官員。不能為了打勝，而與共產黨人合作，因為他們自有一套如何進行抗戰的浮誇觀念，共產黨人絕不會贊成『坐等勝利』的策略。」[136]

蔣介石如何反應並未載入史冊，但從各個側面予以推敲，他的反應必然答非所問、文不對題。假若他願意留心美國人刺耳的建言，勇於承擔後果，美國人或許還能繼續扮演顧問的角色。越戰的若干教訓或許可以給雙方一些啟示。但蔣介石沒作如是選擇。中國不是美國，中國的戰爭必須按中國人的基本規則來打，而蔣介石則期盼能由他來制定這些基本規則。縱然是一廂情願的想法，這畢竟還是蔣介石的抉擇，況且蔣介石也有足夠的時間實現他的目標。無論有沒有羅盤，美國人都不可能在中國尋到他們夢寐以求的香格里拉。

第十章

棄美而投蘇，迂迴而自立

第二次世界大戰的結束，並不意味著美國馬上停止捲入中國內部事務。在美國的協助之下，近五十萬的國民黨部隊推進到華東、華北的重要據點，美國海軍陸戰隊佔據北平、天津以及重要礦場和鐵路運輸樞紐。為了壓制共產黨，美國司令部還三令五申，在華日軍只能向蔣介石或其代表投降，於是在許多地區，日軍在國民黨抵達之前仍在繼續抵抗共產黨。但此時，美國軍事顧問已停止訓練國民黨部隊，並嚴禁美國官員直接軍事援助國民黨部隊。美國政府首要之務是前往日本佔領區解除日軍武裝，並無意介入中國的內戰。[1]

魏德邁看出共產黨人在華北的勢力，俄國揮兵東北，國民黨部隊依然腐化、士氣低落、後勤補給雜亂無章，他在一九四五年十一月做了即時的分析：「一、蔣委員長有能力穩定華南的局勢，但他必須接受外國行政人才和科技專家的協助，起用耿直、幹練的文官，戮力實施政治、經濟、社會改革。二、除非與中國共產黨達成令人滿意的協定，並根據前述建議務實採取行動，否則蔣委員長在幾個月、甚至幾年內都難以穩定華北局勢。」[2]杜魯門總統對此亦有同感。他重申需要「一個強盛、統一、民主的中國，」協調國共彼此的敵意，建議蔣介石摒棄「一黨政府」，以包容「其他政治勢力。」然後杜魯門又高舉胡蘿蔔：「只要中國遵循上述方針邁向和平與統一，美國將樂意透過合理的方法協助國民政府重建國家，振興農業與工業經濟，建立一支有能力承擔中國國內和國際責任、維護和平與秩序的軍隊。」[3]

根據這些總體方針，美國政府允諾提供援助和建議。馬歇爾將軍以杜魯門總統特使身份前往中國，斡旋國共停火，組織聯合政府。魏德邁繼一九四七年馬歇爾調停失敗後前往中國，試圖遊說蔣介石改組政府，不要一味憑恃武力解決問題。在麥克勞爾將軍（General McClure）領隊下，由千名美國官兵組成的「中國軍事顧問團」（Military Advisory Group in China）抵達中國。從抗戰勝利至一九四八年初這段期間，美國總計提供近十五億美元的援助給中國，其中半數在軍事方面。這數字還不包括以「剩餘軍需物資」的名義廉價出售給中國的大量物料。[4]美國國會又根據一九四八年「援華法案」（China Aid Act）的授權，進一步同意五億美元的援助給中國。除此之外，「聯合國善後救濟總署」（UNRRA）及其後來改組而成的「重建事務託管理事會」（Board of Trustees for Rehabilitation Affairs, BOTRA），亦提供中國五億美元的經費，用於發展灌溉、農業、農村工業化、醫藥、農業機械化及其他計畫項目。

但國民黨軍隊腐敗，民怨沸騰，通貨膨脹急遽惡化，均無法外求治療的良方。反觀共產黨士氣如虹、眾志成城，幹部經驗老練，領導有方，並通過繳獲日軍、國民黨人（和美國）的武器而大大提升裝備素質。一九四八年底，林彪領軍擊潰東北的國民黨部隊。北平雖有十萬部隊拱衛，亦於一九四九年一月陷落。隨著蔣介石宣布下野，將國民政府的黃金儲備及其下屬精銳部隊，連同故宮典藏的稀世奇珍，裝船運至台灣，共產黨人繼續揮軍南下：四月攻克南京，五月佔領上海，十月陷落廣州，十一月直取重慶。中國已拱手讓給共產黨人。

這時，輪到蘇聯顧問乘虛而入，以彌補他們在十九、二十世紀的失敗，著手為中國共產黨人擘畫美國人無法幫國民黨成就的事。於是，蘇聯顧問絡繹不絕，一九五〇年至六〇年間總計有一萬一千人之譜，所從事的領域大體類似於西方世界的先驅：科學與工程、高等教育與醫療，以及軍隊組織。[5]

一九五〇年初，毛澤東訪問莫斯科之後，史達林承諾提供經濟與技術的支援，以協助中國發展五十項大型的工業計畫；一九五二年蘇聯的援助數目擴大為一百四十一項，這些

中、蘇蜜月期，一九五五年。上圖：蘇聯專家指導太原一家鋼鐵場的工人。
下圖：俄國青年與中國戰士聯誼，東北。

計畫構成中國第一個五年計畫（一九五三至一九五七）的核心部分。東北南部的鞍山鋼鐵廠有三百名蘇聯專家，有五百名蘇聯專家在新疆開發油田；逾百人蘇聯顧問協助重整中國北方的鐵路網絡，設計汽車和拖拉機製造工廠，開發提煉石油的技術和建造水力發電廠。一九五五年，蘇聯專家協助建造原子反應爐和加速器，同時有二十名頂尖的中國核子物理學家被派往鄰近莫斯科的杜伯拿（Dubna）「聯合核子研究所」（Joint Institute of Nuclear Research）。蘇聯顧問亦參與了地質考察、橋樑建築、國家農場計畫以及北京醫院的管理工作。6

蘇聯專家也積極參與教育領域。一九五〇年代初，中共自蘇聯翻譯了一千三百九十三本教科書，用以取代中國學校所使用的過時教科書。蘇聯送給中國各大學圖書館大量的書籍和期刊。一九五〇年代，至少有一千名中國科學家前往蘇聯進修，以及三萬七千名研究生、大學畢業生和科技人員在蘇聯接受培訓。蘇聯專家重新修訂中國大學的課程，重組大學科系，協助設立研究所。試舉一例，中國數學研究所的主任報告說，蘇聯的影響遍及「函數理論，電子計算機科技在工程與科學問題的應用，空氣動力學偏微分方程式，毛細管橢狀偏微分方程式、原子薄殼層偏微分方程式。」同時，在核子物理學、化學、工程、生物和醫學等各領域，都受到蘇聯研究的衝擊。7

儘管蘇聯軍事顧問的確切人數不得而知，但其影響力是十分深遠的。中國共產黨雖號稱擁有五百萬大軍，但其軍事結構鬆散，欠缺有效率的海、空軍；裝備落後，然而這支軍隊卻在一九四九年擊敗國民黨，待韓戰結束之後，這支軍隊已煥然一新。中共開設了一所軍事科學院，以及其他的專業培訓學校，中共高階將領被派赴基輔（Kiev）的參謀學校深造進修，解放軍的裝備開始標準化，在蘇聯協助下組建工兵、防空兵、通訊兵、裝甲兵等。最後，一九五五年初，中共軍隊放棄了自游擊戰爭時代所承襲的非正規化、平均主義的舊革命傳統。中共軍隊取而代之的是實施十四級軍銜制度，專業分工，依軍階受薪，軍人穿軍服、戴徽章、佩勳標。海、空軍也實施相應的改革。[8]

無論如何，取得這些進步的過程還是一波三折。這不僅是因為中國人期待過高，希望「每位蘇聯專家都有通天本領，」誠如有位在北京的蘇聯化學家所言，「能給他們一個正確的答案以解決所有錯綜複雜的難題。」[9]問題也不在於俄國人的援助條件太苛刻，堅持中國支付所有技術服務的金額，盡快償還貸款，以及某些輸往中國的產品索價太高昂。[10]問題的癥結一如昔日所見，中國方面總是怕隱藏在西方先進的技術專業背後，這些顧問總會夾帶意識形態的要求脅迫他們的中國主人。

毛澤東奮鬥了二十餘年才重新締造一個強盛、統一的中國。現在，這個國家終究是統一了，他不願意見到在俄國人的影響之下又漸趨鬆動。同時，毛澤東也不願意捨棄中國共產黨頭一年統治時費盡心血所激發出的革命能量。到了一九五五年，毛澤東已清楚意識到中國人過度依賴蘇聯科技。隨後，一九五六年，赫魯雪夫於史達林身後大肆抨擊他，無形之中也連帶波及了才剛公開盛讚史達林的毛澤東。蘇聯公開詆毀一九五八年大躍進時期中國的人民公社制度，此舉讓毛澤東意氣風發的政策蒙上陰影。一九五九年，赫魯雪夫與艾森豪總統在大衛營會晤，開啟了美蘇和平共存的新時代。無論蘇聯的科技援助有多麼重要，都難以彌補其對中國的藐視。早在一九五七年夏天，中國共產黨的主要發言人即宣布，「我們應儘可能地依靠自己的力量，」降低對「外國的依賴」[11]。大躍進政策的挫敗，導致毛澤東擔心軍隊和行政部門的異議份子可能倒向蘇聯，而蘇聯也絕不會錯失天賜的良機。於是在一九五九年底，咸信有意尋求蘇聯大量援助的國防部長與總參謀長雙雙遭到撤職。（譯按）忠心不二的林彪重組軍隊，擴大對軍隊的政治控制，繼續大規模組建民兵。

一九六〇年夏天，在布加勒斯特（Bucharest）、北京、河內召開的歷次共產黨代表大會上，蘇共提案與中共觀點之間的齟齬已趨白熱化。俄國人突然召回駐華的科技顧問，留下大量未完成的計畫，顯然只是為了嚇中國人。中國人的反應是召回留蘇的學生。中國人

譯按：當時的國防部長是彭德懷，總參謀長是黃克誠。一九五九年八月，中共於盧山召開了八屆八中全會，會議通過了「關於以彭德懷為首的反黨集團的決議」，從此展開了「反右傾機會主義鬥爭」，清算了彭德懷、黃克誠為首的「彭黃反黨集團」。

日後承認這些舉措，「造成中國建設工作的龐大損失，擾亂了國家經濟發展的原定計畫，使我們面臨的難題更形惡化。」[12]但雙方均無意讓步，致使中蘇之間的隙罅加深：從一九六〇年十月在莫斯科召開之蘇共八屆一中全會的隱晦曖昧，及至一九六一年赫魯雪夫對阿爾巴尼亞（Albania）的大加撻伐，到中國於一九六四年對外宣稱自己才是「真正革命的馬列主義者」，並於一九六六至一九六八年的無產階級文化大革命期間，猛烈攻訐蘇聯的修正主義路線。

十年來，蘇聯顧問大大造福了中國。蘇聯顧問協助中國迅速工業化、重建軍事組織，而這是中國欲重建、捍衛他們滿目瘡痍的國度所不可或缺的。然而，蘇聯顧問在一九六〇年撤走之後，還有一個大任務沒有完成：助中國製造原子彈。

中國想要原子彈、也需要原子彈——這種西方科技文明的驚悚遺產，是所有人類科學突破之中的巔峰之作，也是最不人道的產物。中蘇關係日益惡化，而有關原子彈的爭論是癥結。到了一九五五年，中共領導人已充分了解核子武器的重要性；他們亦了然於胸，蘇聯勢必在這個領域發揮關鍵角色，中國要不自行研製核子武器，就是滿足於躲在蘇聯核子「保護傘」之下受其庇護。蘇聯人的處境十分尷尬：他們既不能拒絕協助中國盟友所需的尖端科技，但也不願見到鄰邦擁有核子武器。結果，蘇聯所採取的政策，雙方都不滿意。

根據一九五七年十月的協議，蘇聯允諾轉移「國防所需的新科技」協助中國；中國人了解，這意味著蘇聯將提供中國原子彈的模型，以及隨後在中國製造原子彈所需的科技資料。到了一九五九年，顯然中國根本不可能取得這種實質、直接的核子技術援助。俄國人只願意協助建造核子反應爐，及一座可產生核分裂材料的氣體擴散廠。雖然這是發展核子武器的兩大步驟，但俄國人似乎認定若無他們的指導，中國人還是做不出原子彈。他們告訴中國人，除非中國與蘇聯共組遠東司令部，由蘇聯出面領導，否則中國是得不到最後的關鍵科技。中國日後宣稱，他們懷疑蘇聯的計畫是要「把中國置於蘇聯的軍事控制。」[13]

自從蘇聯科技顧問於一九六〇年撤出中國之後，中國人決心自行研發。至於中國與蘇聯的友誼，中共在一九六一年還堅稱，仍像「喜瑪拉雅山一樣屹立不搖，像太平洋一樣深不可測，像長江、窩瓦河（Volga）一樣源遠流長。」[14]這當然不是真的，但中國人知道蘇聯已把他們欲達成之核子目標的方法交到他們手裡。俄國人無法撤除已給予的援助，除非雙方開戰，否則俄國人無法拆除核子反應爐與氣體擴散廠。

一九六四年十月十六日，中共在新疆的核試驗基地試爆了第一枚原子彈。美國詹森總統說那是「一枚粗製濫造的核裝置，只會加深中國人民的不安全感。」中國人卻說這第一枚原子彈是「中國人民為了世界和平所做出的巨大貢獻。」[15]

這枚試爆的原子彈相當於兩萬噸黃色炸藥的威力，近於一九四五年美國在廣島所投下的原子彈。這枚原子彈並未使中國躋升核子強權之列；全世界都在等著看中國是否能乘勝追擊，開發出更精緻的設置。第二枚原子彈體積與第一枚相當，於一九六五年五月試爆。第三枚於一九六六年五月試爆，威力較第一枚大十倍，而且使用了熱核材料。一九六六年十月，中共進行了第四次的試爆，體積較小，但卻首度以導彈為載具。第五枚飛彈在兩個月後試爆，相當於三十萬噸黃色炸藥的威力。隨後，一九六七年六月十七日，中共試爆了一枚熱核（或氫）彈，至少相當於三百萬噸黃色炸藥——威力是摧毀廣島市那枚原子彈的一百倍。[16]

歡欣鼓舞的中國人民蜂擁走上街頭，敲鑼打鼓，燃放鞭炮。西方分析家對於中國出人意表的表現百思不解。據他們的解釋，中國科學家極有可能已經掌握了「讓鈾分裂的氣體離心法（gas centrifuge process），」美國曾嘗試開發這種技術，但在幾年前已經放棄了。[17]中共未曾在官方公報上披露技術的資料。他們只是提到，這項勝利是由於解放軍全體官兵、工人、科學家，聯合「奉獻他們的集體智慧與力量，通力合作，以『只爭朝夕』的革命精神克服重重困難，自己打開一條路，而確保了這次氫彈試爆的順利成功。」[18]

中國人反覆重申，這次試爆的目的一如他們自一九六四年以來歷次試爆之後所做的宣示，純粹出於自衛，而他們的終極目標是透過世界性的禁止核子武器，以維護和達成世界和平。他們亦指出，試爆成功同時給了美、蘇沉重一擊，而中國的偉大成就也鼓舞了越南人、阿拉伯人以及全世界各地抵抗帝國主義侵略的所有人民。核子武器的力量或裁減核子武器，已不再為西方人所壟斷。如果要做出最後決定，那必須由中國自己來做；中國有其政策，中國也證明了他們有能力貫徹之。中國人證明了他們已不再需要西方顧問了，至少他們這麼認為。

結論

平起平坐兮，期一世太平

無產階級文化大革命運動如火如荼展開時，中國試爆氫彈，這當然不純粹是巧合。一九六六年八月八日發表的文件通常被視為文革的憲章，中國領導人在裡頭強調「卓有貢獻」的負責人應受「特殊照顧」，不容紅衛兵或其他團體騷擾。但此一科技成就的乖張特質，加上中國刺眼的外交政策，世界各國大學校園內以「毛主義」（Maoism）信仰之名所湧現的各式團體，以及中國本身有關農業、工業可靠生產數據闕如，看來中國是要全盤拒絕西方世界的政策建議。在中國反西方的惡毒中，同時蘊含著敵意和寬慰。就算中國在某些領域已迎頭趕上西方，但中國依然步履蹣跚，飽受威脅。

然而，審諸歷史可見，中國以往雖然孤芳自賞，但並未抹滅其吸收力。西方人帶給中國的每一項技術，最終都能為中國消化：日心理論和曆法科學、細膩的外科醫學、經濟計畫、工程學、科際整合的大學、長程通訊、機械化戰爭、核子物理學。西方人以專業技術粉飾意識形態，企圖強迫中國全盤接受。這正是中國人斷難容忍的；即使在中國最孱弱的時候，也意識到依外國條件接受外來的意識形態乃是屈從。這種自尊與疑慮是反基督教的先驅沈傕、楊光先，十九世紀的政治家林則徐、曾國藩，以及蔣介石和毛澤東這對宿敵所共有。

回顧一六二〇年到一九六〇年這段歷史，可看到西方人以唯我獨尊之姿來到中國。這種優越心態起於兩大因素：西方人擁有先進科技，自認師出有名。西方人自認目標崇高，而他們的建議是中國迫切需要的，因而一副君臨中國的姿態；若是中國質疑其目標的妥適，不接受其建言，他們便不知如何是好、或惱羞成怒。西方人受其願景驅使，多與中國有很深的情感糾葛；他們要的不只是中國的報酬。但他們沒能認清中國人是以契約的觀點來看待彼此之間的關係，並以雇主的身份保持終止雙方協議的權利。這點誤解會滋生嚴重的後果。以美國為例，他們曾在晚清和民國積極扮演顧問的角色，卻又出現背叛與「丟失」中國的論調。不過，美國並未遭到背叛；美國人只不過重蹈昔日失敗的覆轍，他們所丟失的是前人曾失去的——金錢、前途、希望。中國不是美國的禁臠，也不是羅馬天主教歐洲、或大英帝國、或蘇聯的附庸。傅蘭雅、戈登、赫德之輩只不過是胡美、史迪威、托德的前車之鑑。

西方人仍對自己的文明感到自豪，深信自己師出有名，急欲「開發」被他們視為落後的民族，這些西方顧問的境遇實可為借鏡，以昭炯戒。傅蘭雅和丁韙良堅忍不拔，湯若望、李泰國及托德精力充沛，胡美和鮑羅廷洞察敏銳，戈登和史迪威精明幹練，赫德和魏德邁善於組織，南懷仁和伯駕匠心獨運，華爾和陳納德勇氣卓絕，白求恩無私奉獻。他們每個人都把一生的精華貢獻給中國。

持平而論，這些人士的故事是警世教訓，而非鼓舞人心的宣傳。抵銷積極面的不純然是他們個性中的負面特質——如傲慢、急躁、偏執、笨拙、愚蠢，惹得中國人在不同階段抗拒西方人。對此，還有更深刻的問題有待探索，其中癥結不僅涉及在中國工作的西方顧問，還與仍在其他國度試圖從事相同工作的人士相關。

這些人的基本動機是甚麼？他們希望達成甚麼目標？他們為這番事業所付出的個人代價是甚麼？他們憑甚麼前往中國？

當然，其中的動機之一是助中國提振精神或道德的貧困。這似乎是本書討論的所有西方人共同懷抱的願望，無論這些人出於自願，或受邀前往中國，或受上司的青睞被派往中國。協助意味著使中國更像西方國家，使中國按西方人所理解的定義來改變。所以，西方人並不在意他們所觸動的一連串事件，而其後果是他們根本無力決定的。但是，在他們行動的背後其實有著更複雜的動機，他們牟利之心，不下於幫助中國之心。大多數的西方顧問皆有冒險患難與渴望畢其功於一役的性格，這種性格又會因他們在家鄉所經歷的恐懼和挫折而被激化。中國似乎提供他們發揮的自由，給予他們以一己之力扭轉歷史的契機，從而證明了他們存在的價值。

多數西方顧問確實得到某種程度的心理滿足，可以想見，他們為此經驗付出的代價也很高。即便某些中國人善待之，但更多人會冷落、矇騙、敵視他們。每個人都想以某種手段控制中國的命運；但他們終究會明白這是自不量力，痴心妄想，而感萬分沮喪。他們意識到自己被中國人利用，而不是在利用中國人，他們漸漸被自己的科技專業吞沒，會找其他的辦法，避而承認他們的期望已落空了。其中有些人焚膏繼晷，拼命工作，以當下的自得掩蓋未來的不確定；有些人痛斥中國人不值得西方伸出援手——中國人腐敗、心術不正、殘酷。前者以其行動表明他們的野心受限，後者則以否認良機的存在來掩飾失敗。

至於第三個問題：他們憑甚麼前往中國？這個問題就更難回答了。因為他們可能沒想過這個問題。他們信心滿滿，深信自身的文明雖有種種缺點，但還是能提供中國所沒有的東西。他們之所以有權如此，是因他們有能力、信念及驅力。隨著他們的改變，世界也為之一變，中國自然難以置身度外。事情就是如此。中國若欲抗拒變革，是沒有道理的，因為這是不言而喻的，就好比抗拒潮起潮落或旭日東升。

在第二次世界大戰之後，歐洲人對西方方法論及目標的絕對信心已搖搖欲墜，歷經越戰的美國人對此亦產生動搖，但若就此說西方人的優越感已全然不再，也太過荒謬。七〇年代末，西方人了解到石油資源的有限，以及核子反應爐潛藏的威脅，斲傷了對科技的自信。十年河東、十年河西，今天的中國似乎已強大到足以讓他們確信，若西方人以顧問的身份前來中國，就必須按中國人的規矩行事，絕不坐視西方顧問夾帶別的價值觀。然而，若是就此以為中國人會輕易吸納他們看似歡迎的力量，那也同樣荒謬。如果中西雙方都對自己有了新的了解，至少還有機會不讓由來已久的誤認再度發生。

註釋

第一章

1 轉引自傅樂淑（Fu Lo-shu）編，《中西關係文獻編年，一六四四至一八二〇年》（*A Documentary Chronicle of Sino-Western Relations, 1644-1820*）（Tucson, University of Arizona Press, 1966），兩卷本，頁三。

2 轉引自前揭書，頁四。

3 有關這些觀點的進一步申論，詳見費正清（J. K. Fairbank）與鄧嗣禹（S. Y. Teng），〈論清代朝貢體系〉（On the Ch'ing Tributary System），見《哈佛亞洲研究學刊》（*Harvard Journal of Asiatic Studies*），一九四一年六月，頁一三五至二四六；萊區（Donald Lach），《亞洲在成形中的歐洲》（*Asia in the Making of Europe*）（Chicago, University of Chicago Press, 1965）；史柯爾頓（R. A. Skelton），《探險家的地圖：地理大發現製圖紀錄的篇章》（*Explores Maps: Chapters in the Cartographic Record of Geographical Discovery*）（New York, Praeger, 1958）

4 利瑪竇的手稿著作見耶穌會會士德禮賢（Pasquale M. D'Elia）編，《利瑪竇全集，天主教進入中國史，一五七九至一六一五年》（*Fonti Ricciane; documenti originali concernenti Matteo Ricci e la storia della prime relazioni tra l'Europa e la Chin, 1579-1615*）（Rome, Libreria dello Stato, 1942-1949），三卷本；有關在華耶穌會傳教士的傳記，詳見耶穌會會士費賴之（Louis Pfister），《入華耶穌會士列傳及書目》（*Notices biographigues et bibliographigues sur les Jesuites de l'ancienne Mission de Chine, 1552-1773*）（Shanghai,

Imprimerie de la Mission Catholique, 1932 and 1934），兩卷本；有關早期在華耶穌會傳教士的研究佳作，見鄧恩（George H. Dunne），《巨人世代：明朝最後十年間在華耶穌會傳教士的事蹟》（*Generation of Giants: The Story of the Jesuits in China in the Last Decades of the Ming Dynasty*）（London, Burns and Oates, 1962）；有關清代傳教士的研究佳作，見羅波杉（Arnold H. Rowbotham），《傳教士與滿大人：中國朝廷上的耶穌會士》（*Missionary and Mandarin: The Jesuits at the Court of China*）（Berkeley and Los Angeles, University of California Press, 1942）

5 關於門多薩的資料，見耶穌會會士巴色爾（C. R. Boxer），《十六世紀的南中國》（*South China in the Sixteenth Century*）（London, Hakluyt Society, 1953）

6 耶穌會會士加格萊爾（Louis J. Gallagher），《十六世紀的中國：利瑪竇札記，一五八三至一六一〇年》（*China in the Sixteenth Century: The Journals of Matthew Ricci, 1583-1610*）（New York, Random House, 1953），頁二十二至二十三。

7 加格萊爾，《十六世紀的中國：利瑪竇札記，一五八三至一六一〇年》，頁一五四。

8 耶穌會會士維特（Alfons Vath），《湯若望傳》（*Johann Adam Schall von Bell, S.J., Missionar in China, Kaiserlicher Astronom und Ratgeber am Hofe von Peking, 1592-1666*）（Cologne, J. P. Bachem, 1933），頁三〇。

9 鄧恩，《巨人世代：明朝最後十年間在華耶穌會傳教士的事蹟》，頁二一〇至二一一；維特，《湯若望傳》，頁四〇至四十一。

10 鄧恩，《巨人世代：明朝最後十年間在華耶穌會傳教士的事蹟》，頁一三〇至一四五；維特，《湯若望傳》，頁四十一至四十六。

11 維特，《湯若望傳》，頁五十四至六十六。

12 伯納德（Henri Bernard）編，《湯若望書簡》（*Lettres et memoires d'Adam Schall S.J.*）（Tientsin, Hautes Etudes, 1942），頁四。

13 恆慕義（Arthur W. Hummel）編，《清代中國名人錄，一六四四至一九一二年》（*Eminent Chinese of the Ch'ing Period, 1644-1912*）（Washington, D.C., United States Government Printing Office, 1943），兩卷本，頁四五三。

14 梅谷（Franz Michael），《滿人統治中國的根源》（*The Origin of Manchu Rule in China*）（Baltimore, Johns Hopkins Press, 1942）；哈克特（Charles O. Hucker），《明代中國的監察體系》（*The Censorial System of Ming China*）（Palo Alto, Stanford University Press, 1966）

15 伯納德編，《湯若望書簡》，頁六。

16 前揭書，頁十；德禮賢著，蘇特（Rufus Suter）等譯，《伽利略在中國，以羅馬學院為中介之伽利略與科學家傳教士之間的關係，一六一〇至一六四〇年》（*Galileo in China, Relations through the Roman College between Galileo and the Jesuit Scientist-Missionaries, 1610-1640*）（Cambridge, Mass., Harvard University Press, 1960），頁三十四。

17 鄧恩，《巨人世代：明朝最後十年間在華耶穌會傳教士的事蹟》，頁二〇〇。

18 費賴之，《入華耶穌會士列傳及書目》，頁一六三；恆慕義編，《清代中國名人錄，一六四四至一九一二年》，頁八〇七至八〇九；伯納德編，《湯若望書簡》，頁四十七至七十五。

19 恆慕義編，《清代中國名人錄，一六四四至一九一二年》，頁三一七。

20 德禮賢編，《利瑪竇全集，天主教進入中國史，一五七九至一六一五年》，頁二十七至三十二；鄧恩，《巨人世代：明朝最後十年間在華耶穌會傳教士的事蹟》，頁二一四；李約瑟（Joseph Needham），《中國的科學與文明》（*Science and Civilization in China*）（Cambridge, Cambridge University Press, 1954），第三卷，頁四三七至四三八。

21 伯納德編，《湯若望書簡》，頁十四至十六；費賴之，《入華耶穌會士列傳及書目》，頁一八〇；鄧恩，《巨人世代：明朝最後十年間在華耶穌會傳教士的事蹟》，頁三〇九。

22 伯納德編，《湯若望書簡》，頁七十六、九十二、四十六。

23 前揭書，頁五〇至六〇。

24 鄧恩，《巨人世代：明朝最後十年間在華耶穌會傳教士的事蹟》，頁二五二至二五三。

25 費賴之，《入華耶穌會士列傳及書目》，頁一六五；鄧恩，《巨人世代：明朝最後十年間在華耶穌會傳教士的事蹟》，頁三一二。

26 伯納德編，《湯若望書簡》，頁八十四。

27 前揭書，頁八十六、九〇、一〇二。

28 前揭書，頁一三四。

29 前揭書，頁一一四。

30 前揭書，頁一三二。

31 前揭書，頁一四二。

32 前揭書，頁一九〇、二一六、二三八；傅樂淑，《中西關係文獻編年，一六四四至一八二〇年》，頁四。

33 伯納德編，《湯若望書簡》，頁一九二。

34 前揭書，頁二四二。

35 前揭書，頁三六二。

36 前揭書，頁二一〇、二四六至二四八；費賴之，《入華耶穌會士列傳及書目》，頁一七〇至一七一。

37 伯納德編，《湯若望書簡》，頁二七二至二八四。

38 陳垣，〈湯若望與木陳忞〉（*Johann Adam Schall von Bell S.J. und der Bonze Mu Tschen-wen*），D. W. Yang 譯，《華裔學志》（*Monumenta Serica*），卷五（一九四〇年），頁三一六至三二八。

39 伯納德編，《湯若望書簡》，頁九十八。

40 紐霍夫（John Nieuhoff），《荷蘭東印度公司派往韃靼大汗、中國皇帝的使節》（*An Embassy from the East-India Company of the United Provinces to the Grand Tartar Cham, Emperor of China*）（London, John Macock, 1669），頁一一七至一一八。

41 鄧恩，《巨人世代：明朝最後十年間在華耶穌會傳教士的事蹟》，頁三三三。

42 前揭書，頁三二五至三二八；賴德烈（Kenneth Scott Latourette），《基督教在華傳教通史》（*A History of Christian Missions in China*）（New York, Macmillan, 1929），頁一三一至一三八；彭汀恪（Francois Bontinck），《十七、十八世紀中國禮儀之爭》（*La Lutte autour de la liturgie chinoise aux XVII et XVIII siecles*）（Louvain, Editions Nauwelaerts, 1962）。

43 康明思（J. S. Cummins）編，《閔明我修道士的遊記與論辯，一六一八至一六八六年》（*The Travels and Controversies of Friar Domingo Navarrete, 1618-1686*）（Cambridge, Cambridge University Press, 1962），二卷本，第二部，頁一九〇。

44 溫嘉爾（Anastrasius van den Wyngaert）編，《十七世紀中國方濟修會文件》（*Relationes et Epistolas Fratrum Minorum Saeculi XVII, Sinica Franciscana*）（Florence, 1936），卷三，頁九〇；鄧恩，《巨人世代：明朝最後十年間在華耶穌會傳教士的事蹟》，頁二二九。

45 傅樂淑編，《中西關係文獻編年，一六四四至一八二〇年》，兩卷本，頁三十五至三十六。

46 康明思編，《閔明我修道士的遊記與論辯，一六一八至一六八六年》，頁 lxxvii。

47 伯納德編，《湯若望書簡》，頁一三六。

48 前揭書，頁三〇二。

49 耶穌會會士加森（H. Josson）與耶穌會會士魏勒特（L. Willaert）合編，《耶穌會傳教士南懷仁書信集》（*Correspondence de Ferdinand Verbiest de la compagnie de Jesus (1623-1688)*）（Brussels, Palais des Academies, 1938），頁十五。

50 前揭書，頁五。耶穌會會士伯斯曼（H. Bosmans），〈欽天監正南懷仁，一六二三年至一六八八〉（Fredinand Verbiest, directeur de l 挹 bservatoire de Peking （1623-1688）），《科學問題評論》（*Revue des Questions Scientifiques*），七十一期（一九一二年），頁一九五至二七三與頁三七五至四六四，所引段落出自頁二〇三至二〇四。

51 生平資料取自伯斯曼，〈欽天監正南懷仁〉；費賴之，《入華耶穌會士列傳及書目》，頁三三八至三六二；羅波杉，《傳教士與滿大人：中國朝廷上的耶穌會士》。

52 加森與魏勒特合編，《耶穌會傳教士南懷仁書信集》，頁一二三。

53 傅樂淑編，《中西關係文獻編年，一六四四至一八二〇年》，兩卷本，頁四十三。

54 轉引自前揭書，頁四十四。

55 前揭書，頁四十五。

56 伯斯曼，〈欽天監正南懷仁〉，頁二五六。

57 李約瑟，《中國的科學與文明》，第三卷，頁四五一至四五二。

58 伯斯曼，〈欽天監正南懷仁〉，頁二六五。
59 前揭書，頁二六九。
60 前揭書，頁三八三。
61 前揭書，頁三八五至三八七。
62 馬國賢（Matteo Ripa），《京廷十有三年記，馬國賢神父回憶錄》（*Memoirs of Father Ripa, During Thirteen Years Residence at the Court of Peking in the Service of the Emperor of China*）（London, J. Murray, 1844）
63 傅樂淑編，《中西關係文獻編年，一六四四至一八二〇年》，兩卷本，頁四十八。
64 前揭書，頁五十八；伯斯曼，〈欽天監正南懷仁〉，頁三九〇。
65 杜赫德（J. B. du Halde），《中華帝國志》（*Description geographique, historique, chronologique et physique de lmpire de la Chine*）（Paris, Le Mercier, 1735），頁七十五。
66 前揭書，頁七十七。
67 前揭書，頁八〇。
68 傅樂淑編，《中西關係文獻編年，一六四四至一八二〇年》，兩卷本，頁六十九。伯納德，〈南懷仁——湯若望科學工作的後繼者〉（*Ferdinand Verbiest, continuateur de l'oeuvre scientifique d'Adam Schall*），《華裔學志》，卷五（一九四〇年），頁一〇三至一四〇；所引之活動見於頁一一六至一一九。
69 中國方濟修會，第二冊，頁四八六；第四冊，頁二七七；*，頁一一五。
70 羅波杉，《傳教士與滿大人：中國朝廷上的耶穌會士》，頁一〇〇至一〇三。
71 耶穌會會士柏永年（Joseph Sebes），《耶穌會士與中俄尼布楚條約（一六八九年）》（*The Jesuits and the Sino-Russian Treaty of Nerchinsk (1689)*）（Rome, Institutum Historicum S.I., 1961）；史景遷（Jonathan

Spence），《曹寅與康熙皇帝：奴才與主子》（*Ts'ao Yin and the K'ang-his Emperor: Bondservant and Master*）（New Haven, Yale University Press, 1966）；傅恪斯（Walter Fuchs），〈清朝輿圖資料〉（Materialen zur Kartographie der Mandju-Zeit），《華裔學志》，卷一（一九三五年），頁三八六－四二七，與卷三（一九三七－八），頁一八九至二三四。

72 羅梭（Anonio Sisto Rosso），《派遣至十八世紀中國的使徒》（*Apostolic Legations to China of the Eighteenth Century*）（South Pasadena, P. D. and Ione Perkins, 1948）；耶穌會會士羅洛（Francis A. Rouleau），〈多羅：北京的教宗特使〉（Maillard de Tournon, Papal Legate at the Court of Peking），《耶穌會史料》（*Archivum Historicum Societatis Iesu*），卷三十一（一九六二年），頁二六四至三二三。

73 威力克（Bernward H. Willeke），《朝廷與一七八四至一七八五年間在華的天主教傳教團》（*Imperial Government and Catholic Missions in China During the Years 1784-1785*）（St. Bonaventure, New York The Franciscan Institute, 1948）；葛羅特（J. J. M. de Groot），《宗門意識與中國的宗教迫害》（*Sectarianism and Religious Persecution in China*）（Leiden, E. J. Brill, 1901），兩卷本；石田幹之助（Ishida Mikinosuke），〈郎世寧生平研究：在北京的耶穌會畫師〉（Biographical Study of Giuseppe Castiglione（Lang Shih-ning）, a Jesuit Painter in the court of Peking under the Ch'ing Dynasty），《東洋文庫歐文紀要》（*Memoirs of the Research Department of the Toyo Bunko*），卷十九（一九六〇年），頁七九至一二一。

74 赫德遜（G. F. Hudson），《歐洲與中國》（*Europe and China, A Survey of their Relations from the Earliest Times to 1800*）（Boston, Beacon, 1961）；利奇溫（Adolf Reichwein），《十八世紀中國與歐洲的知識與藝術接觸》（*China and Europe Intellectual and Artistic Contacts in the Eighteenth Century*）（New York Knopf, 1925）；《亞、非、美之異趣信件》（*Lettres edifiantes et curieuses concernant l'Asie, L'Afrique et I'Amerique*）

（Paris, various eds., 1713-1843）；蓋伊（Basil Guy）《伏爾泰前後法國的中國圖像》（*The French Image of China Before and After Voltaire*）（Geneva, 1963）

75 韋利（Arthur Waley），《中國人眼中的鴉片戰爭》（*The Opium War Through Chinese Eyes*）（New York, Macmillan, 1958），頁九十七。

76 伯斯曼，〈欽天監正南懷仁〉，頁三八六。

第二章

1 伯駕（Peter Parker），《有關中國醫院的陳述》（*Statements Respecting Hospitals in China, Preceded by a Letter to John Abercrombie, M.D., V.P.R.S.E*）（Glasgow, James Maclehose, 1842），頁五。

2 前揭書，頁十五。

3 史蒂文斯（George B. Stevens），《伯駕的生平、書信及日記》（*The Life, Letters, and Journals of the Rev. and Hon. Peter Parker, M.D., Missionary, Physician, Diplomatist, The Father of Medical Missions and Founder of the Ophthalmic Hospital in Canton*）（Boston and Chicago, Congregational Sunday-School and Publishing Society, 1896），頁十三。

4 前揭書，頁三十一。

5 前揭書，頁三十四至三十七。

6 前揭書，頁二十九。

7 前揭書，頁三十七。

8 前揭書，頁四十四至四十八。

9 前揭書，頁五〇至五十二。

10 前揭書，頁五十四。

11 《美國百科全書：藝術、科學、文學、歷史、政治及傳記的通俗辭典》（*Encyclopaedia Americana, A Popular Dictionary of Arts, Sciences, Literature, History, Politics and Biography*）（Philadelphia, Carey and Lea, 1830），第三冊，頁一四二至一五〇，「中國」條。

12 何炳棣（Ho Ping-ti），《中國人口的研究，一三六八至一九五三年》（*Studies on the Population of China, 1368-1953*）（Cambridge, Mass., Harvard University Press, 1959）；倪維森（David S. Nivison），〈和珅與其指控人：十八世紀的意識形態與政治行為〉（Ho-shen and His Accusers: Ideology and Political Behavior in the Eighteenth Century），收錄在倪維森與芮沃壽（Arthur F. Wright）編，《行動中的儒家思想》（*Confucianism in Action*）（Palo Alto, Stanford University Press, 1959）；費正清（John K. Fairbank），《中國沿海的貿易與外交，條約口岸的開放，一八四二至一八五四年》（*Trade and Diplomacy on the China Coast, the Opening of the Treaty Ports, 1842-1854*）（Cambridge, Mass., Harvard University Press, 1953），二卷本；卡斯丁（W. C. Costin），《大英帝國與中國，一八三三至一八六〇年》（*Great Britain and China, 1833-1860*）（Oxford, Clarendon, 1937）

13 馬士（Hosea Ballou Morse），《中華帝國對外關係史》（*The International Relations of the Chinese Empir*）（London, New York, Longmans, Green, 1910-1918），三卷本，第一卷，頁八十二至八十四、八十九至九十一。

14 費正清，《中國沿海的貿易與外交，條約口岸的開放，一八四二至一八五四年》，二卷本，頁六十九。

15 史蒂文斯，《伯駕的生平、書信及日記》，頁七十三。

16 前揭書，頁七十一。

17 前揭書，頁七十三。

18 前揭書，頁七十五至七十六。

19 前揭書，頁七十八。

20 前揭書，頁八十二至八十三。

21 前揭書，頁八十七至八十八。

22 前揭書，頁九十二。

23 前揭書，頁九十三。

24 前揭書，頁九十四。

25 「伯駕編年集」（The Journals of Peter Parker），十卷。耶魯大學醫學院醫學圖書館，記載日期一八三四年六月十三日。

26 馬士，《中華帝國對外關係史》，三卷本，第一卷，頁六十九至七十四。有關這時期廣州生活的迷人解釋，可參考住在當地的亨特（William C. Hunter），《條約時代之前的廣州「番鬼」，一八二五至一八四四年》（*The "Fan Kwae" at Canton Before Treaty Days, 1825-1844*）（Shanghai and Hong Kong, Kelly and Walsh, 1911）

27 賴德烈，《基督教在華傳教通史》，頁二一七至二一九。

28 伯駕致培根（Rev. Leonard Bacon）函，一八三五年二月十五日，新加坡；培根家族文件，耶魯大學。

29 史蒂文斯，《伯駕的生平、書信及日記》，頁一一一至一一二。

30 「伯駕編年集」，耶魯大學醫學院醫學圖書館，一八三五年六月十二日、八月十五日。

31 「伯駕編年集」，耶魯大學醫學院醫學圖書館，一八三五年十月十八日。

32 前揭書，頁一一七。

33 《中國叢報》（*The Chinese Repository*），一八三六年，第四卷，頁四六一至四六二。

34 凱特布瑞（W. W. Cadbury）與瓊斯（Mary H. Jones），《廣州醫院百年史，一八三五至一九三五年》（*At the Point of a Lancet, One Hundred Years of the Canton Hospital, 1835-1935*）（Shanghai and Hong Kong, 1935）；布萊克（Eugene M. Blake），〈耶魯首位眼科醫生，伯駕牧師〉（*Yale's First Ophthalmologist,*

the Reverend Peter Parker, M.D.），《耶魯生物學與醫學期刊》（*Yale Journal of Biology and Medicine*），一九三一年，第三卷，頁三八七至三九六；哈爾維（Samuel C. Harvey），〈伯駕：中國現代醫學的先驅〉（Peter Parker: Initiator of Modern Medicine in China），《耶魯生物學與醫學期刊》，一九三六年，第八卷，頁二二五至二四一。蘭官所繪伯駕畫像，見巴特列特（C. J. Bartlett），〈近代醫務教會的奠基者伯駕：一本珍奇的繪畫集〉（Peter Parker, the Founder of Modern Medical Missions, a Unique Collection of Paintings），《美國醫學學會期刊》（*Journal of the American Medical Association*），一九一六年，第六十七卷，頁四〇七至四一一。這組畫作的原件現在典藏於耶魯大學醫學圖書館，其餘收藏於倫敦蓋伊教學醫院（Guy's Hospital Medical School）的「戈登博物館」（Gordon Museum）。

35 《中國叢報》，一八三六年，第四卷，頁四六七至四六九。

36 「伯駕編年集」，耶魯大學醫學院醫學圖書館，一八三六年五月一日。

37 伯駕，《有關中國醫院的陳述》，頁二十二至二十三。

38 衛三畏（S. Wells Williams）致伯駕函，一八三五年八月二十七日，廣州；衛三畏家族文件，耶魯大學。

39 史蒂文斯，《伯駕的生平、書信及日記》，頁一三〇。

40 前揭書，頁一三四。

41 張馨保（Chang Hsin-pao），《林欽差與鴉片戰爭》（*Commissioner Lin and the Opium War*）（Cambridge, Mass., Harvard University Press, 1964）。有關林則徐日記的翻譯，可參考韋利，《中國人眼中的鴉片戰爭》。

42 史蒂文斯，《伯駕的生平、書信及日記》，頁一六七。

43 前揭書，頁一七二。

44 《中國叢報》，一八四〇年，第八卷，頁六三四至六三七。

45 張馨保，《林欽差與鴉片戰爭》，頁一三七。

46 徐中約（Immanuel C. Y. Hsu），《中國走進國際大家庭：一八五八至一八八〇年的外交局面》（*China Entrance into the Family of Nations: The Diplomatic Phase, 1858-1880*）（Cambridge, Mass., Harvard University Press, 1960），頁一二三至一二四。

47 衛三畏致伯駕函，一八三九年八月一日；衛三畏家族文件，耶魯大學。

48 史蒂文斯，《伯駕的生平、書信及日記》，頁一七四。

49 前揭書，頁一七五。

50 「伯駕編年集」，耶魯大學醫學院醫學圖書館，一八四〇年六月三日。

51 史蒂文斯，《伯駕的生平、書信及日記》，頁一八〇。

52 前揭書，頁一九〇。

53 前揭書，頁一九四至一九七。

54 前揭書，頁一九七。

56 前揭書，頁二二九。

57 條約內容見馬士，《中華帝國對外關係史》，三卷本，第一卷，頁二九九至三〇一；亦可見鄧嗣禹（Teng Ssu-yu），《張喜與南京條約》（*Chang His and the Treaty of Nanking*）（Chicago, University of Chicago Press, 1944）

58 有關此一階段廣州周圍事件的分析，可參考魏斐德（Frederic Wakeman, Jr.），《城門口的陌生人：華南的社會騷動，一八三九至一八六〇年》（*Strangers at the Gate, Social Disorder in South China, 1839-1860*）（Berkeley and Los Angeles, University of California Press, 1966），轉引自頁六十一。

59 史蒂文斯，《伯駕的生平、書信及日記》，頁二三五。

60 前揭書，頁二三九至二四〇。

61 唐德剛（Tong Te-kong），《美國對華外交，一八四四至一八六〇年》，（*United States Diplomacy in Chinas, 1844-1860*）（Seattle, University of Washington Press, 1964），頁三十二至三十三。費正清，《中國沿海的貿易與外交，條約口岸的開放，一八四二至一八五四年》，頁一六五至一六六。

62 史蒂文斯，《伯駕的生平、書信及日記》，頁二五二。

63 唐德剛，《美國對華外交，一八四四至一八六〇年》，頁一至五。

64 史蒂文斯，《伯駕的生平、書信及日記》，頁二五九。

65 衛三畏致伯駕函，一八二九年二月二十六日，澳門；衛三畏家族文件，耶魯大學。

66 史蒂文斯，《伯駕的生平、書信及日記》，頁二六一。

67 前揭書，頁二五六。

68 馬士，《中華帝國對外關係史》，三卷本，第一卷，頁三八八。唐德剛，《美國對華外交，一八四四至一八六〇年》，頁九〇、一一五至一一六。

70 胡美（Edward H. Hume），〈伯駕與中國引進麻醉藥〉（Peter Parker and the Introduction of Anesthesia into China），《醫學史期刊》（*Journal of the History of Medicine*），一九四六年，第一卷，頁六七〇至六七四。

71 史蒂文斯，《伯駕的生平、書信及日記》，頁二八七。

72 前揭書，頁二九九。

73 唐德剛，《美國對華外交，一八四四至一八六〇年》，頁一七四。

74 史蒂文斯，《伯駕的生平、書信及日記》，頁三〇五。

75 馬士，《中華帝國對外關係史》，三卷本，第一卷，頁四一七、六八四。唐德剛，《美國對華外交，一八四四至一八六〇年》，頁一七三至一八一。

76 葛立芬（Eldon Griffin），《快船與領事：美國與東亞的領事及商業關係，一八四五至一八六〇年》（*Clippers and Consuls: American Consular and Commercial Relations with Eastern Asia, 1845-1860*）（Ann Arbor, Edwards Brothers, 1938），頁一二八至一三三；唐德剛，《美國對華外交，一八四四至一八六〇年》，頁一〇二至一〇三、一四二。

77 史威瑟（Earl Swisher），《中國治理美夷：中美關係研究，一八四一至一八六一年，以及文件》（*China Management of the American Barbarians: A Study of Sino-American Relations, 1841-1861, With Documents*）（New Haven, Conn., Far Eastern Publications, 1951），頁三一四、三二三、三一六至三一七。

78 馬士，《中華帝國對外關係史》，三卷本，第一卷，頁四一六。

79 前揭書，頁四三三。

80 丹涅特（Tyler Dennett），《美國人在東亞》（*Americans in Eastern Asia*）（New York, Macmillan, 1922），頁二八六。

81 前揭書，頁二七九至二九一；唐德剛，《美國對華外交，一八四四至一八六〇年》，頁一九三至二〇七。

82 賴德烈，《基督教在華傳教通史》，頁四五三。有關此一時期上海醫學傳教的發展，可參考雒魏林（William Lockhart），《在華行醫傳教二十年》（*The Medical Missionary in China: a Narrative of Twenty Years Experience*）（London, Hurst and Blackett, 1861）

83 史蒂文斯，《伯駕的生平、書信及日記》，頁一四四。

第三章

1 諾瑟德（Mary Harrod Northend），《老沙勒姆的記憶，來自一位曾祖母的信函》（*Memories of Old Salem, Drawn from the Letters of a Great-Grandmother* ）（New York, Moffatt, Yard, 1917），頁五〇。

2 衛斐列（Frederick Wells Williams），《蒲安臣與出使外國強權的第一個中國使節團》（*Anson Burlingame and the First Chinese Mission to Foreign Powers*）（New York, Scribner, 1912），頁四十四。

3 梅谷（Franz Michael）與張仲禮（Chang Chung-li）合編，《太平天國之亂：歷史與文獻》（*The Taiping Rebellion, History and Documents*）（Seattle and London, University of Washington Press, 1966），第一卷，歷史部份。

4 漢保格（Theodore Hamberg），《洪秀全的觀點與廣西之亂的根源》（*The Visions of Hung-Siu-tshuen and Origin of the Kwang-si Insurrection* ）（Hong Kong, China Mail Office, 1854），頁十二。

5 梅谷與張仲禮合編，《太平天國之亂：歷史與文獻》，第二部。

6 麥法蘭（Charles Macfarlane），《中國革命，以及中國與中國人之習慣、態度和風俗的細節》（*The Chinese Revolution, With Detail of the Habits, Manners and Customs of China and the Chinese*）（London, Routledge, 1853），頁二二四。

7 布以庸神父（Father Brouillon），《憶江南傳教實錄（一八四二—一八五五年），附有暴動（一八五一—一八五五年）之相關信件》（*Memoire sur l'etat actuel de la mission de Kiangnan (1842-1855), suivi de letters relatives a l'insurrection (1851-1855)*）（Paris, 1855），頁二七二、二六六、三一四。

8 托爾（Dona Torr）編，《馬克思論中國，一八五三至一八六〇年：〈紐約每日論壇報〉文集》（*Marx on

China 1853-1860: Articles from the New York Daily Tribune)(London, Lawrence and Wishart, 1951),頁五〇。

9 芮瑪麗(Mary C. Wright),《中國保守主義的最後防線:同治中興,一八六二至一八七四年》(*The Last Stand of Chinese Conservatism; The T'ung-chih Restoration, 1862-1874*)(Palo Alto, Stanford University Press, 1957);史貝特(Stanley Spector),《李鴻章與淮軍:十九世紀中國地方主義研究》(*Li Hung-chang and the Huai Army: A Study in Nineteenth-Century Chinese Regionalism*)(Seattle, University of Washington Press, 1964);蔣湘澤(Chiang Siang-tseh),《捻亂》(*The Nien Rebellion*)(Seattle, University of Washington Press, 1954);朱文長(Chu Wen-djang),《中國西北的回亂,一八六二至一八七八年:治理少數民族政策研究》(*The Moslem Rebellion in Northwest China, 1862-1878: A Study of Government Minority Policy*)(The Hague, Mouton, 1965)

10 藍道爾(Robert S. Rantoul),《華爾》(*Frederick Townsend Ward*),愛色克斯學院歷史蒐藏品(Historical Collections of the Essex Institute),一九〇八年,頁十七。

11 藍道爾,《華爾》,頁二十九。

12 李斯特(E. A. Lyster)編,《與戈登在中國,發自皇家工程師李斯特少尉的信》(*With Gordon in China; Letters from Thomas Lyster, Lieutenant Royal Engineers*)(London, Fisher Unwin, 1892),頁七十九。

13 卡希爾(Holger Cahill),《一位美國佬的冒險,華爾與太平天國之亂的故事》(*A Yankee Adventurer, The Story of Ward and the Taiping Rebellion*)(New York, Macaulay, 1930),頁四十五。

14 馬士,《中華帝國對外關係史》,三卷本,第二卷,頁七十一。

15 前揭書。

16 梅谷與張仲禮合編,《太平天國之亂:歷史與文獻》,第四部。

17 關於何伯海軍上將政策和態度的轉變，詳見奎果利（John S. Gregory），〈英國介入對抗太平天國之亂〉（British Intervention Against the Taiping Rebellion,），《亞洲研究學刊》（*Journal of Asian Studies*），一九五九年，卷十九，頁十八。

18 藍道爾，《華爾》，頁三十三；卡希爾，《一位美國佬的冒險，華爾與太平天國之亂的故事》，頁一四七。

19 卡希爾，《一位美國佬的冒險，華爾與太平天國之亂的故事》，頁一四八。

20 呤唎（A. F. Lindley），《太平天國革命親歷記》（*Ti-ping Tien-kwoh; The History of the Ti-ping Revolution, Including a Narrative of the Author Personal Adventures*）（London, Day, 1866），第二卷，頁四五〇。

21 奎果利，〈英國介入對抗太平天國之亂〉，頁十五。

22 鄭 希（J. C. Cheng），《太平天國之亂的中國根源，一八五〇至一八六四年》（*Chinese Sources for the Taiping Rebellion, 1850-1864*）（Hong Kong, Hong Kong University Press, 1963），頁九十五至九十六。

23 藍道爾，《華爾》，頁十七、五十一。

24 莫斯曼（Samuel Mossman），《戈登將軍開拓中國之私人日記》（*General Gordon Private Diary of his Exploits in China*）（London, Sampson Low, 1885），頁八十六至八十七。

25 佛瑞斯特（Edward Forester），〈太平天國之亂的個人回憶〉（Personal Recollections of the Taiping Rebellion），《世界主義者》（*The Cosmopolitan*），一八九六至九七年，卷二十二，頁三十七。

26 前揭文，頁二一四。

27 轉引自呤唎，《太平天國革命親歷記》，頁四五二至四五三。

28 轉引自前揭書，頁五一一。

29 轉引自前揭書，頁五〇七。

30 這份奏摺日期是一八六二年二月二十五日，見《籌辦夷務始末》，同治朝，第四卷，頁二十五至二十七。
31 藍道爾，《華爾》，頁三十七。
32 馬士，《中華帝國對外關係史》，第二卷，頁七十二。
33 鄭希，《太平天國之亂的中國根源，一八五〇至一八六四年》，頁九十四。
34 前揭書，頁一〇三。
35 藍道爾，《華爾》，頁五十五至五十六。
36 鄭希，《太平天國之亂的中國根源，一八五〇至一八六四年》，頁一〇一。
37 佛瑞斯特，〈太平天國之亂的個人回憶〉，頁二一四。
38 前揭文，頁二一六；阿班德（Hallett Abend），《來自西方的神：華爾傳記》（*The God from the West, A Biography of Frederick Townsend Ward*）（Garden City, N.Y., Doubleday, 1947），頁二四五。
39 李斯特編，《與戈登在中國，發自皇家工程師湯瑪斯·李斯特少尉的信》，頁一一二。
40 鮑格爾（Demetrius C. Boulger），《戈登之生平》（*The Life of Gordon*）（London, Fisher Unwin, 1896），兩卷本，第一卷，頁四十六。有關聯軍的背景，詳見馬士，《中華帝國對外關係史》，第一卷，頁五八九至六一七。
41 戈登致奧古斯塔的信，一八六年十一月二日，「紫營北京」；「戈登文件」，莫菲特蒐藏品，51291/14。
42 鮑格爾，《戈登之生平》，第一卷，頁四十五。
43 前揭書，頁三十一。
44 前揭書，頁三十六至三十七。
45 納廷（Anthony Nutting），《喀土木的戈登：殉教者和不適應環境之人》（*Gordon of Khartoum, Martyr and*

Misfit）（New York, Potter, 1966），頁十二。

46 鮑格爾，《戈登之生平》，第一卷，頁四十三。

47 戈登致奧古斯塔的信，一八六一年十月十一日，天津；一八六一年十二月六日，天津，莫菲特蒐藏品，51291/21,22。

48 納廷，《喀土木的戈登：殉教者和不適應環境之人》，頁七十九。

49 鮑格爾，《戈登之生平》，第一卷，頁六十一。

50 前揭書，頁五十三。

51 前揭書，頁五十三至五十四。

52 轉引自道森（Raymond Dawson），《中國變色龍：歐洲之中國文明概念的分析》（*The Chinese Chameleon: An Analysis of European Conceptions of Chinese Civilization*）（London, Oxford University Press, 1967），頁一三三。

53 鮑格爾，《戈登之生平》，第一卷，頁五十二。

54 前揭書，頁五十三、五十四。

55 蘭普（Stanley Lane-Poole），《巴夏禮爵士之生平》（*The Life of Sir Harry Parkes* ）（London, Macmillan, 1894），兩卷本，第一卷，頁五〇〇。

56 納廷，《喀土木的戈登：殉教者和不適應環境之人》，頁八十四。

57 前揭書，頁三一八。

58 鮑格爾，《戈登之生平》，兩卷本，第一卷，頁五十七至五十八。

59 鄭希，《太平天國之亂的中國根源，一八五〇至一八六四年》，頁一〇七。

60 前揭書，頁一〇九。

61 馬士，《中華帝國對外關係史》，第二卷，頁九十一至九十二。

62 鮑格爾，《戈登之生平》，第一卷，頁七十九。

63 前揭書，頁七十八至七十九。

64 威爾森（Andrew Wilson），《常勝軍》（*The "Ever-Victorious Army", A History of the Chinese Campaign under Lt.-Col. C. G. Gordon, C.B., R.E., and of the Suppression of the Tai-ping Rebellion*）（Edinburgh and London, William Blackwood and Sons, 1868），頁一二七。

65 李維士（Jenny Lewis），〈戈登文件〉（The Gordon Papers），見《英國博物館季刊》（*The British Museum Quarterly*），一九六四年，卷二十八，頁七十五至八十一。引言見頁七十七。

66 威爾森，《常勝軍》，頁一四四。

67 莫斯曼，《戈登將軍開拓中國之私人日記》，頁一八三。

68 黑克（A. Egmont Hake），《中國戈登的事蹟》（*The Story of Chinese Gordon*）（New York, Worthington, 1884），頁六十三。

69 鮑格爾，《戈登之生平》，兩卷本，第一卷，頁一一四。

70 鄭希，《太平天國之亂的中國根源，一八五〇至一八六四年》，頁一一一。

71 前揭書，頁一一二。

72 納廷，《喀土木的戈登：殉教者和不適應環境之人》，頁四十一至四十二。

73 前揭書，頁四十一。

74 莫斯曼，《戈登將軍開拓中國之私人日記》，頁一九一。

75 艾倫（Bernard M. Allen），《戈登在中國》（*Gordon in China*）（London, Macmillan, 1993），頁一〇五。
76 鄭希，《太平天國之亂的中國根源，一八五〇至一八六四年》，頁一一二。
77 前揭書，頁一二〇。
78 莫斯曼，《戈登將軍開拓中國之私人日記》，頁二一九至二二〇。
79 黑克，《中國戈登的事蹟》，頁八十四。
81 鮑格爾，《戈登之生平》，兩卷本，第一卷，頁一〇七。
82 前揭書，頁一〇七。
83 前揭書，頁一一一至一一二。
84 鄭希，《太平天國之亂的中國根源，一八五〇至一八六四年》，頁一二九。
85 黑克，《中國戈登的事蹟》，頁一二三。
86 納廷，《喀土木的戈登：殉教者和不適應環境之人》，頁六十三。
87 黑克，《中國戈登的事蹟》，頁一四六。
88 鄭希，《太平天國之亂的中國根源，一八五〇至一八六四年》，頁一三一、一三二。
89 前揭書，頁一三五。
90 蘭普，《巴夏禮爵士之生平》，兩卷本，第一卷，頁四九八。
91 納廷，《喀土木的戈登：殉教者和不適應環境之人》，頁七〇至七十一。
92 鮑格爾，《戈登之生平》，兩卷本，第一卷，頁一二〇。
93 李維士，〈戈登文件〉，頁七十八。
94 納廷，《喀土木的戈登：殉教者和不適應環境之人》，頁七〇。

95 黑克，《中國戈登的事蹟》，頁一五三。

96 納廷，《喀土木的戈登：殉教者和不適應環境之人》，頁七十七至七十八。

97 蘭普，《巴夏禮爵士之生平》，兩卷本，第一卷，頁五〇一。

98 鮑格爾，《戈登之生平》，兩卷本，第一卷，頁一二四。有關戈登暫時返回中國，詳見徐中約（Immanuel C. Y. Hsu），〈戈登在中國，一八八〇年〉（Gordon in China, 1880），《太平洋歷史評論》（*Pacific Historical Review*），一九六四年，第三十三期，頁一四七至一六六。

第四章

1 赫德致衛三畏函，一八六九年二月八日，北京；衛三畏家族文件，耶魯大學。

2 慶丕（Paul King），《中國海關四十七年親歷記》（*In the Chinese Customs Service: A Personal Record of Forty-seven Years*）（London, Fisher Unwin, 1924），頁二四六。

3 丁韙良（W. A. P. Martin），《花甲憶記》（*A Cycle of Cathay, Or China, South and North With Personal Reminiscences*）（Edinburgh, and London Anderson and Ferrier, 1896），頁四一五。

4 萊特（Stanley F. Wright），《赫德與中國海關》（*Hart and the Chinese Customs*）（Belfast, Mullan, 1950），頁二二一。

5 萊特，《赫德與中國海關》，頁一六七。

6 裴麗珠（Juleit Bredon），《赫德爵士：偉大生涯的傳奇》（*Sir Robert Hart: The Romance of a Great Career*）（New York, Dutton, 1909），頁十九。

7 丁韙良，《花甲憶記》，頁四二五至四二六。

8 萊特，《赫德與中國海關》，頁一七八。

9 裴麗珠，《赫德爵士：偉大生涯的傳奇》，頁二十四至二十五。

10 吉爾森（Jacob J. Gerson），〈李泰國，他在英中關係中的角色，一八四九至一八六五年〉（Horatio Nelson Lay, His Role in British Relations with China, 1849-1865）（Ph.D. dissertation, University of London, 1967），頁四十一、四十二。

11 前揭書，頁五十七、六〇。

12 前揭書，頁一〇五。
13 前揭書，頁一一八。
14 威爾森，《常勝軍》，頁三〇九至三一〇。
15 萊特，《赫德與中國海關》，頁一一一至一一二。
16 史威瑟，《中國治理美夷：中美關係研究，一八四一至一八六一年，以及文件》，頁五二二。
17 吉爾森，〈李泰國，他在英中關係中的角色，一八四九至一八六五年〉，頁一五八。
18 萊特，《赫德與中國海關》，頁一一一至一一三。
19 有關這段歷史的發展，可見徐中約，《中國走進國際大家庭：一八五八至一八八〇年的外交局面》。
20 吉爾森，〈李泰國，他在英中關係中的角色，一八四九至一八六五年〉，頁一九〇。
21 馬士，《中華帝國對外關係史》，第一卷，頁五二一。
22 吉爾森，〈李泰國，他在英中關係中的角色，一八四九至一八六五年〉，頁二一五。
23 史威瑟，《中國治理美夷：中美關係研究，一八四一至一八六一年，以及文件》，頁四五八。
24 徐中約，《中國走進國際大家庭：一八五八至一八八〇年的外交局面》，頁五十二。
25 吉爾森，〈李泰國，他在英中關係中的角色，一八四九至一八六五年〉，頁二一四。
26 徐中約，《中國走進國際大家庭：一八五八至一八八〇年的外交局面》，頁四〇至四十二。
27 史威瑟，《中國治理美夷：中美關係研究，一八四一至一八六一年，以及文件》，頁五〇五。
28 萊特，《赫德與中國海關》，頁一五五。中國於一八六一年一月正式批准這個頭銜。
29 前揭書，頁二四〇。
30 史威瑟，《中國治理美夷：中美關係研究，一八四一至一八六一年，以及文件》，頁五二二。

31 吉爾森，〈李泰國，他在英中關係中的角色，一八四九至一八六五年〉，頁四八四。
32 萊特，《赫德與中國海關》，頁一五七至一五八。
33 前揭書，頁一五二。
34 前揭書，頁二二一。
35 吉爾森，〈李泰國，他在英中關係中的角色，一八四九至一八六五年〉，頁五〇七。
36 羅林森（John L. Rawlinson），〈李—阿袖珍艦隊：發展與重要性〉（The Lay-Osborn Flotilla: Its Development and Significance），見《中國文件》（*Papers on China*），第四卷，哈佛大學，一九五〇年四月，頁五十八至九十三。引言見頁七十一。
37 吉爾森，〈李泰國，他在英中關係中的角色，一八四九至一八六五年〉，頁五〇五。
38 前揭書，頁三三九。
39 馬士，《中華帝國對外關係史》，第二卷，頁三十七。
40 羅林森，〈李．阿袖珍艦隊：發展與重要性〉，頁六十八。
41 馬士，《中華帝國對外關係史》，第二卷，頁四十六。
42 前揭書，頁四十五。
43 艾倫，《戈登在中國》，頁一二四。
44 吉爾森，〈李泰國，他在英中關係中的角色，一八四九至一八六五年〉，頁五三三。
45 萊特，《赫德與中國海關》，頁二八七。
46 前揭書，頁二六一至二六二。
47 慶丕，《中國海關四十七年親歷記》，頁二四六。

48 丁韙良，《花甲憶記》，頁四一七。

49 前揭書，頁四一六。

50 萊特，《赫德與中國海關》，頁二八六、三五〇。

51 前揭書，頁二六八至二六九。

52 卓瑞格（Charles Drage），《龍廷上的奴才》（*Servants of the Dragon Throne*）（London, Dawnay, 1966），頁六十七至六十八。

53 萊特，《赫德與中國海關》，頁二六九。

54 前揭書，頁二六二。

55 前揭書，頁八二二。

56 前揭書，頁六〇一。

57 前揭書，頁七八八。

58 前揭書，頁七八九。

59 前揭書，頁二八九至二九〇。

60 丁韙良，《花甲憶記》，頁四二四。

61 萊特，《赫德與中國海關》，頁五四一。

62 前揭書，頁八五七至八五八。

63 前揭書，頁八五八。

64 前揭書，頁三七〇。

65 前揭書，頁三九五。

66 前揭書，頁一六七至一六八。
67 前揭書，頁六〇一、七八八。
68 前揭書，頁八三三。
69 前揭書，頁五三八。
70 前揭書，頁八五九。
71 裴麗珠，《赫德爵士：偉大生涯的傳奇》，頁一五七至一五八。
72 丁韙良，《花甲憶記》，頁四一七。
73 裴麗珠，《赫德爵士：偉大生涯的傳奇》，頁一一八。
74 慶丕，《中國海關四十七年親歷記》，頁二三八。
75 裴麗珠，《赫德爵士：偉大生涯的傳奇》，頁一八八。
76 萊特，《赫德與中國海關》，頁六五一。
77 前揭書，頁七一一。
78 前揭書，頁七三〇。
79 有關義和拳之亂的相關參考書目，見第五章的註八十五、八十八。
80 萊特，《赫德與中國海關》，頁七三七。
81 裴麗珠，《赫德爵士：偉大生涯的傳奇》，頁二一六。
82 赫德，〈從秦國來的人〉（These from the Land of Sinim），收錄在赫德，《中國問題論文集》（*Essays on the Chinese Question*）（London, Chapman and Hall, 1901），頁五十二、五十四至五十五。
83 前揭書，頁五十九。

84 裴麗珠，《赫德爵士：偉大生涯的傳奇》，頁二四八至二四九。
85 萊特，《赫德與中國海關》，頁八六四。

第五章

1 有關考試制度的討論，見何柄棣（Ho Ping-ti）《中華帝國的晉升之階：社會動員諸面向，一三六八至一九一一年》（*The Ladder of Success in Imperial China, Aspects of Social Mobility, 1368-1911*）（New York, Columbia University Press, 1962）；以及張仲禮（Chang Chung-li），《中國社會》（*The Chinese Society*）（Seattle, University of Washington Press, 1955）

2 杜斯（Peter Duus），〈科學與中國的救贖：丁韙良的一生與作品，一八二七至一九一六年〉（Science and Salvation in China: he Life and Work of W. A. P. Martin, 1827-1916），收錄在劉廣京（Kwang-ching Liu）編，《在華的美國傳教士：哈佛研討會論文集》（*American Missionaries in China: Papers from Harvard Seminars*）（Cambridge, Mass., Harvard University East Asian Research Center, 1966），頁十一至十四。

3 丁韙良，《花甲憶記》，頁二十四。

4 前揭書，頁五十四至五十五。

5 前揭書，頁五十五至五十六。

6 前揭書，頁五十八。

7 杜斯，〈科學與中國的救贖：丁韙良的一生與作品，一八二七至一九一六年〉，頁十七至十九。

8 前揭書，頁二十一至二十四。

9 丁韙良，《翰林文稿》（*Hanlin Papers, or Essays on the Intellectual Life of the Chinese*）（London, Trubner, 1880），頁三五九至三六〇。

10 丁韙良，《中國之覺醒》（*The Awakening of China*）（London, Hodder and Stoughton, 1907），頁一三八。

11 徐中約，《中國走進國際大家庭：一八五八至一八八〇年的外交局面》，頁一二六。
12 前揭書，頁一二八。
13 鄧嗣禹與費正清，《中國對西方的回應：一八三九至一九二三年文獻概覽》（*China Response to the West, A Documentary Survey, 1839-1923*）（Cambridge, Mass., Harvard University Press, 1954），頁九十八。
14 徐中約，《中國走進國際大家庭：一八五八至一八八〇年的外交局面》，頁一三四至一三五。
15 徐中約，《中國走進國際大家庭：一八五八至一八八〇年的外交局面》，頁一三六；丁韙良，《花甲憶記》，頁二九七；杜斯，〈科學與中國的救贖：丁韙良的一生與作品，一八二七至一九一六年〉，頁二十五。
16 鄧嗣禹與費正清，《中國對西方的回應：一八三九至一九二三年文獻概覽》，頁五十一。
17 前揭書，頁七十六。
18 馬士，《中華帝國對外關係史》，第三卷，頁四七三。有關這所學堂的成立，見畢乃德（Knight Biggerstaff）《中國最早的現代化官辦學堂》（*The Earliest Modern Government Schools in China*）（Ithaca, New York, Cornell University Press, 1961），頁九十四至一〇七。
19 丁韙良，《花甲憶記》，頁二九八。
20 杜斯，〈科學與中國的救贖：丁韙良的一生與作品，一八二七至一九一六年〉，頁二十六。
21 丁韙良，《花甲憶記》，頁二九三。
22 畢乃德《中國最早的現代化官辦學堂》，頁一一九至一二〇、一四六。
23 丁韙良，《翰林文稿》，頁二九八。
24 前揭書，頁六十九；馬士，《中華帝國對外關係史》，第三卷，頁四七一。
25 畢乃德《中國最早的現代化官辦學堂》，頁一二七至一二八。

26 丁韙良致惠特尼（William Dwight Whitney）函，一八七四年十二月四日，耶魯大學。

27 丁韙良，《花甲憶記》，頁三〇〇。

28 貝奈特（Adrian Arthur Bennett），〈傅蘭雅：把西洋科技引進十九世紀的中國〉（John Fryer: The Introduction of Western Science and Technology into Nineteenth Century China）（Master's thesis University of California at Berkeley, 1966），頁七。這段文字在本書納入「哈佛東亞專題論文」第二十四號出版時已有修正。有關傅蘭雅早年生活的引言，轉引自原始版本。

29 前揭書，頁六。「傅蘭雅通信編年集」（The Letter Journals of John Fryer），四卷，加州大學柏克萊分校班克羅夫特圖書館（Bancroft Library），傅蘭雅致舒賽，一八六八年七月十一日。

30 貝奈特〈傅蘭雅：把西洋科技引進十九世紀的中國〉，頁十。

31 前揭書，頁八。

32 「傅蘭雅通信編年集」，傅蘭雅致舒賽，一八六八年七月十一日。

33 墨菲（Rhoads Murphey）《上海：近代中國之鑰》（*Shanghai, Key to Modern China*）（Cambridge, Mass, Harvard University Press, 1953）

34 「傅蘭雅通信編年集」，傅蘭雅致卡曼（Carman），一八六八年三月十三日。

35 「傅蘭雅通信編年集」，傅蘭雅致雙親，一八六七年三月九日。

36 「傅蘭雅通信編年集」，傅蘭雅致弟弟，一八六七年十一月二十三日。

37 「傅蘭雅通信編年集」，傅蘭雅致舒賽，一八六七年三月；傅蘭雅致舒賽，一八六七年七月十八日；傅蘭雅致妹妹，一八六七年一月十日。

38 「傅蘭雅通信編年集」，傅蘭雅致伯郎（Brown），一八六七年三月一日；傅蘭雅致史特華特（Stewart），一八六七年三月四日。

39 「傅蘭雅通信編年集」，傅蘭雅致賈曼威爾（Gamwell），一八六七年六月五日。

40 「傅蘭雅通信編年集」，傅蘭雅致賈曼威爾，一八六五年十二月；一八六七年七月五日；一八六七年六月六日。

41 「傅蘭雅通信編年集」，傅蘭雅致伯朗，一八六七年三月十三日。

42 「傅蘭雅通信編年集」，傅蘭雅致伯朗，一八六七年三月三日；傅蘭雅致「親愛的老友」，一八六七年；傅蘭雅致舒賽，一八六七年，三月。

43 「傅蘭雅通信編年集」，傅蘭雅致肯內特（Kennett），一八六七年三月二十日。

44 「傅蘭雅通信編年集」，傅蘭雅致舒賽，一八六七年三月。

45 「傅蘭雅通信編年集」，傅蘭雅致舒賽，一八六七年七月十八日。

46 「傅蘭雅通信編年集」，傅蘭雅致妹妹，一八六七年一月十日。

47 貝奈特〈傅蘭雅：把西洋科技引進十九世紀的中國〉，頁二十四；「傅蘭雅通信編年集」，傅蘭雅致雙親，一八六七年三月九日。

48 貝奈特〈傅蘭雅：把西洋科技引進十九世紀的中國〉，頁二十五至二十七。

49 「傅蘭雅通信編年集」，傅蘭雅致圖托（Tootal），一八六八年四月二十八日。

50 關於江南製造局的說明，見傅蘭雅，〈中國的科學〉（Science in China），見《自然》（*Nature*），一八八一年，第二十四期，頁九至十一；陳其田（Gideon Chen），《曾國藩：中國造船業的推手》（*Tseng Kuo-fan, Pioneer Promoter of the Steamship in China*）（Peiping, Yenching University, 1935）；畢乃德《中國最早的現代化官辦學堂》，頁一五四至一九九。

51 鄧嗣禹與費正清，《中國對西方的回應：一八三九至一九二三年文獻概覽》，頁六十二。

52 前揭書，頁六十五。

53 前揭書，頁七十一。

54 前揭書，頁七十三。

55 「傅蘭雅通信編年集」，傅蘭雅致謬黑德（Muirhead），一八六七年十二月一日。這位馮大人可能是馮焌光。

56 「傅蘭雅通信編年集」，傅蘭雅致舒賽，一八六八年七月十一日。

57 「傅蘭雅通信編年集」，傅蘭雅致父親與妹妹，一八六八年五月九日。

58 「傅蘭雅通信編年集」，傅蘭雅致威廉斯（Bishop Williams），一八六八年一月二十二日。

59 「傅蘭雅通信編年集」，傅蘭雅致舒賽，一八六八年七月十一日；傅蘭雅致弟弟的信，一八七〇年三月十五日。

60 「傅蘭雅通信編年集」，傅蘭雅致舒賽，一八六八年七月十一日。

61 「傅蘭雅通信編年集」，傅蘭雅致弟弟，一八六九年九月二十八日。

62 「傅蘭雅通信編年集」，傅蘭雅致惠禮（Wherry），一八六八年五月四日。

63 「傅蘭雅通信編年集」，傅蘭雅致肯內特，一八六九年六月三日。

64 「傅蘭雅通信編年集」，傅蘭雅致弟弟，一八六九年八月二十八日；傅蘭雅致雙親，一八六九年九月二十八日。

65 有關中國反基督教背景的細節和生動解釋，見柯文（Paul A. Cohen），《中國與基督教：傳教運動與中國排外主義的發展，一八六〇至一八七〇年》（*China and Christianity: The Missionary Movement and the Growth of Chinese Anti-foreignism, 1860-1870*）（Cambridge, Mass., Harvard University Press, 1963）

66 丁韙良，《花甲憶記》，頁四四五。

67 「傅蘭雅通信編年集」，傅蘭雅致弟弟，一八七〇年八月十一日。

68 「傅蘭雅通信編年集」，傅蘭雅致弟弟，一八七〇年三月十五日。

69 「傅蘭雅通信編年集」，傅蘭雅致弟弟，一八七〇年三月十五日，以及致舒賽，一八六八年七月十一。

70 「傅蘭雅通信編年集」，傅蘭雅致弟弟，一八六九年七月十五日。

71 「傅蘭雅通信編年集」，傅蘭雅致弟弟，一八六九年九月二十八日。

73 貝奈特〈傅蘭雅：把西洋科技引進十九世紀的中國〉，頁五十五至五十九。貝奈特著作的附錄詳列並分析傅蘭雅翻譯的所有書籍。

74 前揭書，頁六十五；傅蘭雅，〈中國的科學〉，《自然》，一八八一年，第二十四期，頁五十七。

75 傅蘭雅，〈中國的科學〉，頁五十六。

76 畢乃德，〈上海格致書院：中國人自西方引進科技的嘗試〉（Shanghai Polytechnic Institution and Reading Room: an Attempt to Introduce Western Science and Technology to the Chinese），《太平洋歷史評論》（*Pacific Historical Review*），一九五六年，第二十五期，頁一三七。

77 前揭文，頁一四一。

78 前揭文，頁一四三至一四五；貝奈特〈傅蘭雅：把西洋科技引進十九世紀的中國〉，頁八〇。

79 〈益智書會〉（The Educational Association of China），《中國記錄者》（*The Chinese Recorder*），一八九二年，第二十三期，頁三〇至三十六。

80 對「官督商辦」制度的最佳分析，可見費維愷（Albert Feuerwerker），《中國早期的工業化：盛宣懷（一八四四至一九一六年）與官辦企業》（*China Early Industrialization: Sheng Husanhuai (1844-1916) and*

Mandarin Enterprise）（Cambridge, Mass., Harvard University Press, 1958）；有關其他自強運動者的討論，可參考朱昌峻（Samuel Chu），《近代中國的改革者張謇，一八五三至一九二六年》（*Reformer in Modern China, Chang Chien, 1853-1926*）（New York, Columbia University Press, 1965）。史丹利（Charles. John Stanley），《晚清的財政：創新者胡光墉》（*Late Ch'ing Finance: Hu Kuang-yung as an Innovator*）（Cambridge, Mass., Harvard University Press, 1961）。陳其田（Gideon Chen），《左宗棠：中國近代船政與羊毛紡織發展的先驅》（*Tso Tsung T'ang : Pioneer Promoter of the Modern Dockyard and the Woolen Mill in China*）（Peiping, Yenching University, 1938）。有關清代財政的分析，見法蘭克．金（Frank H. H. King），《中國的貨幣與貨幣政策，一八四五至一八九五年》（*Money and Monetary Policy in China, 1845-1895*）（Cambridge, Mass., Harvard University Press, 1965）

81 鄧嗣禹與費正清，《中國對西方的回應：一八三九至一九二三年文獻概覽》，頁一五九至一六〇。

82 傅蘭雅，〈中國的科學〉，頁五十六。

83 傅蘭雅通信編年集」，傅蘭雅致弟弟，一八七〇年三月十五日。

84 傅蘭雅，〈中國的科學〉，頁十一。（傅蘭雅把湯若望的原文名字 Schall 拼成 Schaal。）

85 丁韙良，《花甲憶記》，頁四一一。

86 伯賽爾（Victor Purcell），《義和拳之亂：背景研究》（*The Boxer Uprising, A Background Study*）（Cambridge, Cambridge University Press, 1963），頁二九四。

87 前揭書，頁二二四。

88 有關義和團和圍城的敘述，亦可參考譚春霖（Chester C. Tan），《拳亂》（*The Boxer Catastrophe*）（New York, Columbia University Press, 1955）；弗萊明（Peter Fleming）《北京之圍》（*The Siege at Peking*）（New

York, Harper, 1959）

89 丁韙良，《北京圍城：中國對抗全世界》（*The Siege in Peking: China Against the World*）（New York, Revell, 1990），頁九十六至九十七。

90 丁韙良，《中國之覺醒》，頁一七七。

91 丁韙良，《北京圍城：中國對抗全世界》，頁十五。

92 前揭書，頁二〇至二十三、一四六至一四七。

93 前揭書，頁一五四至一五六。

94 丁韙良，《中國之覺醒》，頁二八〇。

95 丁韙良，《北京圍城：中國對抗全世界》，頁一六一。

第六章

1 豪登（Reuben Holden），《雅禮計畫：中國大陸，一九〇一至一九五一年》（*Yale-in-China: The Mainland, 1901-1951*）（New Haven, The Yale for China Association, 1964），頁十一至十二。

2 前揭書，頁九。

3 前揭書，頁二十三。

4 前揭書，頁七十八。

5 韋爾（Edmund S. Wehrle），《英國、中國與排教暴動，一八九一至一九〇〇年》（*Britain, China, and the Antimissionary Riots, 1891-1900*）（Minneapolis, University of Minnesota Press, 1966），頁六十六。

6 發自美國駐漢口領事的公文，一八六一至一九〇六年，國家檔案縮影膠片複印影本，第一〇七號。總領事馬丁（Willia Martin），一九〇六年二月八日，漢口，頁二。

7 美國國務院，「與中國國內事務關係之紀錄，一九一〇至一九二九年」，893.00/847。

8 有關湖南這個時期的研究，可參考李維斯（Charlton M. Lewis），〈湖南的開放：一個中國省份的改革與革命，一八九五至一九〇七年〉（The Opening of Hunan: Reform and Revolution in a Chinese Province, 1895-1907）（Ph. D. dissertation, University of California at Berkeley, 1965）

9 薛君度（Hsueh Chun-tu），《黃興與中國革命》（*Huang Hsing and the Chinese Revolution*）（Palo Alto, Stanford University Press, 1961），頁十八。

10 發自美國駐漢口領事的公文，一八六一至一九〇六年，國家檔案縮影膠片複印影本，第一〇七號。總領事馬丁，一九〇六年二月八日，漢口，頁五。

11 發自美國駐漢口領事的公文，一八六一至一九〇六年，國家檔案縮影膠片複印影本，第一〇七號。總領事威力亞・馬丁，一九〇六年三月七日，漢口，頁五。

12 豪登，《雅禮計畫：中國大陸，一九〇一至一九五一年》，頁三〇至三十一。

13 前揭書，頁二十八。

14 前揭書，頁三十二。

15 前揭書，頁三十四。

16 前揭書，頁四十九、一〇三。

17 胡美（Edward H. Hume），《東方醫生、西方醫生：美國醫生在華的生活》（*Doctors East Doctors West, An American Physician's Life in China*）（New York, Norton, 1946），頁二〇至二十一。

18 「雅禮檔案」（Yale-in- China Archives），史特林紀念圖書館（Sterling Memorial Library），胡美致函威廉斯（A. C. Williams），一九〇六年，三月二十七日，桂林。

19 「雅禮檔案」，史特林紀念圖書館，胡美致函威廉斯，一九〇五年十二月二十七，桂林。

20 「雅禮檔案」，史特林紀念圖書館，胡美致函雷德（E. B. Reed），一九〇五年九月十一日。

21 斯諾（Edgar Snow），《西行漫記》，（*Red Star over China*）（New York, Grove, 1961），頁一三四。

22 「雅禮檔案」，史特林紀念圖書館，胡美致函雷德，一九〇五年九月十一日，桂林。

23 雷夫（William Reeves, Jr.），〈中美醫學合作：湘雅的起源，一九〇二至一九一四年〉（Sino-American Cooperation in Medicine: The Origins of Hsiang-Ya, 1902-1914），見劉廣京編，《在華的美國傳教士：哈佛研討會論文集》，頁一三九。

24 胡美，《東方醫生、西方醫生：美國醫生在華的生活》，頁四十四至四十八。

25 胡美，前揭書，頁二一〇。

26 胡美，前揭書，頁一八七。

27 胡美，前揭書，頁一三二至一四〇

28 美國國務院，「與中國國內事務關係之紀錄，一九一〇至一九二九年」，893.00/380，頁四至五。

29 胡美，《東方醫生、西方醫生：美國醫生在華的生活》，頁二三五。

30 有關孫中山的革命背景，可參考沙曼（Lyon Sharman），《孫逸仙，他的一生及其意義：批判性的傳記》（*Sun Yat-sen, His Life and Its Meaning, A Critical Biography*）（New York, Day, 1934）；嘉斯特（Michael Gasster），〈同盟會的思想潮流〉（Currents of Thought in the T'ung-Meng-Hui）（Ann Arbor, University Microfilims, 1964）；鄭秀麗（Shelley Hsien Cheng，音譯），〈同盟會：其組織、領導階層及財務，一九〇五至一九一二年〉（The T'ung-Meng-ui: Its Organization, Leadership and Finances,1905-1912）（Ann Arbor, University Microfilms, 1964）；薛君度，《黃興與中國革命》。由芮瑪麗（Mary Wright）所編之論辛亥革命的專集，已由耶魯大學出版社出版。（譯按：該書即 *Mary Wright, ed., China in Revolution: the First Phase, 1900-1913. New Haven: Yale University Press, 1968*）

31 胡美，〈中國叛亂與耶魯的教育機會〉（The Chinese Rebellion and Yale Educational Opportunity），《耶魯校友週刊》（*Yale Alumni Weekly*），一九一一至一二年，第二十一卷，頁一八一。

32 胡美，《東方醫生、西方醫生：美國醫生在華的生活》，頁一七七。

33 雷夫，〈中美醫學合作：湘雅的起源，一九〇二至一九一四年〉，頁一五三。

34 前揭書，頁一五一。

35 前揭書，頁一五二。

36 前揭書，頁一五四。

37 前揭書，頁一五八。

38 休姆（Lotta Carswell Hume），《醫生門外的劇碼：雅禮胡美醫生的故事》（*Drama at the Doctor's Gate: The Story of Doctor Edward Hume of Yale-in-China*）（New Haven, The Yale-in-China Association, 1961），頁一二三。

39 美國國務院，「與中國國內事務關係之紀錄，一九一〇至一九二九年」，893.00/1576。

40 有關軍閥世界的佳作，可見謝里登（James E. Sheridan），《中國軍閥：馮玉祥的生涯》（*Chinese Warlord: The Career of Feng Yu-hsiang*）（Palo Alto, Stanford University Press, 1966）一書的第一章；亦可參考陳志讓（Jerome Ch'n），《袁世凱，一八五九至一九一六年》（*Yuan Shih-ki, 1859-1916*）（Palo Alto, Stanford University Press, 1961）

41 有關湖南此階段的細膩分析，可見艾奇遜（George Atcheson）撰、麥哈特（C. D. Meinhardt）領事呈報，〈湖南政治局勢，一九一一至一九二三年〉（Political Conditions in Hunan, 1911-1923），美國國務院，「與中國國內事務關係之紀錄，一九一〇至一九二九年」，893.00/5394, 5410；以及哈斯頓（J. C. Huston）領事呈報，〈漢口領事館區政治局勢的一般歷史概述，自一九一一年革命迄一九二五年三月〉（General Historical Sketch of Political Conditions in the Hankow Consular District from the Revolution of 1911 to March 1925），美國國務院，「與中國國內事務關係之紀錄，一九一〇至一九二九年」，893.00/6206。

42 美國國務院，「與中國國內事務關係之紀錄，一九一〇至一九二九年」，893.00/5394，頁十一。

43 胡美，《東方醫生、西方醫生：美國醫生在華的生活》，頁二三〇；美國國務院，「與中國國內事務關係之紀錄，一九一〇至一九二九年」，893.00/14878，頁九。

44 胡美，《東方醫生、西方醫生：美國醫生在華的生活》，頁二四二。

45 胡美，前揭書，頁二五三。

46 有關這場運動的詳細解釋，見周策縱（Chow Tse-tsung），《五四運動：近代中國的知識革命》（*The May Fourth Movement: Intellectual Revolution in Modern China*）（Cambridge, Mass., Harvard University Press, 1964）

47 斯諾，《西行漫記》，頁一三九。

48 前揭書，頁一四二。

49 前揭書，頁一四七至一四八。

50 陳志讓（Jerome Ch'n），《毛澤東與中國革命》（*Mao and the Chinese Revolution*）（New York, Oxford University Press, Galaxy Books, 1967），頁六十四、七十二；另見施拉姆（Stuart Schram），《毛澤東》（*Mao Tse-tung*）（New York, Simon and Schuster, 1967），頁五十五。

51 豪登，《雅禮計畫：中國大陸，一九〇一至一九五一年》，頁八十一。

52 前揭書，頁七十九。

53 「雅禮檔案」，史特林紀念圖書館，胡美致函貝維斯（Palmer Bevis），一九二四年十二月十三、十四日，長沙。

54 「雅禮檔案」，史特林紀念圖書館，貝維斯致函威爾寇克斯（Wilcox），一九二五年七月十八日，紐海文。

55 「雅禮檔案」，史特林紀念圖書館，胡美致函理事會，一九二五年十月二十三日，長沙。

56 「雅禮檔案」，史特林紀念圖書館，胡美致函貝維斯，一九二五年十月二十四日，長沙；一九二十五年一月二十二日，香港。

57 豪登，《雅禮計畫：中國大陸，一九〇一至一九五一年》，頁一一八至一二二、一三四至一三五。
58 「雅禮檔案」，史特林紀念圖書館，胡美致函貝維斯，一九二五年一月十日，上海。
59 「雅禮檔案」，史特林紀念圖書館，胡美致函威廉（F. W. William），一九二五年一月十九日，上海；胡美致函貝維斯，一九二五年五月二十一日，長沙。
60 「雅禮檔案」，史特林紀念圖書館，胡美致函貝維斯，一九二五年六月二十五日，漢口，以及一九二五年六月二十一日，長沙。
61 「雅禮檔案」，史特林紀念圖書館，胡美致函史托克斯（Anson Phelps Stokes），一九二五年二月六日，長沙；胡美致函威廉斯，一九二五年二月六日，長沙；胡美致函史托克斯，一九二五年四月二十四日。
62 「雅禮檔案」，史特林紀念圖書館，胡美致函貝維斯，一九二五年三月二十五日，長沙。
63 「雅禮檔案」，史特林紀念圖書館，胡美致函貝維斯，一九二五年，三月二十八日、四月七日，長沙。
64 胡美，《東方醫生、西方醫生：美國醫生在華的生活》，頁二六四。
65 「雅禮檔案」，一九二五年六月九日，長沙；豪登，《雅禮計畫：中國大陸，一九〇一至一九五一年》頁一五三至一五五。
66 《紐約時報》（*New York Times*），一九二五年十月二十六日，星期一。
67 美國國務院，「與中國國內事務關係之紀錄，一九一〇至一九二九年」，893.00/5394，頁四至五。
68 美國國務院，「與中國國內事務關係之紀錄，一九一〇至一九二九年」，893.00/5665，頁十至十一。
69 美國國務院，「與中國國內事務關係之紀錄，一九一〇至一九二九年」，893.00/6480。
70 美國國務院，「與中國國內事務關係之紀錄，一九一〇至一九二九年」，893.00/5410，頁三；893.00/6206，頁四十五；893.00/6273。

71 「雅禮檔案」，史特林紀念圖書館，胡美致函貝維斯，一九二五年五月十七日，上海；胡美致函威廉斯，一九二五年二月十六日，長沙。

72 「雅禮檔案」，史特林紀念圖書館，哈爾維（Edwin Harvey）致函貝維斯，一九二六年十一月十五日，長沙。

73 「雅禮檔案」，史特林紀念圖書館，羅伯斯坦（O. H. Robertson）醫生致函雅禮秘書，一九二五年三月二〇日，北平。

74 「雅禮檔案」，史特林紀念圖書館，胡美致函貝維斯，一九二五年五月二十六日，長沙。

75 「雅禮檔案」，史特林紀念圖書館，胡美致函豪坦（Henry Houghton），一九二四年，九月二十五日，長沙；胡美致函貝維斯，一九二五年二月二十三日，長沙。

76 「雅禮檔案」，史特林紀念圖書館，胡美致函豪坦，一九二四年九月二十五日，長沙；胡美致函威廉斯，一九二四年十月十六日，長沙；胡美致函貝維斯，一九二四年十月二十三日，長沙。

77 「雅禮檔案」，史特林紀念圖書館，胡美致函貝維斯，一九二五年五月二十一日，長沙；一九二四年十二月二十四日，長沙；一九二五年六月九日，長沙。

78 「雅禮檔案」，史特林紀念圖書館，胡美致函貝維斯，一九二四年十二月九日，長沙。

79 「雅禮檔案」，史特林紀念圖書館，胡美致函貝維斯，一九二五年六月二十一日，長沙。

80 「雅禮檔案」，史特林紀念圖書館，胡美致函貝維斯，一九二四年十二月二十四日，長沙；一九二五年一月二十二日，香港。

81 「雅禮檔案」，史特林紀念圖書館，胡美致函史托克斯，一九二五年一月三十一日，自香港前往長沙途中。

82 「雅禮檔案」，史特林紀念圖書館，胡美致函貝維斯，一九二五年三月三十日。概略總結胡美各項提議，可見胡美致函貝維斯，一九二五年二月四日，「上海和漢口之間」。

83 「雅禮檔案」，史特林紀念圖書館，胡美致函貝維斯，一九二五年五月十七日，長沙。

84 「雅禮檔案」，史特林紀念圖書館，胡美致函理事會，一九二六年六月二十四日，紐海文。

85 「雅禮檔案」，史特林紀念圖書館，胡美致函貝維斯，一九二七年一月三日，紐約。

86 豪登，《雅禮計畫：中國大陸，一九〇一至一九五一年》，頁一五六至一六二；「雅禮檔案」，史特林紀念圖書館，哈爾維致函貝維斯，一九二七年二月二十二日。

87 胡美，《東方醫生、西方醫生：美國醫生在華的生活》，頁二七二；細節見豪登，《雅禮計畫：中國大陸，一九〇一至一九五一年》。

88 「雅禮檔案」，史特林紀念圖書館，哈爾維致函羅夫（Ralph），一九二六年十一月六日，長沙。

89 「雅禮檔案」，史特林紀念圖書館，海爾（Hail）、哈爾維以及李文斯（Leavens）致書董事斟酌胡美醫生的辭職，一九三六年九月三十日，長沙。

第七章

1 西恩（Vincent Sheean），〈來自廣州的若干人〉（Some People from Canton），《亞細亞雜誌》（*Asia*），一九二七年十月，第二十七卷，頁八一二。

2 維斯尼亞柯瓦—阿基墨瓦（Vera Vladimirovna Vishniakova-Akimova），《在中國服務的兩年，一九二五至一九二七年》（*Dva Goda v Vosstavshem Kitaye, 1925-1927*）（Moscow, 1965），頁一七五至一七七；《紐約時報》，一九五三年九月三日，頁二十一，鮑羅廷訃聞；布蘭特（Conrad Brandt），《史達林在中國的失敗》（*Stalin's Failure in China*）（Cambridge, Mass., Harvard University Press, 1958），頁一九五至一九六。

3 胡爾斯（James W. Hulse），《共產國際的形成》（*The Forming of the Communist International*）（Palo Alto, Stanford University Press, 1964）；德格拉斯（Jane Degras）編，《共產國際文獻匯編，一九一九至一九四三年》（*The Communist International, 1919-1943*）（Oxford University Press, 1956），第一卷，一九一九年至一九二二年；謝頓—華森（Hugh Seton-Watson），《自列寧迄赫魯雪夫：世界共產主義史》（*From Lenin to Khrushchev: The History of World Communism*）（New York, Praeger, 1960），頁六十八至七十七。

4 惠廷（Allen S. Whiting），《蘇聯的中國政策，一九一七至一九二四年》（*Soviet Policies in China, 1917-1924*）（New York, Columbia University Press, 1954），頁二十二。

5 前揭書，頁二四三至二四四；韋慕庭（C. Martin Wilbur）與夏連蔭（Julie Lien-ying How）編，《中國共產主義、民族主義以及蘇聯顧問的文件，一九一八至一九二七年》（*Documents on Communism,*

Nationalism, and Soviet Advisers in China, 1918-1927）（New York, Columbia University Press, 1956），頁一四三至一四四。亦可參考諾思（Robert C. North），《莫斯科與中國共產黨人》（*Moscow and Chinese Communists*）（Palo Alto, Stanford University Press, 1963），頁七十三至七十五。

6 謝利（James Shirley），〈國民黨內的政治衝突：汪精衛的境遇到一九三二年間〉（Political Conflict in the Kumintang: The Career of Wang Ching-wei to 1932）（Ph.D. dissertation, University of California at Berkeley, 1962），第三章。吳天威（Ellsworth Tien-wei Wu），〈國共同盟，一九二三至一九二七年〉（The Chinese Nationalist and Communist Alliance, 1923-1927）（Ph.D. dissertation, University of Maryland, 1965），頁一六八至一七九。卡爾（Edward Hallett Carr），《一國社會主義，一九二四至一九二六年》（*Socialism in One Country, 1924-1926*）（London, Macmillian, 1964），第三卷，頁七七四；費雪（Louis Fischer），《世界事務中的蘇聯：蘇聯與世界各國關係史》（*The Soviets in World Affairs: A History of Relations Between the Soviet Union and the Rest of the World*）（London, Cape, 1930），第二卷，頁六三七至六三八。

7 沙曼，《孫逸仙，他的一生及其意義：批判性的傳記》，頁二六七至二六八；費雪，《世界事務中的蘇聯：蘇聯與世界各國關係史》，第二卷，頁六三三；吳天威，〈國共同盟，一九二三至一九二七年〉，頁一七五。

8 沙曼，《孫逸仙，他的一生及其意義：批判性的傳記》，頁二七〇至二七二；韋慕庭與夏連蔭編，《中國共產主義、民族主義以及蘇聯顧問的文件，一九一八至一九二七年》，頁一四四至一四八；諾思，《莫斯科與中國共產黨人》，頁七十五至七十六。

9 美國國務院，「與中國國內事務關係之紀錄，一九一〇至一九二九年」：893.00/5672；韋慕庭與夏連蔭編，

《中國共產主義、民族主義以及蘇聯顧問的文件，一九一八至一九二七年》，頁一五四至一五七、一七一至一七三。

10 尼爾森（Aage Krarup Nielsen），〈鮑羅廷的遨遊之歌〉（Borodin's Swan Song），《活力時代》（*The Living Age*），一九二七年，第三三三號，頁一〇〇〇至一〇〇一。

11 高德（Randall Gould），〈鮑羅廷以時機尚未成熟為由反對廣州的北伐〉（Borodin Opposed Expedition from Canton as Premature），《太平洋兩岸》（*The Trans-Pacific*），一九二七年四月九日，第十四號，頁十五。

12 美國國務院，「與中國國內事務關係之紀錄，一九一〇至一九二九年」，893.00/7088，一九二六年一月十四日。

13 施拉姆，《毛澤東》，頁六十六至六十八、七十三至八十二；吳天威，〈國共同盟，一九二三至一九二七年〉，頁二一六。

14 維斯尼亞柯瓦—阿基墨瓦，《在中國服務的兩年，一九二五至一九二七年》，頁二四七至二五〇；喀札尼（M. I. Kazanin），《布留徹將軍的參謀》（*V Shtabe Bliukera*）（Moscow, 1966），頁五十四。

15 喀札尼，《布留徹將軍的參謀》，頁一二四；維斯尼亞柯瓦—阿基墨瓦，《在中國服務的兩年，一九二五至一九二七年》，頁二五三至二五五。

16 喀札尼，《布留徹將軍的參謀》，頁七〇。

17 艾瑞克森（John Erickson），《蘇維埃最高統帥》（*The Soviet High Command*）（London, St. Martin, 1962），頁二二五至二三〇；喀札尼，《布留徹將軍的參謀》，頁四十九至五十一；維斯尼亞柯瓦—阿基墨瓦，《在中國服務的兩年，一九二五至一九二七年》，頁一八二。

18 蔣中正（蔣介石），《蘇俄在中國》（*Soviet Russia in China: A summing-up at Seventy*）（New York, Farrar, Straus and Cudahy, 1957），頁五十一至五十二；維斯尼亞柯瓦—阿基墨瓦，《在中國服務的兩年，一九二五至一九二七年》，頁二五〇至二五三、三一一；喀札尼，《布留徹將軍的參謀》，頁一一四。

19 劉馥（F. F. Liu），《近代中國軍事史，一九二四至一九四九年》（*A Military History of Modern China, 1924-1949*）（Princeton, Princeton University Press, 1956），頁二〇至二十一、三十四；維斯尼亞柯瓦—阿基墨瓦，《在中國服務的兩年，一九二五至一九二七年》，頁二八〇。

20 美國國務院，「與中國國內事務關係之紀錄，一九一〇至一九二九年」，893.00/6393，一九二五年五月二十九日。

21 吳天威，〈國共同盟，一九二三至一九二七年〉，頁二五六至二五七。

22 劉馥，《近代中國軍事史，一九二四至一九四九年》，頁十五、二十五。

23 吳天威，〈國共同盟，一九二三至一九二七年〉，頁七六六。

24 沙曼，《孫逸仙，他的一生及其意義：批判性的傳記》，頁三〇六至三〇九。謝利，〈孫逸仙辭世之後國民黨的控制〉（Control of the Kuomintang after Sun Yat-senvs Death），《亞洲研究學刊》（*Journal of Asian Studies*），一九六五年，第二十五卷，頁六十九至八十二。

25 伊羅生（Harold Isaacs），《中國革命的悲劇》（*The Tragedy of the Chinese Revolution*）（Palo Alto, Stanford University Press, 1961），頁一〇三。

26 高德（Randall Gould），《烈日下的中國》（*China in the Sun*）（New York, Doubleday, 1946），頁六十五。

27 韋慕庭與夏連蔭編，《中國共產主義、民族主義以及蘇聯顧問的文件，一九一八至一九二七年》，頁二二八至二七〇；諾思，《莫斯科與中國共產黨人》，頁八十七；布蘭特，《史達林在中國的失敗》，頁七十六至七十七；吳天威，〈國共同盟，一九二三至一九二七年〉，頁四四六至四五七；卡爾，《一國社會主義，一九二四至一九二六年》，第三卷，頁七九二。

28 韋慕庭與夏連蔭編，《中國共產主義、民族主義以及蘇聯顧問的文件，一九一八至一九二七年》，頁二五一至二五二；費雪，《世界事務中的蘇聯：蘇聯與世界各國關係史》，第二卷，頁六六一，有關鮑羅廷對太平天國的研究。

29 施拉姆，《毛澤東的政治思想》（*The Political Thought of Mao Tse-tung*）（New York, Praeger, 1964），頁一八三、一八二、一八〇。

30 吳天威，〈國共同盟，一九二三至一九二七年〉，頁五一五至五一六。

31 前揭書，頁五〇一。

32 前揭書，頁五二四；韋慕庭與夏連蔭編，《中國共產主義、民族主義以及蘇聯顧問的文件，一九一八至一九二七年》，頁三八六至三八七。

33 美國國務院，「與中國國內事務關係之紀錄，一九一〇至一九二九年」，893.00/8502，一九二七年二月十六日，駐廣州總領事詹京思（Douglas Jenkins）的報告；以及893.00/8427，馬慕瑞公使（Minister MacMurray）向國務院的報告，一九二七年三月二十四日。有關柯恩多采多姿一生的介紹，可見卓瑞格，《雙槍馬坤》（*Two-gun Cohen*）（London, Cape, 1954）

34 伊羅生，《中國革命的悲劇》，頁一三〇至一八五；馬爾侯（Andre Malraux）受人矚目的小說《人的命運》（*La Condition Humaine*），即是以這些事件為故事主軸。

35 轉引自瑟吉（Victor Serge），《革命的記憶，一九〇一至一九四一年》（*Memoirs of Revolutionary, 1901-1941*）（London, Oxford University Press, 1963），頁二一七。

36 篤伊志（Isaac Deutscher），《解除武裝的先知：托洛斯基，一九二一至一九二九年》（*The Prophet Unarmed: Trotsky, 1921-1929*）（London, Oxford University Press, 1959），頁三三一至三三六。

37 維斯尼亞柯瓦—阿基墨瓦，《在中國服務的兩年，一九二五至一九二七年》，頁三一二；伊羅生，《中國革命的悲劇》；美國國務院，「與中國國內事務關係之紀錄，一九一〇至一九二九年」，893.00/8787，一九二七年四月二十六日，漢口總領事洛克哈特。

38 西恩，〈來自廣州的若干人〉，頁八一三。

39 西恩，〈莫斯科與中國革命〉（Moscow and the Chinese Revolution），見《亞細亞雜誌》，一九二七年十月，第二十七卷，頁一〇〇四。

40 美國國務院，「與中國國內事務關係之紀錄，一九一〇至一九二九年」，893.00/9103，一九二七年五月九日，洛克哈特（Lockhart）致函馬慕瑞。

41 前揭書，9106，一九二七年六月十五日，洛克哈特致函馬慕瑞。

42 伊羅生，《中國革命的悲劇》，頁二四五至二四六。

43 諾思與尤金（Xenia Eudin），《羅易使華：一九二七年的國共分裂》（*M. N. Roy Mission to China: The Communist-Kuomintang Split of 1927*）（Berkeley and Los Angeles, University of California Press, 1963），頁一一一至一一三。

44 尼爾森，〈鮑羅廷的遨遊之歌〉，頁一〇〇二至一〇〇三。

45 安娜．路易斯．斯特朗（Anna Louise Strong），《億萬中國人：自一九二七年迄至一九三五年的革命鬥爭》（*China Millions: The Revolutionary Struggles from 1927 to 1935*）（New York, Knight, 1935），頁二四二。

46 馬克思與恩格斯（Friedrich Engels），《馬恩選集》（*Selected Works*）（Moscow, 1958），兩卷本，第一卷，

頁二四七。

47 尼爾森，〈鮑羅廷的遨遊之歌〉，頁一〇〇四。

第八章

1 丁韙良，《翰林文稿》，頁三六八。

2 托德（O. J. Todd），《在華二十年》（*Two Decades in China, Comprising Technical Papers, magazine Articles, Newspaper Stories and Official Reports Connected with Work Under His Own Observation*）（Peking, The Association of Chinese and American Engineers, 1938），頁八十八。

3 前揭書，頁三二〇。

4 傅里曼（John R. Freeman），〈中國的洪災問題〉（Flood Problems in China），《美國民間工程師學社會報》（*Transactions of the American Society of Civil Engineers*），一九二二年，第八十五號，頁一四〇五至一四六〇。該段引言轉引自頁一四〇五。亦可參考布希（Vannevar Bush），〈約翰·雷普利·傅里曼，一八五五至一九三二年〉（John Ripley Freeman, 1855-1932），收錄在《國家科學院傳記實錄》（*National Academy of Sciences, Biographical Memoirs*），一九三七年，第十七卷，頁一七一至一八七；朱昌峻（Samuel C. Chu），《近代中國的改良者張謇，一八五三至一九二六年》（*Reformer in Modern China, Chang Chien, 1853-1926*）（New York, Columbia University Press, 1965）

5 內森（Andrew James Nathan），《中國國際賑災委員會史》（*A History of the China International Famine Relief Commission*）（Cambridge, Mass., Harvard University East Asian Research Center, 1965）；柯樂博（O. Edmund Clubb），《二十世紀中國》（*20th Century China*）（New York, Columbia University Press,

1964），頁一八六至一八八。

6 托德，《在華二十年》，頁十至十二。

7 前揭書，頁二十一、八十一至八十二。

8 前揭書，頁二十五至二十六。

9 前揭書，頁六十九。

10 見《飢餓戰士》（*Hunger Fighters*），一九六七年三月，舊金山，第五十五號；《時代雜誌》，一九四六年，六月十七日，頁十五。

11 托德，《在華二十年》，頁四十二。

12 托德致函作者，一九六七年九月十三日。

13 托德，《在華二十年》，頁七十三。

14 托德致函作者，一九六七年七月十二日。

15 托德，〈點滴回憶〉（Recollections），收錄在《飢餓戰士》，一九六七年，第五十五號，頁九。

16 托德，《在華二十年》，頁三九三。

17 前揭書，頁三二七至三二八。

18 前揭書，頁二四四。

19 前揭書，頁二二九至二四一。

20 前揭書，頁七十八至七十九。

21 前揭書，頁三四三。

22 托德致函作者，一九六七年八月六日。

23 托德，《在華二十年》；亦可見托德致函作者，一九六七年八月六日。

24 托德，《在華二十年》，頁一。

25 前揭書，頁十九。

26 伊羅生，《中國革命的悲劇》，頁二〇七。有關高漲之反帝國主義情緒的分析，可參考入江昭（Akira Iriye），《帝國主義之後：探索遠東新秩序，一九二一至一九三一年》（*After Imperialism: The Search for a New Order in the Far East, 1921-1931*）（Cambridge, Mass., Harvard University Press, 1965）

27 托德，《在華二十年》，頁三二八。

28 前揭書，頁一〇九。

29 前揭書，頁三〇五；亦可參考頁二六三至二六四、三一八。

30 白求恩（Norman Bethune），〈創傷〉（Wounds），《中國週刊評論》（*The China Weekly Review*），一九四〇年，四月二十七日，第九十二號，頁二九二至二九四。本段引言轉引自頁二九三。

31 納迪歐（Gabriel Nadeau），〈白求恩的故事〉（T. B. Progress, The Story of Norman Bethune），見《醫學史研究通訊》（*Bulletin of the History of Medicine*），一九四〇年十月，第八卷，頁一一三五至一一七一。引言轉引自頁一一四三。

32 艾倫（Ted Allan）與高登（Sydney Gordon），《解剖刀與劍：白求恩醫生的事蹟》（*The Scalpel, the Sword: The Story of Dr. Norman Bethune*）（Boson, Little, Brown, 1952），頁三十五。作者有關白求恩的敘述，主要取材自這本書。

33 前揭書，頁六十七。

34 前揭書，頁八十七。

35 前揭書，頁一〇六。

36 前揭書，頁一六七。

37 有關這段時期的分析，可參考約翰·魯（John E. Rue），《站在對立面的毛澤東，一九二七至一九三五年》（*Mao Tse-tung in Opposition, 1927-1935*）（Palo Alto, Stanford University Press, 1966）

38 范力沛（Lyman van Slyke），《敵人與朋友：中國共產黨史上的統一戰線》（*Enemies and Friends: The United Front in Chinese Communist History*）（Palo Alto, Stanford University Press, 1967）；薛爾頓（Mark Selden），〈延安共產主義：陝甘寧邊區的革命，一九二七至一九四五年〉（Yenan Communism: Revolution in the Shensi-Kansu-Ninghsia Border Region, 1927-1945）（Ph.D. dissertation, Yale University, 1967）；斯諾，《西行漫記》。

39 艾倫與高登，《解剖刀與劍：白求恩醫生的事蹟》，頁一八六。

40 前揭書，頁一九一。

41 前揭書，頁一九三。

42 前揭書，頁一九八。

43 有關抗日與邊區政府的分析，可參考詹（Chalmers A. Johnson），《農民民族主義與共產黨的力量：革命中國的崛起，一九三七至一九四五年》（*Peasant Nationalism and Communist Power: The Emergence of Revolutionary China, 1937-1945*）（Palo Alto, Stanford University Press, 1962）；泰勒（George Taylor），《華北的鬥爭》（*The Struggle for North China*）（New York, Institute of Pacific Relations, 1940）。有關游擊作戰的第一手資料，詳見班德（William Band），《與中國共產黨人合作的兩年》（*Two Years with the Chinese Communists*）（New York, Yale University Press, 1948）；卡森（Evans F. Carlson），《中國的雙星》（*Twin*

Stars of China)(New York, Dodd, Mead, 1940);佛曼(Harrison Forman),《來自紅色中國的報告》(*Report from Red China*)(New York, Henry Holt, 1945);林邁可(Michael Lindsay),《中國游擊實戰的研究》(*A Study of Chinese Guerrillas in Action*)(London, China Campaign Committee, 1944)

44 艾倫與高登,《解剖刀與劍:白求恩醫生的事蹟》,頁二一四。

45 前揭書,頁二二五。

46 〈白求恩醫生的最後報告——英勇中國的聖人〉(Dr. Bethune's Last Report: A Saga of Heroic China),《每日工人》(*Daily Worker*)(New York, Monday, Dec. 11, 1939),頁五。

47 前揭書;艾倫與高登,《解剖刀與劍:白求恩醫生的事蹟》,頁二五六至二五九、二八二至二八六。

48 白求恩,〈創傷〉,頁二九三。

49 艾倫與高登,《解剖刀與劍:白求恩醫生的事蹟》,頁二九八。

50 艾倫與高登,《解剖刀與劍:白求恩醫生的事蹟》,頁三一一至三一二。

51 白求恩,〈創傷〉,頁二九三至二九四。

52 前揭書,頁二九三。

第九章

1 陳納德（Claire Lee Chenault），《戰士之道》（*Way of a Fighter*）（New York, Putnam, 1949），頁十至十一。譯按：本書為陳納德將軍回憶錄，由陳香梅女士翻譯，中文書名《陳納德將軍與中國》（台北：傳記文學出版社，一九七八年）

2 ：前揭書，頁三十五。

3 前揭書，頁三十八至三十九。有關美國政策的背景，可參考費斯（Herbert Feis），《通向珍珠港事件：美日之間即將爆發的戰爭》（*The Road to Pearl Harbor: The Coming of the War Between the United States and Japan*）（New York, Atheneum, 1965）；博格（Dorothy Borg），《美國與一九三三至一九三八年的遠東危機》（*The United States and the Far Eastern Crisis of 1933-1938, from the Manchurian Incident Through the Initial Stages of the Undeclared Sino-Japanese War*）（Cambridge, Mass., Harvard University Press, 1964）；克羅利（James B. Crowley），《尋求自主性的日本：一九三〇至一九三八年的國家安全與外交政策》（*Japan Quest for Autonomy: National Security and Foreign Policy, 1930-1938*）（Princeton, Princeton University Press, 1966）

4 陳納德，《陳納德將軍與中國》，頁四十四至四十五。

5 前揭書，頁五十五、五十九。

6 前揭書，頁七十三至七十五。

7 克萊文（Wesley Frank Craven）與凱特（James Lea Cate）編，《第二次世界大戰的空軍》（*The Army Air Forces in World War II*）（Chicago, University of Chicago Press, 1948-1958），第一卷，頁四八八。布盧姆（John Morton Blum），《摩根索日記》（*From the Morgenthau Diaries*）（Boston, Houghton Mifflin, 159-1967），第二卷，頁三六三至三六八。

8 陳納德，《陳納德將軍與中國》，頁一〇三。

9 惠藍（Russell Whelan），《飛虎隊：美國志願隊的故事》（*The Flying Tigers: the Story of the American Volunteer Group*）（New York, Viking, 1942），頁五十四。史考特（Robert Lee Scott, Jr.），《飛虎隊：中國的陳納德》（*Flying Tiger: Chennault of China*）（New York, Double-day, 1959），頁二十五至二十六。

10 依序轉引自惠藍，《飛虎隊：美國志願隊的故事》，頁三十三；史考特，《飛虎隊：中國的陳納德》，頁二十一；史考特，《上帝與我翱翔》（*God Is My Co-Pilot*）（New York, Scribner, 1943），頁一四三；惠藍，《飛虎隊：美國志願隊的故事》，頁九〇。

11 克萊文與凱特編，《第二次世界大戰的空軍》，第一卷，頁五〇六。惠藍，《飛虎隊：美國志願隊的故事》，頁二一一。

12 克萊文與凱特編，《第二次世界大戰的空軍》，第一卷，頁四九〇至五〇六。

13 羅曼魯士（Charles F. Romanus）與孫德蘭（Riley Sunderland），《史迪威的中國使命》（*Stilwell Mission to China*）（Washington, D.C., Department of the Army, 1953），頁一八八。

14 費斯，《中國紛爭》（*The China Tangle*）（New York, Atheneum, 1964），頁四至十三。

15 羅曼魯士與孫德蘭，《史迪威的中國使命》，頁二五三。

16 前揭書，頁二五三、二六三、二七七。《美國對外關係：外交文件，一九四二年，中國》（*Foreign Relations*

of the United States: Diplomatic Papers, 1942: China）（Washington, D.C., U.S. Government Printing Office, 1956），頁一二八、一五〇。

17 白修德（Theodore H. White）編，《史迪威文件》（*The Stilwell Papers*）（New York, Sloane, 1948），頁一八三。

18 陳納德，《陳納德將軍與中國》，頁二二六。

19 白修德編，《史迪威文件》，頁二〇四。

20 羅曼魯士與孫德蘭，《史迪威的中國使命》，頁三二二至三二三。

21 魏德邁將軍，《魏德邁報告》（*Wedemeyer Reports*）（New York, Holt, 1958），頁二〇二。

22 陳納德，《陳納德將軍與中國》，頁二二六。

23 羅曼魯士與孫德蘭，《史迪威的中國使命》，頁三六七。

24 佘伍德（Robert E. Sherwood），《羅斯福與霍普金斯：一段友好史》（*Roosevelt and Hopkins, an Intimate History*）（New York, Harper, 1950），頁七三一。類似的觀點亦可見《美國對外關係：外交文件，一九四三年，中國》（*Foreign Relations of the United States: Diplomatic Papers, 1943: China*）（Washington, D.C., U.S. Government Printing Office, 1957），頁三十六至三十八。

25 克萊文與凱特編，《第二次世界大戰的空軍》，第四卷，頁五二一至五二七。

26 陳納德，《陳納德將軍與中國》，頁七十八。

27 前揭書，頁XIX。

28 布盧姆，《摩根索日記》，第二卷，頁一一四至一一五；費斯，《中國紛爭》，頁一二一至一二五。

29 佘伍德，《羅斯福與霍普金斯：一段友好史》，頁七三九。

30 克萊文與凱特編，《第二次世界大戰的空軍》，第四卷，頁四十六。

31 史汀生（Henry L. Stimson）與邦迪（McGeorge Bundy），《在承平與戰爭時期鞠躬盡瘁》（*On Active Service in Peace and War*）（New York, Harper, 1948），頁五三八。

32 《美國對外關係：外交文件，一九四四年，中國》，頁五十八、一五八。

33 羅曼魯士與孫德蘭，《史迪威的指揮權問題》（*Stilwell's Command Problems*）（Washington D.C., Department of the Army, 1956），頁三一六、三二二至三二六。

34 前揭書，頁三六四。

35 前揭書，頁三八二。

36 前揭書，頁三七四至三七七、三八五；魏德邁將軍，《魏德邁報告》，頁二〇一至二〇二；伊利奧・羅斯福（Elliott Roosevelt）編，《羅斯福：個人信件集，一九二八至一九五四年》（*F.D.R.: His Personal Letters, 1928-1945*）（New York, Duell, Sloan and Pearce, 1950），兩卷本，第二卷，頁一五四四。

38 前揭書，頁五六八至五六九、六一四至六一七。

39 陳納德，《陳納德將軍與中國》，頁三五〇。

41 白修德編，《史迪威文件》，頁十九。

42 羅曼魯士與孫德蘭，《史迪威的中國使命》，頁六十六。

43 前揭書，頁十五、二十六至二十七、四〇。

44 布盧姆，《摩根索日記》，第二卷，頁三〇。

45 陳納德，《陳納德將軍與中國》，頁六〇

46 白修德編，《史迪威文件》，頁二十五。史汀生與邦迪，《在承平與戰爭時期鞠躬盡瘁》，頁五三〇。

47 白修德編，《史迪威文件》，頁二十六。

48 羅曼魯士與孫德蘭，《史迪威的中國使命》，頁七十四。

49 依序轉引自白修德編，《史迪威文件》，頁三〇；邱吉爾（Winston S. Churchill），《命運之鏈》（*The Hinge of Fate*）（Boston, Houghton Mifflin, 1950），頁一六九；白修德編，《史迪威文件》，頁三十六。

50 陳納德，《陳納德將軍與中國》，頁一四二；羅曼魯士與孫德蘭，《史迪威的中國使命》，頁八十七、九〇。

51 白修德編，《史迪威文件》，頁四十九。

52 前揭書，頁六十五。

53 陳納德，《陳納德將軍與中國》，頁一四三。

54 轉引自白修德編，《史迪威文件》，頁七十六至八〇。

55 羅曼魯士與孫德蘭，《史迪威的中國使命》，頁一二三至一三九。

56 前揭書，頁一四三、一四八。

57 依序轉引自邱吉爾，《命運之鏈》，頁一三四；布盧姆，《摩根索日記》，第三卷，頁九十一至九十二；《美國對外關係：外交文件，一九四二年，中國》，頁九十三。有關「金援」問題的一般性探討，可見鄒讜（Tang Tsou），《美國在中國的失敗，一九四一至一九五〇年》（*America's Failure in China, 1941-1950*）（Chicago, University of Chicago Press, 1963），頁九〇至一〇九。有關當時的中國軍隊，見羅曼魯士與孫德蘭，《史迪威的中國使命》，頁三十三至四十三、一五三至一五四。

58 白修德編，《史迪威文件》，頁一一三至一一六。

59 依序轉引自白修德編，《史迪威文件》，頁一二四、一三三、一四七、一五七。

60 羅曼魯士與孫德蘭，《史迪威的中國使命》，頁一七一至一七二。

61 白修德編，《史迪威文件》，頁十二。
62 羅曼魯士與孫德蘭，《史迪威的中國使命》，頁二七九。
63 前揭書，頁二八二。
64 陳納德，《陳納德將軍與中國》，頁三一〇至三一一。
65 羅曼魯士與孫德蘭，《史迪威的中國使命》，頁三一三；史考特，《飛虎隊：中國的陳納德》，頁一二八至一三三。
66 白修德編，《史迪威文件》，頁一九九。
67 前揭書，頁二〇七。
68 前揭書，頁二三七。
69 羅曼魯士與孫德蘭，《史迪威的中國使命》，頁三六八、三七六至三七八。利用共產黨人的討論，可見前揭書，頁一二一。有關蔣介石對史迪威和共產黨人的觀點，見蔣中正（蔣介石），《蘇俄在中國》，頁一一八。
70 羅曼魯士與孫德蘭，《史迪威的中國使命》，頁三八五。
71 費斯，《中國紛爭》，頁一〇九。
72 邱吉爾，《命運之鏈》，頁七八〇。
73 白修德編，《史迪威文件》，頁二五一至二五三。
74 費斯，《中國紛爭》，頁一〇三至一二五；羅曼魯士與孫德蘭，《史迪威的指揮權問題》，頁五十三至七十七。
75 白修德編，《史迪威文件》，頁二五六。

76 前揭書，頁二七七至二七八。

77 艾爾瑞奇（Fred Eldridge），《緬甸的天譴》（*Wrath in Burma*）（New York, Doubleday, 1946），頁一九三。

78 史立姆（William Slim），《轉敗為勝》（*Defeat into Victory*）（London, Cassell, 1956），頁二五六。

79 史考特，《飛虎隊：中國的陳納德》，頁二一〇至二一一。

80 陳納德，《陳納德將軍與中國》，頁三一〇。

81 白修德編，《史迪威文件》，頁三〇六至三〇七。

82 羅曼魯士與孫德蘭，《史迪威的指揮權問題》，頁二一三、三〇六至三一二、三七一至三七四。

83 前揭書，頁三四六。

84 前揭書，頁三五二。

85 前揭書，頁三八〇至三八二。

86 白修德編，《史迪威文件》，頁三〇七。

87 羅曼魯士與孫德蘭，《史迪威的指揮權問題》，頁三八三。

88 前揭書，頁四〇九、四一二。

90 《美國對外關係：外交文件，一九四四年，中國》，頁一五四。

91 羅曼魯士與孫德蘭，《史迪威的指揮權問題》，頁四二六至四二八。

92 前揭書，頁四二九至四三〇。

93 白修德編，《史迪威文件》，頁三三〇。

94 羅曼魯士與孫德蘭，《史迪威的指揮權問題》，頁四三五。

95 前揭書，頁四三七。

96 前揭書，頁四四五至四四六。

97 白修德編，《史迪威文件》，頁三三三。

98 羅曼魯士與孫德蘭，《史迪威的指揮權問題》，頁四五三、四五九、四五六、四六〇至四六二、四六九。《美國對外關係：外交文件，一九四四年，中國》，頁二六五至二六六。

99 白修德編，《史迪威文件》，頁三三九。

100 羅曼魯士與孫德蘭，《史迪威的指揮權問題》，頁四七〇。

111 白修德編，《史迪威文件》，頁二三七。

102 魏德邁將軍，《魏德邁報告》，頁二十三。

103 前揭書，頁十。

104 前揭書，頁八十一。

105 前揭書，頁十七。

106 前揭書，頁二六九至二七〇。

107 《「美國對外關係」外交文件，一九四四年，中國》，頁一七八至一七九。

108 前揭書，頁一九一。

109 羅曼魯士與孫德蘭，《在中緬印戰區的歲月》（*Time Runs Out in CBI*）（Washington, D.C., Department of the Army, 1959），頁五十二。

110 前揭書，頁六十四至七〇。

111 魏德邁將軍，《魏德邁報告》，頁三一二至三一六、三九四至三九五、四〇三。

97 白修德編，《史迪威文件》，頁三三三。

98 羅曼魯士與孫德蘭，《史迪威的指揮權問題》，頁四五三、四五九、四五六、四六〇至四六二、四六九。《美國對外關係：外交文件，一九四四年，中國》，頁二六五至二六六。

99 白修德編，《史迪威文件》，頁三三九。

100 羅曼魯士與孫德蘭，《史迪威的指揮權問題》，頁四七〇。

111 白修德編，《史迪威文件》，頁二三七。

102 魏德邁將軍，《魏德邁報告》，頁二十三。

103 前揭書，頁十。

104 前揭書，頁八十一。

105 前揭書，頁十七。

106 前揭書，頁二六九至二七〇。

107 《「美國對外關係」外交文件，一九四四年，中國》，頁一七八至一七九。

108 前揭書，頁一九一。

109 羅曼魯士與孫德蘭，《在中緬印戰區的歲月》（*Time Runs Out in CBI*）（Washington, D.C., Department of the Army, 1959），頁五十二。

110 前揭書，頁六十四至七〇。

111 魏德邁將軍，《魏德邁報告》，頁三一二至三一六、三九四至三九五、四〇三。

112 羅曼魯士與孫德蘭，《在中緬印戰區的歲月》，頁二三二。

118 前揭書，頁二三七至二三八。

112 羅曼魯士與孫德蘭，《在中緬印戰區的歲月》，頁二三二。

118 前揭書，頁二三七至二三八。

119 前揭書，頁二四二。

120 前揭書，頁二四二至二四六。

121 前揭書，頁二五四至二五六。

122 前揭書，頁七十四至七十五、二五一至二五三。

123 魏德邁將軍，《魏德邁報告》，頁二八五。

124 羅曼魯士與孫德蘭，《在中緬印戰區的歲月》，頁二五四。

125 有關雅爾達協定的分析，可見費斯，《中國紛爭》，以及鄒讜，《美國在中國的失敗，一九四一至一九五〇年》。若干美國外交官員的報告，可見美國國務院（U.S. Department of State）編，《美國與中國的關係，特別有關一九九四至一九四九年時期的關係》（*United States Relations with China, with Special Reference to the Period 1944-1949*）（Washington, D. C., Department of State, 1949），頁五六四至五七六。更多的報告可見《美國對外關係：外交文件，一九四二、一九四三、一九四四年，中國》。魏德邁的評估，見羅曼魯士與孫德蘭，《在中緬印戰區的歲月》，頁三三八。

126 魏德邁將軍，《魏德邁報告》，頁三三一至三三二；羅曼魯士與孫德蘭，《在中緬印戰區的歲月》，頁三三八。

127 魏德邁將軍，《魏德邁報告》，頁三四〇至三四一。

128 羅曼魯士與孫德蘭，《在中緬印戰區的歲月》，頁三三七。

129 前揭書，頁二七八至二八五；費斯，《中國紛爭》，頁三〇七、三二四。

130 羅曼魯士與孫德蘭，《在中緬印戰區的歲月》，頁三八九至三九〇。

131 前揭書，頁三八六至三八七。

132 費斯，《中國紛爭》，頁三三三至三三七；克萊文與凱特編，《第二次世界大戰的空軍》，第四卷，頁七三二至七三三。

133 羅曼魯士與孫德蘭，《在中緬印戰區的歲月》，頁三九〇。

134 史考特，《飛虎隊：中國的陳納德》，頁二八〇。

135 麥卡錫（Joe McCarthy）參議員，《馬歇爾將軍的故事》（*The Story of General George Marshall*）（privately printed, 1952），頁七十八。

136 羅曼魯士與孫德蘭，《在中緬印戰區的歲月》，頁三六八至三七三。

第十章

1 詳見鄒讜，《美國在中國的失敗，一九四一至一九五〇年》，尤其見頁三〇五至三一一。

2 美國國務院編，《美國與中國的關係，特別有關一九九四至一九四九年時期的關係》，頁一三一。

3 前揭書，頁六〇七至六〇九。

4 前揭書，頁三八一至三八二。

5 有關這段期間的分析，詳見鄭竹園（Cheng Chu-yuan），《北京與莫斯科之間的經濟關係：一九四九至一九六三年》（*Economic Relations Between Peking and Moscow: 1949-63*）（New York, Praeger, 1964）；以及舒曼（Franz Schurmann），《共產主義中國的意識形態與組織》（*Ideology and Organization in Communist China*）（Berkeley and Los Angeles, University of California Press, 1966）

6 鄭竹園，《共產主義中國的科學與工程人力資源，一九四九至一九六三年》（*Scientific and Engineering Manpower in Communist China, 1949-1963*）（Washington, D.C., National Science Foundation, 1965）頁一八六至一九二。

7 前揭書，頁一九二至二〇八；引言見頁二〇六至二〇七。

8 喬飛（Ellis Joffe），《黨和軍隊：中國軍官團的專業主義和政治控制，一九四九至一九六四年》（*Party and Army: Professionalism and Political Control in the Chinese Officer Corps, 1949-1964*）（Cambridge, Mass., Harvard University East Asian Research Center, 1965），頁一至四十三。

9 克拉契科（Mikhail A. Klochko），《紅色中國的蘇聯科學家》（*Soviet Scientist in Red China*）（New York, Praeger, 1964），頁二十三至二十四。

10 艾克斯坦（Alexander Eckstein），《共產主義中國的經濟成長與對外貿易：對美國的政策意涵》（*Communist China's Economic Growth and Foreign Trade: Implications for U.S. Policy*）（New York, McGrawill, 1966），頁一六八至一八二。

11 札戈利亞（Donald S. Zagoria）《中蘇衝突，一九五六至一九六一年》（*The Sino-Soviet Conflict, 1956-1961*）（Princeton, Princeton University Press, 1962），頁六十八。

12 鄭竹園，《共產主義中國的科學與工程人力資源，一九四九至一九六三年》，頁一八九。

13 嘉瑟夫（Raymond L. Garthoff）主編，《中蘇軍事關係》（*Sino-Soviet Military Relations*）（New York, Praeger, 1966），頁八十九至九〇，一六六至一六九；哈波林（Morton H. Halperin），《中國與原子彈》（*China and the Bomb*）（New York, Praeger, 1965），頁七十三。

14 「美國聯合出版研究服務處」（United States Joint Publications Research Service），一九六一年四月十二日，第四五三〇卷，《蘇中友誼—和平堡壘與國家安全》（*Soviet-Chinese Friendship-Stronghold of Peace and the Security of Nations*），頁三。另可參考前揭文，一九六一年六月二十八日，第八五〇一卷。

15 哈波林，《中國與原子彈》，頁八十四、八十八。

16 克萊門斯（Walter C. Clements），〈中國的核子試爆：趨勢和徵兆〉（Chinese Nuclear Tests: Trends and Portents），《中國季刊》（*The China Quarterly*），一九六七年，卷三十二，頁一一一至一三一。

17 前揭文，頁一二七。

18 《北京評論》（*Peking Review*），一九六七年六月二十三，頁七。

編輯說明

本書以人物為經緯，不同於《追尋現代中國》的通史寫法，亦不同於《雍正王朝之大易覺迷》與《太平天國》以單一事件為主題的敘事。在《改變中國》裡頭，史景遷著重於追索個別人物心理狀態的變化，也因此大量使用私人書信日記，並參酌各家說法，因此對於翻譯編輯史景遷著作所不可不謹慎處理的文件還原翻譯工作，提供了不同於以往的困難與挑戰。我們雖然已經盡了最大的努力，但想必仍有疏漏之處，還請讀者不吝指出。

從某個角度來看，對於台灣的讀者來說，《改變中國》或許有另一種切身之處。台灣承接中華文化，加上特殊的歷史機緣，走到今天的地步，其實正代表了傳統中國被改變的部份；而台灣這「被改變了的中國」回過頭去面對中華人民共和國，所作的種種接觸，不論是透過經商或是政治的交鋒，其實也都蘊含「改變中國」的企圖與效果。因此，台灣的讀者不難從史景遷富有感情的筆鋒，從這些四百年來前仆後繼的先驅身上，讀出無數的弦外之音。

史景遷向來以異質文化互動為主軸，大凡相較弱勢的文化體，在面對優勢的文化體時，其反應不外乎「調適」。例如，滿清雖以優勢的武力征服中國與西藏，但還是必須在文化政策上適應強勢的儒家、藏傳佛教文化。同理，利瑪竇、湯若望、南懷仁時代歐洲的天文技術優於中國，但在整體文化展現方面，還是落後於中國，所以必須採取調適的傳教策略。這種文化力量的對比是與伯駕以降人物所面對的中、西環境不同的。是故，書中主旨，「改變中國」，是要有道德正當性來支撐。而這股改造力量的正當性就在書中隱約提及的，中國是落後的，而且中國本身並無能力進行自我改造，非得靠外力衝擊不可，否則中國無法臻至現代化的歷史進程。這就是所謂的中國「停滯論」。黑格爾、馬克思、韋伯、甚至近代美國的費正清、李文森、芮瑪麗皆是一脈相傳，足見這種停滯論根深蒂固。而這種停滯論給予西方帝國主義、傳教士等一個經略中國、或衝擊中國、或侵略中國的正當性基礎。近來西方歷史學界或兩岸的學者，無不在駁斥這種停滯說。沒有停滯論給予西方人的正當性基礎，很難吸引帝國主義、資本家逐利群體以外的高貴心靈，爭相前往中國，欲改變中國。

在這種停滯論的對立面是歐洲的「進化論」史觀。歐洲人，或者西方人，正是不加思索接納這種史觀，使他們以西方民族國家為這種歷史的「主體」，理有所據、大言不慚地想要去改變包括中國、伊斯蘭世界其他文明的設想。今天的文明衝突，若探究心理的深層結構因素的話，根源或許在此。

擅於勾勒歷史人物內心世界的史景遷，自然不會把筆觸收攏在演化說和停滯論的二元框架上；而是透過書信、日記等個人的私密性資料，探索媒介中西文化互動、「再現」中國圖像的這些人物的深層心理結構。所以，《改變中國》能歷久不衰、有時代意義，也正是在此。美國人暢談柔性權力（soft power），欲以民主理念、人權價值、好萊塢的大眾文化，滲透、改變中國，其心理素質與史景遷描述的歷史人物如出一轍。

值得注意的是，史景遷在「結論」裡頭，卻說這些人的故事是「警世教訓，而非鼓舞人心的宣傳」，因為西方人的種種企圖並未成功，但他們所帶來的種種技術、學科、理論，幾乎被中國（包括台灣）全盤接受。史景遷認為，中國在這個過程裡頭雖然受了苦，但到頭來卻是最大的受益者。而西方人帶著技術、滿懷野心來到中國，幾乎都是鎩羽而歸或埋骨他鄉。這個結論一反後殖民主義的理論基調與悲情色彩，是特別耐人尋味的。而香港末代總督彭定康與美國駐北京大使李潔明在離開香港與中國之前，不約而同，都在讀史景遷這本《改變中國》。他們從書中想推敲什麼？他們又如何看待自己「改變中國」的企圖，在在值得推敲。

歷史與現場 230

改變中國

To Change China: Western Advisers in China, 1620-1960

作者——史景遷（Jonathan D. Spence）
譯者——溫洽溢
主編——湯宗勳
責任編輯——林淳
封面設計——Poulenc
行銷企劃——劉凱瑛

董事長——趙政岷
出版者——時報文化出版企業股份有限公司
108019台北市和平西路三段二四〇號四樓
發行專線——（〇二）二三〇六——六八四二
讀者服務專線——〇八〇〇——二三一——七〇五
（〇二）二三〇四——七一〇三
讀者服務傳真——（〇二）二三〇四——六八五八
郵撥——一九三四四七二四時報文化出版公司
信箱——10899台北華江橋郵局第九十九信箱
時報悅讀網——http://www.readingtimes.com.tw
電子郵件信箱——books@readingtimes.com.tw
人文科學線臉書——http://www.facebook.com/jinbunkagaku
法律顧問——理律法律事務所 陳長文律師、李念祖律師
印刷——紘億彩色印刷有限公司
二版一刷——二〇一五年十一月二十七日
二版三刷——二〇二二年一月四日
定價——新台幣四二〇元

時報文化出版公司成立於一九七五年，
並於一九九九年股票上櫃公開發行，於二〇〇八年脫離中時集團非屬旺中，
以「尊重智慧與創意的文化事業」為信念。

改變中國 / 史景遷 (Jonathan D. Spence) 著 ; 溫洽溢譯 . -- 二版 . -- 臺北市 : 時報文化 , 2015.11

面 ;　公分 . -- (歷史與現場 ; 230)

譯自 : To change China : Western Advisers in China, 1620-1960

ISBN 978-957-13-6439-1(平裝)

1. 東西方關係 2. 中國史

630.9　　104020600

To Change China
By Jonathan D. Spence

ISBN 978-957-13-6439-1
Printed in Taiwan